兵圣谋略

熊剑平◎著

中国出版集团
中国民主法制出版社

全国百佳图书
出版单位

图书在版编目（CIP）数据

兵圣谋略 / 熊剑平著 . —北京：中国民主法制出版社，
2022.3

ISBN 978-7-5162-2781-7

Ⅰ.①兵…　Ⅱ.①熊…　Ⅲ.①孙武—生平事迹
Ⅳ.① K825.2

中国版本图书馆 CIP 数据核字（2022）第 038161 号

图书出品人：刘海涛
出 版 统 筹：石　松
责 任 编 辑：张　婷

书　　　名 / 兵圣谋略
作　　　者 / 熊剑平　著

出版·发行 / 中国民主法制出版社
地址 / 北京市丰台区右安门外玉林里 7 号（100069）
电话 /（010）63055259（总编室）　63058068　63057714（营销中心）
传真 /（010）63055259
http: // www.npcpub.com
E-mail: mzfz@npcpub.com
经销 / 新华书店
开本 / 16 开　710 毫米 ×1000 毫米
印张 / 15　字数 / 224 千字
版本 / 2022 年 5 月第 1 版　　2022 年 5 月第 1 次印刷
印刷 / 三河市宏图印务有限公司

书号 / ISBN 978-7-5162-2781-7
定价 / 48.00 元

第一章

其人其书

中国古代诞生了众多典籍，其中有一本来自兵家，叫《孙子兵法》。这本兵书只有六千多字，但是语言深邃、思想深刻，在世界范围内持续产生着深远的影响。这本书的作者，一般认为是孙武，也称"孙子"。因为写出了《孙子兵法》这本不朽的兵书，孙武得以名垂青史。但是，围绕他和《孙子兵法》，还存在不少谜团。比如，孙武在什么样的背景之下写出了这本兵书？他对过往的"军礼"和"兵法"做了哪些大胆突破，影响如何？这本兵书的主题或中心思想到底是什么？对于这些问题，历来有着不同认识，究竟如何看待和回答，我们不妨走进历史的深处，共同进行一番探寻。

一、南下吴国，创作兵书

历史上较早记载孙武事迹的，要数汉代著名历史学家司马迁。除此之外，可信的史料则很少。在《史记》中，司马迁为孙武写有一篇简短的传记，同时也对《孙子兵法》有着明确的描述，明确记载它的作者就是孙武，而且是十三篇的规模。

司马迁首先介绍了孙武的出生地，是这样一句话："孙子武者，齐人也。""齐"，就是今天的山东一带。孙武是山东人。根据《史记》的记载，这个山东人并没有守在父母之邦，而是远走他乡，来到了吴国，也就是今天的江苏苏州一带，要做一个"打工仔"，为吴王阖闾（也有人叫他阖庐）打工。这个山东人为什么一门心思跑到异国他乡，一心想着为吴王打工，这背后到底有什么背景和原因，都不得而知。

学术界对此也有一些探讨，比如"逃难说"，说孙武在齐国可能会遇到灾难，所以跑到吴国；比如"援助说"，说孙武奉齐王之命来援助吴国；比如"间谍说"，说孙武有心来吴国做卧底；等等。各种说法其实都很难说服别人，因为证据不够充分。

既然如此，什么才是确定的呢？我们知道的是，异地打工，孙武并没有带"985工程"和"211工程"这些高等学府的毕业证书——那时候没有这些，也不兴这些。但是，孙武至少需要带一个能充分展示自己能力和水平的东西才行。孙武随身携带的，就是他自己所撰写的军事学著作，也就是十三篇兵法，后人称之为《孙子兵法》。当时，这本兵书就是他最大的资本，也是他投石问路的敲门砖。

不知道什么时候，孙武已经完成了《孙子兵法》的写作任务，虽然只是几千字，却充满了谋略和智慧。从后来的结果看，孙武之所以能够争取到"打工"的机会，这本兵书起了重要作用。因为这本兵书被吴王看到了，孙武才得到吴王的召见。

也许会有人产生疑问：吴王召见孙武，不是伍子胥推荐的结果吗？有的书上还说，伍子胥一连推荐了七次，吴王终于肯接见孙武。这些记载不知可靠与否，在我看来，决定孙武命运的，一定还是他本人：孙武在十三篇兵法中所展现的军事理论水准，才是决定他命运的根本性因素。

这么看来，吴王就是《孙子兵法》的第一批读者。孙武写这本兵书，就是为了寻求与吴王的对话机会。他没指望别人来读，别人读不读，和他关系也不大，但他一定希望吴王能认真地读一读，真正地读懂它。因为他需要在这个"大老板"这里谋一份差事。

那么，吴王到底读了没有？肯定是读了。这是司马迁告诉我们的信息。《史记》中记载，吴王对孙武说了一句话："子之十三篇，吾尽观之矣。"就是说，你写的十三篇兵法，我都看了。由此可见，吴王不但是读了，而且是认真读了；不但是认真读了，而且立即就表示非常欣赏。

根据我们的推测，吴王在读到第一篇《孙子兵法·计篇》时，就已经被深深地吸引了。吸引吴王的，除了孙武对战争出色的谋划之外，更有他对战争的认识。孙武说："兵者，诡道也。"[①]就是说，战争"玩"的就是诡诈，必须使用一些阴谋诡计才行。孙武只凭这一句话，就已经让吴王"怦然心动"。因为这种战争观，完全摆脱了过时的"古军礼"的束缚，与吴王以往所看到的观点完全不同。

什么叫"古军礼"？我们不妨从古代典籍中找来看看。比如《司马

---

① 《孙子兵法·计篇》。

法·仁本》中说："成列而鼓，是以明其信也。"这就是"古军礼"。意思就是，打仗就要等人家列好阵势再打，不能趁着别人立足未稳时去打。这也叫"不鼓不成列"。

打仗就要打得堂堂正正，就像《三国演义》等小说里面描写的那样，先报上姓名，再决定打不打。要等对方摆好阵势，再大声喝问："来者何人？""国际关系学院熊剑平。""快快换人，本将刀下不斩无名之辈，不和你打。"战场之上，主将之间还有空一问一答，商量着打，摆个"造型"什么的，这样的情节在特定历史时期，没准还真的出现过。

还有"不加丧，不因凶"。发起战争，不能乘人之危，比如在对方家中死人、遇到灾荒时开战，这样是很不道德的。另外还有"不斩黄口，不禽（擒）二毛"。"黄口"就是小孩子，战争中一定不能杀娃娃兵。什么叫"二毛"呢？黑白两种颜色的头发叫"二毛"，很明显，这是指老兵。遇到老兵，是不能抓其做俘虏的。如果抓了，也不道德。

其他说法还有不少，比如不搞埋伏、不搞偷袭等。总之，有一大堆规矩约束着那时候的军人，约束着那时候的战争。这就相当于那个时期的"战争法"或"国际法"，都得遵守才行。

这其中的有些规矩显然是过时了，比如"不禽（擒）二毛"这条，说的是不能抓老兵。但是老兵都是"兵油子"，最有作战经验，不抓的话就会乱套。白头发多点，在战场上就横行无阻，因为对手不好意思抓捕，这肯定行不通，一定会过时。虽然过时，当时的人们也得遵守，否则就会遭到一致谴责。

我们今天还可以从《左传》中看到一些好玩的战例，了解春秋时期及之前时代的人都是怎么打仗的，是如何遵奉"古军礼"的。

第一个战例是邲之战，发生在公元前 597 年，算是春秋时期一次著名的大战，也是晋楚争霸战争中非常重要的一战。在这一战中，晋国人败了，楚国人胜了。打了败仗，就得跑。晋国人在前面跑，楚国人便在后面追。可是追着追着，楚国人就停了下来。原来晋国人的战车陷入泥坑中，已经跑不了了。按理说，这是乘势掩杀的大好机会，像砍瓜切菜一样容易，可是楚国人并没有上前杀人，反而认真地教着晋国人怎么摆脱困境："唉，你们晋国人真笨，抽去战车前的横木，马不就能跑起来了吗？"

古代的战车没有配置发动机，全靠马匹拉着前进。如果战马感觉不舒服停下来，车轮子也就转不了。晋国人正惊魂未定，却也只能按照楚国人教的办法去做，战车果然跑起来了。但是，晋国人回头一想，感觉心里很不是滋味，仗都已经打输了，还要人家教自己怎么逃跑，这显然太没面子了。于是，他们一定要在其他地方找回点面子，所以就给了楚国人非常特别的"感谢之词"："吾不如大国之数奔也。"①意思是说，我们晋国人，一直打胜仗，从来就不会逃跑。哪像你们楚国人，总是打败仗，特别擅长逃跑。今天看来，你们在逃跑方面确实很专业，我们自愧不如！

可叹楚国的这帮兄弟，好心没落得好报，本来是想帮助晋国人，结果反而被嘲笑一番。但这样的楚国人，完全遵守当时的"战争法"或"国际法"，也是很可爱的。

另外一个战例是鄢陵之战，发生在公元前575年，也挺有意思的。这还是晋楚两个"超级大国"之间发生的战争。

这里需要插一句的是，春秋时期打仗也是很讲究抱团的，就像今天的"北约"，总爱拽上"兄弟们"一起上。春秋时期，晋国和楚国是当仁不让的"老大"，周围聚集了一帮"小马仔"，打仗的时候一起上，打群架。

这一次鄢陵之战，晋国人获胜了，楚国和帮手郑国这边失败了。当时的楚国和郑国，都是国君身先士卒，但是打了败仗，同样只能鞋底抹油——溜了。

一方逃跑，另一方就得追赶，于是晋国人就在后面追。当时，负责指挥晋军的将领名叫郤至，看到手下人果真全力以赴地追赶，他就不高兴了，立即批评部下：瞧你们这几个臭小子，还真追啊，赶紧给我回来！要知道，你们追的是人家的国君，这样的人放在手里，一定是个麻烦事，还不如让他跑了。

手下人立即就明白了，于是装模作样地追了几下，就把郑国的国君追跑了。

楚军打败了，楚共王也得逃跑，晋国人同样打算装模作样地追几下就撤退，没想到的是，楚共王的这个"司机"是路痴，或者说，是被晋国人

①　《左传·宣公十二年》。

的威力吓着了，忽然间变成了路痴。楚共王本该向南面跑的，结果在山里兜了一个大圈子，迎头遇到正在慢慢悠悠北撤的晋国人。

不请自来的楚共王，把晋国人吓了一跳。郤至是怎么做的呢？他没有乘机抓捕楚共王，而是指挥手下立即让开一条路，为楚共王放行。不仅如此，郤至还小跑几步，毕恭毕敬地向楚共王行了个大礼。这个楚共王也毫不含糊，煞有介事地还了个礼，还赠送了礼品，然后大摇大摆地撤了——看来还是个懂规矩的君子。

从这两个战例可以看到，在春秋时期或更早的时候，打仗就是打得这么"温情脉脉"的，多少显出点滑稽。这其实就是遵奉"古军礼"的结果。

很显然，这是特定历史时期的战争样式。大家都严格遵守"古军礼"，不要阴谋诡计。谁要是使用计谋，就会被人看不起，会受到谴责。这就是传说中的"竞于道德"的时代，比拼的是道德和仁义，所以战场上都是些宅心仁厚的君子，就有了前面那些让人觉得好笑的战争场景出现。

但是，这一定是特殊时期的战争样式，不是战争的常态。什么才是战争的常态？流血和牺牲。打仗，毕竟是要牺牲人命和财物的，还能只讲究仁义吗，还不动动脑子耍耍诡计？尤其是牵涉国家利益、民族利益，需要保卫国家、保全种族时，一定不能片面追求仁义，而是要给谋略让路，正大光明地使用战争谋略。《孙子兵法》提倡"兵者诡道"，自然有一定的道理。

历史上有个叫宋襄公的人，就是因为片面讲究仁义，经常被视为反面教材。这位仁兄到底是谁，干了什么蠢事呢？

宋襄公是春秋时期宋国的国君，亲自指挥过一场著名的战争。这场战争在宋国和楚国之间展开，发生在泓水一带，所以叫泓水之战。在这场战争中，楚国的军队渡河到了一半的时候，手下人劝宋襄公发兵攻打，被宋襄公阻止。宋襄公说，人家才渡河一半，这时候攻打他们显得非常不仁义。过了一会儿，楚国的军队完全过河了，慌慌张张地列阵，宋襄公的手下再次劝他下令攻击，还是遭拒。宋襄公说，仁人君子讲究"不鼓不成列"，怎么能趁人家立足未稳时发起进攻呢？

等楚国的军队列阵完毕，宋襄公认为可以进攻了。于是，他下令：冲啊！杀啊！没想到的是，宋国的军队刚刚和楚国的军队接触，就被打得落花流水。这个时候，人家已经准备好了，宋国的军队根本就不是对手。

打了败仗，手下人当然都会埋怨宋襄公。宋襄公也在战争中受了重伤，但他还是带着大家把"不鼓不成列"这些"古军礼"又复习了一遍，也算是给自己找台阶下。但是这时候，手下人都被打得眼斜鼻歪的，哪里能听得进去？

面对楚国的军队，宋襄公不负责任地片面讲究仁义，从而屡屡坐失作战良机，最终导致战争失利。在历史上早就有人挖苦宋襄公不切实际的"仁义"。比如，汉代人就挖苦宋襄公这种行为是自取其辱，"虽有诚信之心，不知权变"，所以是"危亡之道"①，一点都不值得同情。到了现代，更有革命领袖毛泽东讽刺宋襄公为"蠢猪"②，他告诫全体将士全力与日寇搏斗，千万不要学迂腐的宋襄公。可见，宋襄公因为这一战，奠定了自己在历史上的"蠢猪"地位。

孙武对于这样一个鼎鼎大名的人物和"英雄事迹"，不可能不知道，所以他执意要和这些陈旧而且不合时宜的"古董"说"再见"。《孙子兵法》的战法，和之前的战法相比，是两种完全不同的路数，所以才能赢得吴王的青睐。

那么，孙武到底是怎么和那些陈旧战法说"再见"的呢？他不仅高举"兵者诡道"的旗帜，而且还一口气传授给人们十多条使诈的方法，这就是著名的"诡道十二法"，包括以下内容：

> 故能而示之不能，用而示之不用，近而示之远，远而示之近。利而诱之，乱而取之，实而备之，强而避之，怒而挠之，卑而骄之，佚而劳之，亲而离之。③

这些词句也好理解。意思就是：明明要打你，却装出不想打的模样；

---

① 《盐铁论》卷八。
② 毛泽东曾斥之为"蠢猪式的仁义道德"，见《毛泽东选集》（第1卷），人民出版社1966年版，第482页。
③ 《孙子兵法·计篇》。

明明能够打，却装出不能打的模样；要从远处打，却装出从近处打的模样，要从近处打，却装出从远处打的模样……总之，就是要全方位、多层次地用假象迷惑对手，从而把握战争主动权。至于这些诡道之法的总原则，就是八个字："攻其无备，出其不意。"①

吴王阖闾本来就不是一个守规矩的人。这个阖闾，也就是公子光，是靠着弑君自立当上国君的。有个著名的"鱼肠剑"的故事，想必不少朋友都知道，说的正是公子光弑君自立的事情。公子光想杀掉吴王僚，于是置办一桌酒席宴请吴王僚。有个叫专诸的勇士，将一把锋利的匕首放到烤鱼的肚子里，借着献鱼的机会，刺死了吴王僚。公子光从此自立为国君，这就是吴王阖闾。

吴王阖闾就是这样当上一国之君的，这样的人一定是无视"君君臣臣，父父子子"那一套礼法制度的。他深知，如果想办成大事，就一定不能被某些规矩束缚住。缩手缩脚肯定是干不成事情的。

不守规矩的吴王阖闾，并不是不懂规矩。恰恰相反，他很懂。作为贵族之后，他受过良好的教育，也曾带兵打仗，非常熟悉以往的战争史。他知道，以前的战争都遵守"古军礼"，因此显得很别扭，甚至带着几分滑稽。所以，他非常欣赏孙武对战争的认识。想必吴王是通过战争，接触了一些战争谋略，也目睹了太多的流血场面。他很清楚，如果片面讲究仁义，就一定会和那个愚蠢的宋襄公一样，死得很难看。孙武一定非常熟悉过往的战争史，对宋襄公的故事也很清楚。不做宋襄公，就需要高举"兵以诈立"的旗帜，彻底改变以往的那些战争套路。

可以猜想的是，当吴王看到孙武大胆地在兵书中写着"兵者，诡道也"这样的句子时，一定会发自内心地欣赏。当他看到《孙子兵法·军争篇》中"兵以诈立"这样的句子时，更会拍案叫绝。尤其是当他看到《孙子兵法·九地篇》中征伐楚国的种种设计之后，肯定会按捺不住地想要见见孙武了。

---

① 《孙子兵法·计篇》。

二、吴宫教战

孙武远道南下来到吴国求职，靠着一本兵书打动了吴王。吴王从《孙子兵法》中，看出孙武是一位高人，是位清醒的现实主义者，因为他已经和"古军礼"做了彻底的决裂。提倡"兵者诡道"，这很对吴王的胃口。但是，吴王会立即对其委以重任吗？孙武在求职过程中，还会遇到哪些挑战呢？

吴王当然不会轻易地相信孙武，恰恰相反，他还要为孙武设置一次非常特别的面试，从而决定录用与否。这其实也很好理解，就像今天的求职一样，你带着名牌大学的毕业证书，固然可以打动老板，但是，能不能被录用，还是要看面试结果的，不能"唯文凭论"，不能一切由文凭说了算。必须看看你是不是有实际工作能力，是不是个"绣花枕头"。

吴王要对孙武进行面试，非常想看看孙武的实际带兵能力。孙武毫不含糊，不仅爽快地接受了面试，而且还在面试中搞出了"大动静"。这一场面试，史书里面有明确记载，历史上称之为"吴宫教战"。为什么说是搞出了"大动静"呢？因为孙武当着吴王的面杀了两个人；并且孙武杀掉的这两个人，还不是一般的人，是吴王身边最漂亮的两位宠妃。

孙武哪来这么大的胆子，为什么在面试的过程中还敢动手杀人呢？在我看来，这其实是在面试过程中自然而然发生的。

其实吴王和孙武见面之后，并不是立即展开面试，多少还要寒暄几句，拉拉家常。按照文献的记载，吴王并不是《史记》中所说的那种不懂礼貌的人，一上来就要把客人领进考场。见面之后，吴王对孙武说："寡人喜欢探讨军事问题，先生精通这些，可以向您请教一二吗？寡人没什么别的爱好，就是喜欢打仗！"

吴王的这番话，首先宣告了他们有着共同的兴趣爱好——探讨军事问题，就像今天的年轻人见面，问对方打不打游戏、打哪款游戏一样，这就是套近乎，吴王也是这样。没想到孙武的回答却出乎吴王的意料，他并没有顺着吴王指定的台阶往上走，没有和吴王继续探讨这共同的"爱好"，而是给了吴王一番不冷不热的"训诫"，呛了吴王一下。

孙武是怎么"训诫"吴王的呢？只听他说："战争是用来追求利益的，但也不要过于热爱，因为它不是儿戏。大王如果把它当成非常热衷的爱好，用游戏的态度来问我，我可不敢和您多说什么了。"

吴王是何等聪明之人，他立即明白了孙武的意思，随即收起强堆的笑脸，亮出他"大老板"的身份，想要给孙武一个"下马威"。他对孙武说："先生，您写的十三篇兵法，寡人都看了，写得挺好的。所以寡人很想知道，先生是不是可以试着带带兵，小规模地练一练？"吴王的意思很清楚，你在纸上写得洋洋洒洒，不代表你有实际水平。到底有没有水平，还要经过检验。是骡子是马，拉出来遛遛！

孙武可不是纸上谈兵，面对吴王发出态度强硬的挑战，他显得毫不畏惧："当然可以，而且我会完全按照大王的意愿来操作，选用什么样的人来做试验都没关系，不论是高贵的还是低贱的，也不论是男还是女……"

孙武也许就是随口一说，没想到吴王顿时就来了精神，兴趣盎然地说："是吗？妇女也可以吗？寡人倒是非常愿意让妇女试一下！先生您看，这么多后宫佳丽，就组织她们来训练吧。"吴王做出这种选择，也很容易理解，用妇女作为训练对象，难度当然要大一些，场景也可以想象。

吴王那边忽然来了精神，孙武这边却产生了悔意。他明白，自己刚才的话说得太满了，所以想"悔棋"了，急忙辩解道："大王您看看，让妇女参加训练，多么让人不忍心，还是换人吧，而且我也非常担心大王会后悔。"孙武这是在为自己找台阶下，另外还有句潜台词：万一让这些后宫佳丽吃了苦头，别怪罪我。这一口黑锅，我也不背！

吴王一听就急了："等等，你说什么呢，什么后悔不后悔的，寡人看是你想悔棋吧，那可不行！"

吴王坚决不让孙武"悔棋"。两个人已经开始抬杠了，在这个过程中，会有好戏看，也会有意外发生。

吴王冷冷地说："先生不用担心，寡人有什么可后悔的？"在说完这些话之后，吴王下令，将宫中能派出的宫女共一百八十人，交给孙武进行训练。

看到吴王态度非常坚决，孙武退无可退，只能硬着头皮展开训练。一切准备就绪后，孙武对吴王说："军阵还没演练好，您可以先安居高台之上，等训练完成了，就可以任由大王检验。"

吴王痛快地说："好！"对吴王来说，高台之上，视野开阔，他正好可以看戏，看孙武闹笑话。

等到吴王离开后，孙武把这些娇弱的宫女分为左、右两队，并指定吴王最宠爱的两位美姬担任"队长"，督促训练，执行军法。

一切安排就绪后，孙武登上了临时搭建的指挥台，向众宫女们严肃地宣讲操练要领。他问宫女："你们都知道自己前心、后背、左手和右手的位置吗？"

宫女们齐声回答："知道。"

孙武很满意地说："这样就好。当听到喊'向前'，就朝着心所对的方向前进；当听到喊'向左'，就朝着左手方向前进；当听到喊'向右'，就朝着右手方向前进……都听明白了吗？"

宫女们都齐声表态："听明白了！"估计这些就是最基本的队列动作或简单的阵型，但是它最讲究纪律。没有纪律，什么都练不好。

孙武下令摆好刑具，申明军法："不听命令的话，一律斩首。"

等这些工作做完之后，孙武宣布训练正式开始。他擂鼓命令众宫女"前进"，结果令人大跌眼镜。宫女们笑成一团，前仰后合，全都不听指挥。训练场上已经是鸡毛炒韭菜——乱七八糟。孙武只得停下来，强忍怒火："这次怪我把规定讲得不够明确，你们对法令还不够熟悉，姑且放你们一马。"接下来，孙武将军法和操练要领再讲了一遍。没想到的是，宫女们依旧是不听命令，嬉笑不止。

到了这个时候，孙武怒了。他迅速召集宫女，严厉地训斥道："规定不明确，交代不清楚，是我为将者的责任。如今军纪、军法已经宣布了，大家也都明白了，训练内容也是三令五申。在这种情况下，你们仍然不执行命令，那就要追责，别怪我翻脸无情。"

孙武二话不说，毅然决然地要杀左、右两队的"队长"。他要追究"领导责任"。两位"队长"是吴王最宠爱的两位妃子。这岂能轻易就抓，随意就杀？孙武这是分不清"大小王"，完全没有看吴王的脸色。

这个时候，吴王正在高台之上非常惬意地看戏，乐呵呵地品尝着美酒，一副置身事外的架势，等着孙武出丑。忽然，他看到孙武要杀自己的爱妃，大吃一惊，顿时觉得这游戏不好玩了，急忙派人给孙武传达命令："寡人已经知道先生很会用兵了，就不要杀人了。寡人要是没了这两个爱妃，吃起饭来都不香，睡起觉来也不踏实，幸福指数会下降很多，希望先生一定不要杀了她们。"

面对吴王的求情，孙武没有退让。这个异乡求职的"打工仔"，忽然之间展示了他的强硬和骨气。他不卑不亢地回答说："将在军，君命有所不受。"这是一句惊世骇俗的名言，相信也有不少朋友都听说过。就是说，眼下我是受大王之命在军中执行公务，即便是国君的命令，也可以不接受！

在这之后，孙武执意杀了两位"队长"，随即又按顺序任用两队队列中的第二人为队长，继续组织训练。

拒绝听从吴王的命令，无异于在太岁头上动土。可以看出，孙武是个很有个性的人，即便是国君的命令，他也敢公然违抗。

眼见孙武果真动手杀人，宫女们都变乖了。在这之后，孙武再次击鼓发令，不论是向左向右、向前向后，还是跪倒、站起，她们都完全听从号令，严格遵守纪律要求，再也不嬉笑打闹。不久之后，训练结束，孙武派人向吴王报告说："队伍已经训练好了，大王可以过来验收了。眼下这支队伍，人人都是勇猛的战士，任凭大王使用，赴汤蹈火，也不会退缩的。"

这个时候的吴王，内心一定是崩溃的，翻江倒海，五味杂陈。失去两位爱妃，心情自然非常糟糕，但他不便轻易发怒，只好勉强地回答说："行了行了，寡人知道先生很有本事了，回去休息吧，寡人不想去看了。"

孙武感叹道："看来大王只是欣赏我的兵书，只是嘴上说尊重知识、尊重人才这些套话，并不能兑现。"闷闷不乐地发了几句牢骚后，孙武解散了宫女，非常失落地走出了"考场"。

所以这场面试的结果是，考生和考官都不开心。死了两个无辜的女人，换来两个郁闷的男人。

那么，这件事情就这么结束了吗？当然不会。作为一位雄霸之主，吴王暂时接受不了这个结果，并不代表他始终接受不了。

吴王一连几天都闷闷不乐。但是，他确实由此知道孙武果真有能力、够狠、敢干。所以，虽然"反射弧"比较长，但在经过一番思想斗争后，吴王还是接纳了孙武，并没有将孙武就此拉进"黑名单"。他决定重用孙武，拜其为将。

两个人重新见面之后，看到吴王已经和颜悦色，孙武放下心来。他当面解释了斩杀妃嫔的原因："平时养成严格的纪律，是将帅基本的带兵之道。只有平时严格执行纪律，在三军之中树立威信，才能率领他们迎敌作战。"

长期带兵打仗的吴王，其实也非常清楚孙武所说的这些道理，所以他才能最终谅解孙武，重用孙武。而且，到底是美人重要，还是江山重要，吴王也是心中有数。吴国这里，就是出美人的地方，还怕找不到美人吗？但是，孙武这样的人才，一定不可多得。这样想来想去，吴王内心的疙瘩就解开了。相信吴王也更清楚地了解了孙武的无畏精神，尤其是对陈规陋俗的突破精神。

总之，孙武确实敢于对不合时宜的军法进行大胆突破，才能取得面试的成功。"吴宫教战"所体现出的内涵，和孙武在兵书中所写的"诡道"，其实也是相通的。

需要看到的是，《史记·孙子吴起列传》中的"君命有所不受"这句话，可以和传本《孙子兵法》求得对应。《孙子兵法·九变篇》的开头有一段话："途有所不由，军有所不击，城有所不攻，地有所不争，君命有所不受。"

这段话集中讨论的是战争中的"变术"，说的是行军道路、进攻对象等，都要有所选择和变化，不能按既定套路出牌；否则，就会失去胜机。由此可以看到，"君命有所不受"这句话，在《孙子兵法》中也是有出处的，司马迁的记载是有根据的。《史记》和《孙子兵法》中，孙武的突破精神和治军思想等，是一致的。

那么，应该如何看待"将在军，君命有所不受"呢？我认为，这其中至少体现了孙武作为一个为将者的大智慧，那就是抓住时机、大胆突破陈规陋俗，在不违背根本原则的前提下，把事情办成。其中的道理其实也很简单：将领一旦身处军中，就是老大。国君有时并不知道军中具体情况，如果命令发布错了，不能一味盲从。所以，必要时还是要听从将领的安排。

当然，需要注意的是，这其中还有一个"将在军"的重要前提。千万不能忽视这三个字。单纯的军事问题，在特定场合之下，尤其是在战争现场，将军有一定的发言权。除此之外，在其他地方就行不通了。政治原则还是要严格遵守的，不能含糊。在其他场合，再牛气的将帅，也必须要严格遵守政治纪律才行，一切行动都要服从君主和朝廷的意志，一切行动听指挥。

所以孙武说"君命有所不受"，并不是说他要挑战君主的权威、有什么狼子野心，也不是说他分不清"大小王"，而是说，在特定场合，一定要努力避免外行指挥内行的局面。人命关天的事，哪能交给外行拍板。

总之，在经历"吴宫教战"之后，孙武获得了吴王的信任，吴王更清楚地知道了他的才能，就任命他为将军。异地求职，孙武总算是取得了成功。

三、伐楚献谋

孙武通过"吴宫教战"这场面试，充分展示了自己的带兵能力和决断能力，他不是一个只会纸上谈兵的书呆子，而是一个有着很强带兵能力的军事人才，既有理论水平，也有实践能力，由此而让吴王刮目相看。

孙武大老远地跑到吴国，就是为了杀吴王的两个妃子吗？当然不是。他们还要讨论很多重要事情，商量着开创大场面。

没事的时候，吴王会拉着孙武一起探讨"国际问题"，关心一下时政，讨论各主要诸侯国的政治走向。根据银雀山竹简《吴问》，孙武与吴王还有一次问对。他们一起讨论的是晋国的未来局势。当时的晋国已经由范氏、中行氏、智氏、赵氏等几大家族把持政局，吴王很关心谁会成为最终的赢家。

这也正常，就像今天美国的大选，到底是民主党获胜，还是共和党获胜，连普通老百姓都关心。

吴王问孙武："先生看晋国目前的局面，谁会最先灭亡，谁会笑到最后呢？"

孙武不慌不忙地回答："范氏、中行氏最先灭亡，赵氏会成为最后的赢家。"

吴王忙问为什么，孙武答道："看他们的田制和税制。范氏、中行氏的税收压力最重，赵氏的税收压力最轻。民心向背由此可知，谁胜谁败也由此可知。"

吴王若有所思地点了点头："是啊，赵氏懂得爱民之道！"

虽说晋国的历史并没有如孙武所料，最终归于赵氏——大家想必都知道，晋国一分为三成了韩、赵、魏，但是，从这段对话中也可以看出，孙武非常重视民心的作用。他认为田制、税制这些制度，会带来民心的变化，由此决定王室的兴衰，甚至成为战争成败的决定性因素。吴王对孙武的这番论断十分赞同，孙武在吴王心目中的地位也变得越来越高，渐渐成为吴王开创大场面的重要助手。

他们开创的是什么大场面呢？就是打败了强大的楚国，使得吴国成为一时霸主。当然，这件事不是孙武一个人干成的，还有一个人也在其中起了重要作用，他就是伍子胥。

伍子胥，我们前面已经提到过，他很可能充当了介绍人的角色——据说是他把孙武推荐给了吴王。其实他本来就是楚国人，在伐楚的过程中担任了重要角色。帮助吴王阖闾杀掉吴王僚的专诸，就是伍子胥推荐的。

身为楚国人，伍子胥到吴国闹腾得挺欢，还带着吴国人攻打自己的国家，如果按照今天的标准来衡量，这不就是个卖国贼吗？但在当时，伍子胥不会这么想，他一门心思要给父亲和哥哥报仇！因为他的父亲和哥哥被楚平王杀了。

伍子胥本名伍员。他的祖辈有个名人叫伍举。伍子胥和他这个祖先性格非常相似：刚烈，而且敢于直言。伍举遇到了一代明君楚庄王。在楚庄王执政期间，伍举因为敢于直言进谏而受到赏识，得到特别关照和破格提拔。伍子胥就不一样了，后来他丢掉性命，正是因为一次直言进谏。

虚心纳谏的楚庄王不仅重用伍举，而且对他们这一大家子都很关照。伍家的后代在楚国一直都很有地位。没想到的是，到了楚平王时期，也就是伍子胥这一代，竟然发生了翻天覆地的变化。而这一切变化的发生，只是因为伍子胥的父亲伍奢做了太子建的太傅，就此被动地卷入一场政治内斗。

当时，还有个叫费无极的绝顶坏蛋。他奉命来到秦国，为太子建张罗婚事。看到秦国公主长得漂亮，他就怂恿楚平王据为己有。楚平王果断地霸占了未来的儿媳妇。特殊的地位、特殊的权力让他任性妄为，只图一时痛快，完全丧失良知，也被费无极这路货色蒙蔽。

费无极干了件缺德事，得罪了太子建，还败坏了楚平王的名声，内心很害怕。他最担心太子建和伍奢报仇，所以就在楚平王面前极力诋毁太子建，污蔑他谋反。谋反，最容易刺激古代帝王的神经。所以，这一招效果很好，太子建渐渐被疏远了，伍奢负有连带责任，也被抓捕。

初步目标达成，费无极想的是斩草除根。他不仅想杀伍奢，还想杀他的两个儿子——一个叫伍尚，另一个叫伍子胥。费无极知道他们都是贤能，不杀掉的话，就会成为后患，所以他建议楚平王用伍奢作为人质，把他们召来。结果，伍尚顺从地赶回来了，而伍子胥决意逃跑，他不想就此白白丢掉性命。此后，伍奢和伍尚都被楚平王杀害，伍子胥逃到了吴国。

父亲和哥哥都被楚平王给杀了，这样的血海深仇，伍子胥能不和楚平王拼命吗？当然会，他把所有的仇恨都聚集到了楚平王身上。

逃到吴国之后，伍子胥发誓要替父亲和哥哥报仇。但他孤身一人，力量不够。他不是孙悟空，也没有三头六臂，要想报仇，就只能借用吴国的力量，劝说吴王出兵。

吴国的力量可以借用吗？可以。这是当时吴楚争霸的战略形势决定的。当时诸侯争霸的格局，和春秋前中期相比，已经发生了变化。齐国已成"明日黄花"，晋国也已没落，大国之中还剩下一个楚国，百足之虫，想打败它，也不容易。但是吴国如果想成就霸业，就必须面对楚国、挑战楚国。吴王对此也非常清楚，他知道楚国就是一块绊脚石，一定要搬开才行。

作为山水相连的邻国，吴国和楚国的利益必然会紧密地勾连在一起，会发生各种纠纷、各种冲突，战火也随时会点燃。纠缠不清的利益纠纷，非得有个了断才行。

由谁来了断？似乎伍子胥就是上天派来做了断的人。在吴王僚执政期间，伍子胥极力劝说吴王僚发兵攻打楚国。他对吴王僚说："楚国是可以打败的，没那么可怕。您只要派公子光去，就可以摆平他们。"

公子光确实曾经把楚国人打败过，但此时的公子光，野心不在楚国，不在国际舞台，而是在国内，他想争夺王位。所以，他不希望继续打仗，于是极力劝说吴王。他对吴王说："那个伍子胥，是因为家里亲人被楚平王杀死了，所以才竭力怂恿大王出兵攻打楚国，其实是为了报他的私仇，这是挖坑让您跳。这个时候想和楚国对抗，是赢不了的。"

伍子胥的心思被公子光看穿，内心极度不爽，但他不敢表露出来，只能暂时退缩。不仅是退缩，他还向公子光推荐了专诸，自己则匆匆忙忙地跑到乡下种地去了，避避风头。

后面的故事，大家都已知道：公子光派专诸刺杀了吴王僚，自立为王，这就是吴王阖闾。当他弑君自立之后，立即召回伍子胥，和他共同商量如何对付楚国，毕竟伍子胥了解楚国的情况。春秋时期鼎鼎大名的"带路党"，就是这个伍子胥。

吴国这边的大王换人了，楚国这边的大王也换人了。楚平王死了，继位的是楚昭王。但是，两国的关系丝毫没有发生改变，还是要斗个你死我活。

伍子胥的家仇还没报，既然找不到楚平王，那就找楚昭王。这也是所谓的"父债子还"，伍子胥仍然念念不忘伐楚。

正是在这期间，伍子胥和孙武结识了，共同的目标让他们成为朋友，一拍即合。此后，吴王和伍子胥、孙武有了一个统一目标：伐楚。这是他们联手要做的一件大事。

三年之后，吴王就和伍子胥、伯嚭发动军队攻打楚国，打败了楚军，占了楚国的一些地盘。

想不到胜利来得如此容易，吴王很开心，因为他看到了希望。正如孙武所分析的，楚国貌似庞然大物，但只是个纸老虎而已。吴王兴高采烈，想乘胜进兵郢都，结果被孙武劝阻。孙武说："百姓已经太疲惫了，这时候不可以连续用兵，还是暂时等等吧。"吴王听了孙武的劝告，随即收兵回国。从中可以看出，吴王对孙武非常信任，但是这就会让急于求战的伍子胥大感失望：血海深仇，何时能报？

孙武的心态，和伍子胥不一样。孙武非常清楚，伐楚并不是容易的事情。这是一场大战，是一个系统而庞大的工程，需要做大量的前期准备工作，要做周密的筹划。楚国非常强大，伐楚之战，不成功，便成仁。一旦失败，吴王面对的，就是难以下咽的苦果。俗话说，心急吃不了热豆腐。如果非要吃，受伤的一定不只是豆腐，还有自己的肠胃。所以，孙武对于伐楚，虽说是积极赞同，但态度非常冷静。与急着报仇的伍子胥，有着天壤之别。

孙武对战争的思考，一直都非常冷静而又客观，十分慎重。他在兵法中告诫统治者："亡国不可以复存，死者不可以复生。故明君慎之，良将警之。"①

国家亡了，就回不来了。不像下棋，输了一盘，可以再来一盘。有时走错一步，还可以趁着对方脾气好，要求悔棋。战争一旦打起来，就不好悔棋了。敲下"回车键"，就没有"撤回键"。所以，轻易发起战争的人，是非常愚蠢的。孙武指出，"主不可以怒而兴师，将不可以愠而致战"，不能因为一时愤怒而发起战争，不能带着冲天怒气打仗。一旦草率地发起战争，就会带来不可预知的恶果。

什么情况下可以打仗？孙武在《孙子兵法·火攻篇》中指出："非利不动，非得不用，非危不战。"只能是到了迫不得已的时候才能打仗。战争，毕竟不像削个苹果、吃个桃子那样简单。热衷于打仗的，要么是伍子胥那样背着深仇大恨的人，要么是站着说话不腰疼的"键盘侠"，要么是比较极端的"战争狂"。

作为一名军事家，孙武坚决反对穷兵黩武，并不主张将一切都诉诸武力。在《孙子兵法·谋攻篇》中，孙武对攻城战争的危害性有过具体的描述："将不胜其忿而蚁附之，杀士卒三分之一，而城不拔者，此攻之灾也。"都死伤众多了，城池还攻不下来，这不是灾难吗？正是因为战争具有如此之大的破坏力，所以孙武才认为必须要努力做到"不战而屈人之兵"。

孙武不仅反对穷兵黩武，而且主张"先计而后战"，精心计算双方优劣，再决定是否发起战争。这一层意思，孙武写进了《孙子兵法》，也就是"庙算"的主要内容。所谓"庙算"，不是在庙里算命打卦，而是在庙堂这种庄严场合，就战争问题进行计算，比较敌我双方的各种情况，计算

----

① 《孙子兵法·火攻篇》。

胜利的可能性。

很显然，有这样一位善于计算和筹划的孙武，对吴国而言，是非常幸运的；对伍子胥来说，同样是非常幸运的。伍子胥和孙武，可谓是绝佳拍档。从性格上看，伍子胥稍显性急，孙武则相对谨慎。尤其是在对待伐楚这件事上，伍子胥显得非常迫切，他急着早日伐楚，甚至因为急着劝说吴王僚伐楚，差点就得罪当时还没做国君的公子光，只能躲到乡下去避难。当然，谁背着这血海深仇，都会心急如焚。

孙武完全不一样，他和楚国之间没有直接的仇恨。在对待伐楚这件事的态度上，他相对冷静，可以不急不躁地等待时机。在战争决策时，有孙武这样的人担任参谋和助手，非常重要。如果稍加考察就会发现，伐楚的许多重要战略决策，都是孙武起到了更大的作用。孙武才是伐楚之战的主心骨、设计师。

伐楚之战，根本没有按照伍子胥那种心急火燎的态度去打，而是顺着孙武的思路展开，甚至是按照《孙子兵法》的战争逻辑展开。如果按照伍子胥的思路，肯定早就打起来了。那就是"怒而兴师"，必定会打成另一番模样。幸亏吴王没听伍子胥的意见，而是按照孙武的路数一步步推动，有步骤地展开战斗。

或许有朋友心存疑惑，在《史记·伍子胥列传》里面，伍子胥的名字不是一直排在孙武前面吗？这不是说明伐楚之战中，伍子胥起了更大作用吗？不是的。因为传主是伍子胥，他的名字当然要排在前面。而且，名字排前面，也有资历等原因。干苦活的、出大力的，往往反倒排在后面。排名这件事，其中太有学问了。

关于伐楚的主要经过，司马迁把主要笔墨集中在伍子胥这里，我感觉是通过描写这个典型人物，让悲剧性冲突的画面感非常强烈。当然，这也只是我的一种猜测。

不管如何，打仗毕竟是一件大事，工程浩大，消耗巨大，不仅需要孙武出大力，还需要他的精密计算、科学决策。

按照当时的吴楚形势分析，楚国长期充当春秋时期的霸主，虽然有所衰落，但毕竟"瘦死的骆驼比马大"，实力优于吴国。楚国至少还拥有一支具备相当规模而且很有实战经验的军队，数量多达二十万之众。楚国的都城郢都，一向以雄伟坚固著称，易守难攻。而且，吴国如果兴兵伐楚，攻打郢城，就必须要深入楚国腹地，行师千里。这种"劳师远征"向来是兵家之大忌。吴军只有几万人马，要想顺利完成既定战略目标，还真不是一件容易的事情。

孙武对吴楚之间的这种战略态势是非常清楚的。所以，公元前512年，就在他初任吴军大将之初，看到吴王急于求成，希望马上发起伐楚的战争时，孙武毫不犹豫地进行了劝阻。孙武希望吴王再忍一忍，冷静地等待最佳的决战时机，对这块"热豆腐"，不要急着动筷子。

这种时机也不是一味干等就能等来的。没有时机，还需要努力创造时机才行。孙武和伍子胥并没有消极等待，没有守株待兔。守株待兔，往往等不来兔子，只会白白浪费时间，失去最佳战略机遇。所以说，好的战略机遇也需要自己去努力创造，去积极争取。

孙武他们做了些什么？简单说来，就是积极运用谋略，主动创造条件，努力完成敌我之间优劣态势的转换。他们到底设计了什么策略？这些策略制定之后，效果如何呢？

四、用奇谋，胜强楚

吴军在孙武和伍子胥的谋划之下，开始围绕伐楚制定策略。初步的策略是两个："翦楚羽翼""疲楚误楚"。一面不停地骚扰楚军，一面耐心地等待决战的时机。我们应该看到，这两个策略的效果都很不错，都为伐楚做好了铺垫。

第一招"翦楚羽翼"，其实就是《孙子兵法》中提到的"乱而取之"的策略，即趁着楚国无暇顾及周边的时候，打击其"小马仔"。

楚国的"小马仔"很多，究竟先收拾谁，这其中也很有讲究。当时，吴国能攻打的国家有两个：一个是徐国（今安徽泗县北），另一个是钟吾国（今江苏宿迁市东北）。它们都是楚国的属国，而且都与吴国长期为敌。攻打它们，既能直接削弱楚国，又能壮大吴国，可谓"一石二鸟"。

此外，这两个国家还接纳了吴王僚的两位公子。这可不是一件小事。当初阖闾在杀死吴王僚时，并没能做到斩草除根，让吴王僚的两位公子跑出去了，还各自成功找到了避难场所。他们分别躲在徐国和钟吾国，不知道会不会组建"流亡政府"。阖闾非常担心，所以在公元前512年，与孙武、伍子胥一起，率军征伐楚国这两个"小马仔"。战斗进行得非常顺利，吴王阖闾除去了心头之患，也为伐楚奠定了基础。楚国的左膀右臂没了，充其量也只是个"折翼的天使"，扑腾不了几下。

第二招"疲楚误楚"，就是指不停地骚扰对手，让对手不得安宁，进而寻找机会发出致命一击。这就是对《孙子兵法》中"用而示之不用""佚而劳之"等"诡道"之法的运用。

孙武反对吴王过早地发起大规模决战，而是积极主张先对楚国进行小规模骚扰。这一点，也有幸被吴王采纳。就在孙武出任吴国将领的当年，他辅助吴王率兵攻打楚国的属国舒国（今安徽庐江县西），并一举拿下。第二年，孙武又指挥军队对楚国北部进行骚扰，攻克养城，扫除了楚国盘踞淮水北岸的势力，为日后大举伐楚扫清了障碍。

经过几年试探，吴军逐渐摸清了楚军虚实，也将军事行动的规模逐步扩大。公元前508年，吴国策动桐国（今安徽桐城市北）背叛楚国，然后又在今天安徽舒城一带引诱楚军出击。这里其实已经距离楚国大本营更近，令楚国不能忍受。楚国就此中计，仓促之间派出令尹囊瓦率兵东征。孙武看到楚军已经上当，便果断指挥吴军发起突然攻击。这正像孙武在他的兵书中所写的那样——"攻其无备，出其不意"，结果吴军在豫章（今安徽西部）一带大破楚军，并乘机攻克巢地，为日后决战创造了条件。

当然，这一高明策略的出台，与伍子胥也密不可分。吴王阖闾上台后，曾向伍子胥、孙武等人请教破楚大计，他同样非常看重伍子胥的意见。原因很简单，伍子胥对楚国的情况非常了解。伍子胥知道，楚军人数众多，但令出多门，缺少集中统一的领导，机动性也差，上下运转很不顺畅。所以向吴王提出了"疲楚误楚"的策略。这个策略，有明文记载，是出自伍子胥，但也与孙武"以迂为直"等战争谋略非常吻合。

什么叫"以迂为直"？它出自《孙子兵法·军争篇》。"迂"和"直"是一对反义词，"迂"的本义是迂回、曲折，就是把行军路线变远。这在普通人眼里，是绕道，会多花力气，但在孙武眼里，反倒可以出其不意，收到奇效。"以迂为直"是绕着弯来攻打对方，表面上看更费时间，却比直接行动更有效果。"疲楚误楚"这种总体战略，完全符合这一特点。把战线拉长了，效果却更好。

"疲楚误楚"不仅是伍子胥的策略，也是孙武的策略，二人观点一致，也正应了那句话：英雄所见略同。

在"疲楚误楚"策略的指导下，吴军利用六年时间先后袭击了楚国的夷、潜一带，也就是今天安徽的西北部，基本控制了吴楚必争之地——江淮流域豫章地区，就此害得楚军疲于奔命，穷于应付。自从楚昭王即位以来，吴军几乎年年都会对楚国进行骚扰袭击，这正如《左传》中所记载的那样："楚自昭王即位，无岁不有吴师。"①

总是有军队来袭扰，这真让人受不了。只能让楚国人发出"防不胜防"的感叹。就像是一个人想要睡觉了，旁边却来了几只蚊子不停地袭扰，伸出手却打不到它，很烦人。

持续不断的袭击，飘忽不定的战法，给楚军造成了一种错觉。他们误以为吴军的这些军事行动仅仅是"骚扰"而已，并不敢和楚军进行决战，放松了应有的警惕。孙武"用而示之不用""佚而劳之"的"诡道"之法，至此取得了完全成功。

楚国人大概在内心非常鄙视吴国人：瞧瞧你们吴国人，看来也只会玩小打小闹的游戏，到底敢不敢玩一局大的？借你豹子胆，恐怕也不敢吧！

吴军可不是不敢，他们一系列的运作，就是为了最后的致命一击。但是，目前他们装作不敢打的样子，因为缺一个战略决战的时机。

决战时机，会出现在吴国人面前吗？

这个问题，其实吴王也一直在问自己。他也想尽快找到答案，尽快找到最佳决战时机。

就在阖闾九年（公元前506年），吴王再次将这个问题提出。他问孙武和伍子胥："当初寡人想和楚国决战，你们拦住了，说是郢都不可轻易攻打。现在呢，可以攻打吗？"

孙武回答："楚国将军囊瓦非常贪财，唐国和蔡国都非常怨恨。大王想和楚国人大干一场，必须要等待时机，得到唐国和蔡国的帮助才行。大

① 《左传·定公四年》。

王您别急，少安毋躁。"

没想到决战时机就在这一年出现了。这年秋天，楚国出动大军围攻蔡国，蔡国急忙向吴国求援。唐国当初抱楚国的"大腿"，本想蹭点援助，没想到找了个贪婪的"吸血鬼"。因为不满楚国持续不断的敲诈和勒索，唐国也主动跑来请吴国出兵相助。

唐、蔡两国虽然兵微将寡，但它们的战略地位非常重要。一旦它们和吴国结盟，楚国就会失去一条重要的战略防线，吴军就可以迂回奔袭，对楚国腹地展开袭击。对于这一点，孙武早已看得清清楚楚，所以他曾向吴王建议，寻求唐、蔡两国的帮助。没想到两国主动找上门来，这当然求之不得。

这么看来，笼络"小马仔"也是一门技术活儿。弄不好的话，这些"小马仔"也会背叛自己，会恩将仇报，发起致命的反戈一击。楚国吃亏的地方就在这里，也败在这一点上。

这年冬天，吴王根据孙武和伍子胥等人的提议，组织军队三万余人，御驾亲征。他委任孙武、伍子胥、伯嚭等人为将军，趁楚国疲惫虚弱之际，发起距离深远的战略奔袭。

按照一般人的思路，吴军人少，在客场作战；楚军人多，在主场作战，双方孰优孰劣，一目了然。可是孙武不这么想。在孙武眼里，客场作战，也叫"死地"作战，吴军有机会获胜。关于"死地"，孙武有非常独到的认识。他认为，在这种地方作战，只有每个人都拼死奋战，才可以存活下去，不然就会遭到覆灭，被别人"团灭"。正所谓"疾战则存，不疾战则亡"，也可叫"陷之死地然后生"。这就是"死地"的作战特征。在这种地方，周围全是敌兵，身处敌占区，也没有援兵，找吃的都非常困难，想要在刀枪之下求生，就更是难上加难。想生存下去，就只能拼尽力气，士卒非常自然地抱团决战到底，不用做动员，每个人都像是"开挂"了一样。

孙武睿智的地方就在这里，他敏锐地抓住了人性中"向死而生"的特点，果断地用在了伐楚之战。伐楚就是"死地"作战，吴军上下只能"向死而生"。正是充分认识到这一点，所以孙武认为，伐楚有成功的可能，而且可能性很大。楚国就是个纸老虎，是可以打败的。

就这样，战略决战基本按照孙武的设计逐步展开。

开始阶段，吴军仍然是按照孙武"以迂为直"的策略，实施大规模的战略迂回。只见吴军沿着淮水浩浩荡荡地向西开进，在抵达安徽凤台附近后，丢下战船，改成步兵推进。吴王和孙武指挥精锐之师，稳步推进。他们选出三千五百人作为前锋，在唐、蔡两国军队的配合和引导之下，兵不血刃地神速通过楚国北部的几处险要关隘，神不知鬼不觉地向前穿插，一直挺进到汉水东岸，就此占据了先机之利。这完全是《孙子兵法》所说的，"由不虞之道，而攻其所不戒也"，进攻路线完全出乎楚军意料。

听说吴军大举来袭，楚军只得硬着头皮仓促应战。慌乱之中，楚昭王派出令尹囊瓦、左司马沈尹戍等人迎战。他们率领楚军昼夜兼程，奔赴至汉水西岸进行防御，两军遂隔着汉水形成对峙。

楚军这边也并非没有能人。比如左司马沈尹戍就是一位头脑冷静、富有韬略的优秀军事将领。他针对吴军的进攻特点，向统帅囊瓦提出前后夹击的建议，由囊瓦统率主力正面牵制吴军，他本人迂回到吴军侧后方。要承认，这是一个高明的作战方案。没想到这囊瓦因为贪功，擅自改变作战方针。他冒险求战，指挥军队抢先渡过汉水。吴王、孙武看到了，内心狂喜，他们等的就是这个，所以立即指挥军队后撤。囊瓦膨胀自大了：看来吴军战斗力不行啊。他以为吴军胆怯，就一路猛追过去。不承想，在大别山一带，遭到吴军连续伏击，损失惨重，士气低落。

眼看机会来了，孙武当机立断，甩出了"王炸"。他下令吴军与楚军展开大决战。十一月十九日，吴王、孙武等人指挥吴军在柏举地区（今湖北汉川市北，一说今湖北麻城），与楚军展开生死决斗。

吴王的弟弟夫概，也是能征善战之辈，他率领所部五千余众，对楚军发起猛烈攻击，楚军阵势大乱。吴王和孙武乘机指挥吴军主力投入战场，继续扩大战果。囊瓦受到沉重打击，丧魂失魄，就此逃往郑国。

剩下的楚军狼狈地四处溃逃。吴军全力展开追击，在柏举西南的清发水（即涢水，今湖北安陆市西）赶上了楚军。当时，楚军正在渡河，吴军抓住时机，乘势发起攻击，楚军再次遭受沉重打击。曾经不可一世的楚军，此时已经全线溃败，郢都已经彻底暴露在吴军的面前。

此后，吴王、孙武等人挥师深入，势如破竹，五战五胜，长驱直入，很快就攻占郢都。伐楚之战，吴军取得决定性的胜利。而且，从头至尾占据主动权，几乎是一场完胜之战。楚国虽然"个头"很大，像相扑运动员一样，但还是被吴军掀翻在地，被打得鼻青脸肿。

吴军在经过多日艰苦作战之后，终于取得胜利，他们想找个渠道发泄情绪，结果烧杀抢掠，干了不少坏事。这些恶行，当然会惹恼楚国人，也会永久地钉在历史的耻辱柱上。

至于伍子胥，他念念不忘的是另外一件事，就是四处搜寻楚昭王。他找到了吗？没有。原来，楚昭王看到大势已去，早就鞋底抹油——溜了。楚昭王带着少数人，惶惶如丧家之犬，一直逃到随国（今湖北随州）。

找不到仇人，伍子胥多少有点泄气，但他很快就找到了发泄的渠道。只见他命人挖开楚平王的坟墓，拖出尸体，一直鞭打三百下才罢手。

伍子胥有个好朋友叫申包胥，派人对伍子胥说："这样报仇，太过分了！你原来是楚平王的臣下，有再大的仇恨也不能这么做，这简直伤天害理到了极点！"那么，伍子胥是什么态度呢？当耳边风，不予理睬。申包胥和伍子胥是至交，一对好朋友。当初，伍子胥逃跑时，曾对申包胥说："我一定要覆灭楚国！"申包胥坚定地回应："我一定要保全楚国！"曾经的好朋友，就此分道扬镳。

如今，楚国果真到了将要灭亡的境地，申包胥出马了。他只身一人跑到秦国，向秦国人苦苦求救。他站在朝堂之上日夜痛哭，七天七夜没有中断。秦哀公终于心生怜悯之情，他说："楚王是个无道昏君，活该亡国，没想到他手下竟然有这样忠贞的大臣，还是保全下来吧。"于是，秦国立即派遣精锐之师，火速南下。

秦国的救兵进入楚境后，与残存的楚军会师一处，发起反攻，吴军只得撤退。楚国靠着秦国人帮忙，得到苟延残喘的机会。尽管如此，吴楚之战还是以吴军获胜而告终。孙武和伍子胥统率吴军一路长驱直入，攻陷楚国的都城。

伐楚之战的胜利，不仅是攻占郢都、赶走楚昭王，而且震慑了齐国、晋国、越国，其意义是多方面的，不同寻常。除了伍子胥大仇得报、吴国树立霸权之外，伐楚之战是一场距离深远的战略奔袭，也是自商周以来规模最大、战线最长的战争。说是规模最大，因为吴国开动了数万兵马，楚国更是多达数十万；说是战场最长，也不是夸张，吴国的军队，把从江苏到湖北这一带的江淮流域，都开辟成为战场，跨度上千公里。从苏州到襄阳，即便在今天，坐火车、开汽车，都要花上十多个小时。在那个时代，千里行军，打了胜仗，还真不是一件容易的事情。所以，这场大战理应被载入史册。

就战争模式来说，战略奔袭此前也有过，但没有如此长的距离，没有如此大的规模。比如，晋献公向虞国借路攻打虢国，宫之奇极力劝说虞公不要借，因为这其中有"辅车相依，唇亡齿寒"的道理，结果虞公不听，还是要借，最后，虞国被晋国顺带给灭了。这其实也是一次战略奔袭，但晋国欺负的是小国家。欺负"小朋友"，算不得英雄，所以后人更多的只是记住了蠢笨的虞公。

大人欺负小朋友，没什么可炫耀的。小孩子打败大人，才是真本事。所以，历史上，大家记住的都是以弱胜强的战争，如官渡之战、赤壁之战、淝水之战、萨尔浒之战等。

伐楚之战也应该被大家记住，它是蛇吞象，吴国弱，楚国强。即便你把吴国当成崛起的霸主，那吴楚两国之间的较量也是泰森和霍利菲尔德的较量，到底谁会被打败，全世界都要关注。

相对弱小的吴国，通过成功的战略谋划和战术设计，一举打败了强大的楚国，其中有许多值得总结之处，孙武的战争谋略得到淋漓尽致的施展，《孙子兵法》从此备受瞩目。

五、不朽名篇与人生结局

我们认为，伐楚之战的获胜，其成功之处，在于给战争谋略以足够的伸展空间。伐楚之战的胜利，是战争谋略的胜利，同时也是《孙子兵法》的胜利。《孙子兵法》作为战争谋略的集大成者，恰好有伐楚之战作为试金石，及时予以正名。

比如，"疲楚误楚"其实就是对《孙子兵法》中"能而示之不能，用而示之不用"[1]等"诡道"的运用。明明要打你，却装作不想打的样子；

---

[1] 《孙子兵法·计篇》。

要从近处打，却装作从远处打的样子……楚国正是在孙武这种多方位、多层次的欺骗之下，丢掉战争主动权，吞下失败的苦果。

放眼历史长河，因为有孙武，因为有《孙子兵法》，古代军事历史的发展面貌得以彻底改写，从遵循"古军礼"的模式中挣脱开来，研究战争谋略和使用战争谋略，从此变得光明正大。

所以，孙武和《孙子兵法》最重要的意义，就是给战争谋略正名，以"诡道"为中心的战争谋略，自此开始走上历史舞台，使得战争还原了其本来的面貌。换句话说就是，把上帝的还给上帝，把凯撒的还给凯撒，把战争的还给战争。孙武把握住了历史的发展脉搏，是时代的弄潮儿。

不仅如此，在我们看来，孙武专门为伐楚进行的筹划，就在《孙子兵法》中写着；甚至可以说，《孙子兵法·九地篇》就是专门围绕着伐楚写的！如果从这个角度解读这本兵书，也会就此找到解开《孙子兵法》成书之谜的一把钥匙。《孙子兵法》很大可能是在伐楚之前就写好了，在孙武见吴王之前就写好了。

在《孙子兵法·九地篇》中，孙武已经把伐楚的战略目标和作战决心等都写清楚了："夫霸王之兵，伐大国。"孙武告诉吴王，要想称王称霸，在春秋末期的"国际舞台"上做一番大事情，就要"伐大国"。谁是大国？楚国。所以，我们千万不能小看这三个字，孙武著述这十三篇兵法也许就是为了帮吴王实现这个目标。孙武相信，如果组织合理、准备充分，就一定可以打败强大的楚国。

所以，我们一定要对十三篇兵法中最难理解的一篇——《孙子兵法·九地篇》，有清楚的认识。在有些专家的眼里，这一篇兵法是编辑得很差的下脚料，胡乱拼凑而成，就像大杂烩一样。但在我看来，《孙子兵法·九地篇》不仅不是胡乱拼凑的下脚料，恰恰相反，它是《孙子兵法》的精华和高潮部分。孙武写这本书的根本目标——"伐楚"，和总体作战构想，集中体现在这一篇。《孙子兵法·九地篇》是讨论战略奔袭的不朽名篇，也是这十三篇兵法中最博人眼球的华彩乐章！这一篇的篇幅是十三篇兵法中最长的，一共一千多字，占《孙子兵法》全书的五分之一。孙武写作的时候，就是将这一篇作为重点。

《孙子兵法·九地篇》，顾名思义，就是讲九种地理环境，包括散地、轻地、争地、交地、衢地、重地、圮地、围地和死地。这"九地",不是普通的地形,是战略地理。其中,最重要的是最后一种:死地。所谓"死地",也就是作者所说的"为客之道",即深入对方腹地的战略奔袭。吴国伐楚,也就是战略奔袭、长途奔袭。《孙子兵法·九地篇》讨论最多的,也可以说是这一篇的核心内容,就是探讨死地作战的方法。其他八种,都是铺垫,可以忽略不讲。

在《孙子兵法·九地篇》中,孙武是怎么规划"死地"作战,怎么设计长途奔袭,怎么为千里伐楚进行筹划的呢? 主要有以下几点。

第一,做好外交准备。

首先,要做到"不争天下之交",在外交战线有所为,有所不为。必须要充分了解诸侯列国的战略意图。如果不了解别人,就不能急急忙忙地跑去和人家拉关系,强扭的瓜不甜。为了牵制楚国,当时吴国所做的,就是结交晋国。因为晋国是和楚国长期争霸的大国,获得晋国的支持,比什么都重要。至于某些不冷不热的邻国,要努力让它们保持中立,不要浑水摸鱼或是拉偏架。吴国当时就是这么运作的,有些实现了,所以才有条件对楚国发起致命一击;有些没有实现,所以才会有秦国帮楚国"续命"。

其次,"不养天下之权"。意思就是,不要有意无意中助长了别国的权威,否则就会损伤己方的士气,尤其不利于在诸侯中树立威信。

最后,"信己之私"。这里的"信"通"伸",是"伸展"的意思。就是说,要抓住时机伸展自己的抱负和主张,追求自己应得的利益,甚至是"威加于敌",逼迫敌人屈服。在伐楚之战的前期,吴国就是这么运作的,最终积小胜为大胜。

第二,秘密决策,悄无声息。

战略奔袭,一定要搞突然袭击。部队展开纵深突袭,要像尖刀一样直插敌人心脏,一举战胜敌人。所以,一定要秘密决策、巧妙伪装、不动声色,同时还要诱惑敌人,使得他们放松戒备,暴露弱点。此外,还要注意隐蔽己方作战意图:"易其事,革其谋。"保密工作必须要做好,而且必须做到一百分,如果只做到九十九分,就失败了。对于手下的士兵,也要注意"犯之以利,勿告以害",对他们选择性地告知信息。其实就是选择性地欺骗他们:需要告诉他们"利"时,就不要提及"害";需要告诉

"害"时，就不要再说"利"。这其实就是一种高明的愚兵之术，也是保密的需要。

第三，选准时机和方向，集中兵力。

孙武指出，一旦发现敌人的弱点，有机可乘，就要迅速发起攻击，这就叫"敌人开阖，必亟入之"。伐楚之战，吴国军队就是这么打的，如同神兵天降，打得楚军措手不及。

孙武一向反对采取"撒胡椒粉"、平均使用力量的打法，而是一直强调集中兵力，这才叫"并敌一向"。在《孙子兵法》的其他各篇，孙武也曾多次强调这一理念，比如"以十攻一""以镒称铢""避实击虚"等。实施战略突袭，就要攥紧拳头，集中优势兵力，以最快速度打击敌人要害部位，迅速解决战斗。孙武强调的就是"速决战"，所谓"兵贵胜，不贵久"①。

第四，变换战术，做好互相呼应。

就战术运用问题，孙武进行了认真而深入的探索。他提出的中心思想就是"践墨随敌，以决战事"，即根据敌情变化，灵活机动地决定自己的战术运用。而且，布列阵势要如同"常山之蛇"一般，必须做到灵活自如、反应敏捷、互相策应。各个作战队伍之间，一定要很好地呼应起来，不能顾此失彼，否则就会被敌军分割包围，各个击破。

孙武将这种能良好呼应的部队比喻为"常山之蛇"，"击其首则尾至，击其尾则首至，击其中则首尾俱至"。这种"蛇"，非常灵巧，无论打它哪里，都会遭到反击。以蛇为喻，就是强调互相照应，避免被动。因为这是在客场作战，可不能马虎大意。一旦马虎大意，就会被人家"包了饺子"。

第五，后勤准备，掠于饶野。

打仗就是打后勤。对于这场长途奔袭，孙武是怎么保障后勤的呢？除了必备的长途运输，从国内运送之外，就是"因粮于敌"和"掠于饶野"。孙武对军事物资保障的态度，有个著名的观点——"因粮于敌"。一旦粮食不够吃，就到敌国去抢，就地抢劫。

细读《孙子兵法》不难发现，这是孙武非常得意的后勤补给之法，他

① 《孙子兵法·作战篇》。

不仅在《孙子兵法·作战篇》中公然鼓吹，在《孙子兵法·军争篇》中探讨"军争之法"时，也再次强调"掠乡分众"。《孙子兵法·九地篇》围绕战略奔袭，再次把"掠于饶野"作为一种后勤补给之法提出。

从中可以看出，孙武的兵学思想并非都是合情合理的。"因粮于敌"这种掠夺思想，其中所看到的只是短期效应，于政治层面的考虑，或者长期效应的考虑，都有欠周全。

第六，置之死地，向死而生。

到了"死地"作战，关于带兵，已经不需要多讲什么了。带兵干部一身轻松，不必多操心。孙武对身处死地时部队的心理状态进行了分析：被围绝境，就会竭力抵抗；迫不得已，就会拼死决斗；身处危境，就会听从指挥。到了这个时候，士兵的作战能力一定会得到最大程度的发挥，因为他们只能向死而生！这就叫"陷之死地然后生"。狗被逼急了，还会跳墙，何况人呢？部队的战斗力在绝境中会被最大限度地激发出来，只有这样，才能获得重生。

这样看来，《孙子兵法》中的许多重要内容，都在《孙子兵法·九地篇》中又得到重申，给人感觉存在结构缺陷，甚至编辑杂乱。当然，这只是表象。《孙子兵法·九地篇》不仅不乱，恰恰相反，它是一篇结构严谨、论述透彻、主题集中的关于战略奔袭的专论。

这么多重要的战术原则集中一处，就像是学生在大考之前的总复习，老师要告诉学生哪些重点内容需要掌握。每当这时候，老师总是要使尽浑身解数，把自己平时所讲的重点内容挨个给学生串讲一遍，生怕学生会忘记，担心他们考不出好成绩，所以要反复叮嘱。

《孙子兵法·九地篇》就是这样一个在大考之前的"总复习"。孙武将前面提到的重点内容都一一回放，帮助人们再复习一遍，似乎有个无声的提示："这次我们是要动真格的了，我们要千里奔袭、远道伐楚了，前面讲的那些作战原则，大家可要记住啊！"

因此，在别人看来写得很差的《孙子兵法·九地篇》，在我眼中却是最精彩的。读懂了《孙子兵法·九地篇》，才能真正理解孙武的兵法，才能搞明白为什么孙武仅凭数万人马千里奔袭，就能打败强大的楚国。《孙子兵法》中最重要的战争谋略，正是"绝境重生"的谋略。"伐楚"才是这本兵书的中心论题。

从这个角度来看，《孙子兵法·九地篇》也给我们揭开《孙子兵法》的成书之谜提供了机会。《孙子兵法》的确切写作时间无法考证，但它应该是在伐楚之前就完成了，在孙武拜见吴王之前就差不多写好了。在伐楚之后，也许有适当的补充和修改，但主体内容应该是在这场大战之前完成的。

以前，有不少学者都纷纷怀疑司马迁的记载，但是，我们从《孙子兵法》中可以找到内证支持他，尤其是《孙子兵法·九地篇》。

不仅如此，二十世纪七十年代，山东临沂银雀山出土的竹简文献也在很大程度上支持了《史记》的观点。从出土文献可以看出，"孙子"本来就有两个，一个活动于春秋末期的吴国，另一个则活动于战国时期的齐国，各有兵法传世。孙武写的叫《孙子兵法》，孙膑写的叫《孙膑兵法》。而且，按照司马迁的记载，孙膑是孙武的后人。有了新文献，再对比旧文献，关于《孙子兵法》的成书问题，大家才会更加相信《史记》的记载。

还有一个问题，想必大家也非常关心，就是孙武的命运问题。在伐楚大业完成之后，孙武的命运发生了什么样的变化，升官了吗？加薪了吗？这些其实都是谜，搞不清楚。有两种说法，影响较大。一种是以《吴越春秋》等书为代表，说孙武隐居起来了。书中说，孙武看到吴国内部纷争愈演愈烈，便飘然高隐，著书立说去了。

另外一种说法则出自《汉书》，说孙武死于吴国的内斗，魂断江南。书中是这么记载的："孙、吴、商、白之徒，皆身诛戮于前，而国灭亡于后。"这段话中的"吴"，指的是吴起，"商"指的是商鞅，"白"指的是白起。"孙"，既然次序摆在吴起之前，应该是指孙武，而不是孙膑。这几个人都是先秦时期的名人，他们有一个共同点：都是著名的军事家。商鞅在大家眼里是政治家，其实他同时也是军事家。不幸的是，他们还有另外一个共同点：都是在功成名就之后，被主子弃用或残杀。孙武和吴起、商鞅、白起等人一样，同样没能摆脱"飞鸟尽，良弓藏；狡兔死，走狗烹"的悲惨命运，遭到残忍杀害。

这两种观点，我更倾向于后一种。孙武更有可能死于吴国的政治斗争。原因非常简单：《汉书》毕竟是一部非常严肃的史书，而《吴越春秋》

等书则被《四库全书总目提要》判定为"小说家言"，是小说家在说故事。两相对比，我个人更愿意相信《汉书》的记载。

事实上，组织伐楚之战的另一位主人公伍子胥，正是被吴王夫差残忍地杀死了。原来，吴王阖闾在一次战争中负伤，不久之后死了，夫差得以继位。可能因为"一朝天子一朝臣"，也可能因为天生八字不合，夫差继位后，并没有继续重用伍子胥，反而杀他。性格刚烈的伍子胥，因为直言进谏得罪了夫差，丢了性命。

孙武在夫差心目中的地位也高不到哪里去，加上他与伍子胥非比寻常的关系，其结局也是可以想象的。

有人说，孙武聪明睿智，富有谋略，应当有先见之明，早一点逃脱魔掌。那么，伍子胥就不聪明吗？我们再放眼历史长河中的那些功臣名将：吴起不聪明吗？商鞅不聪明吗？白起不聪明吗？韩信不聪明吗……历史上太多的聪明人，最后不都没能摆脱兔死狗烹的悲惨命运吗？孙武成为悲剧人物，也不意外。

既然孙武是个悲剧英雄，为什么有人相信他是隐居起来了？在我看来，这是一个善良的愿望，同时也是为了追求逻辑上的完整。大家认为孙武这么聪明的人，是不会死的。如果孙武被人害死了，岂不是说明他不够聪明，那他写的谋略之书还有价值吗？所以孙武不能死。

孙武的命运和结局，虽然已成不解之谜，但他的兵学著作却一直流传下来。《孙子兵法》被誉为"百世谈兵之祖"，对中国古代兵学史，乃至对中国古代文化史，都产生了非常深远的影响。所以，孙武身上的若干争议，包括各种难解的历史悬案，并不影响《孙子兵法》作为不朽的兵学经典代代相传。

第二章

治军之道

《孙子兵法》是讲怎么打仗的书，是一部兵书，同时这本书中也讲了不少治军的内容。打仗，就必须依靠军队去打，需要有一支纪律严明、战斗力强的军队才行。只有治理好军队、管理好军队，才能有机会打胜仗。因此治军问题，不是个小问题，而是一个头等重要的大问题，需要军事家们高度重视。孙武对此也非常关注。

关于治军，孙武首先强调的是法纪，要认真贯彻执行，做到"赏罚严明"才行。同时，孙武还提出了一个总原则"令之以文，齐之以武"，也就是要做到文武并用、恩威并施。要想治理好军队、管理好军队，除了要有法规、制度之外，还要注意带兵的方法。总之，孙武对于这些内容，有着自己非常独到的见解。

一、护军法，振军威

提起孙武，尤其是提起治军这一话题，大家大概都会立即想起"吴宫教战"的故事。当时，孙武来到吴国求职，把《孙子兵法》作为敲门砖献给吴王，吴王看了很高兴，知道孙武的理论水平很高。但是他还想进一步检验孙武的实际带兵能力，就把一群宫女交给孙武训练。宫女们不听话，训练的难度系数很高。但是，吴王不管这些，不愿意更换训练对象，孙武只能硬着头皮继续。结果孙武毫不含糊，真把一群娇弱的宫女训练好了。

孙武之所以能够成功，其实是因为他杀死了吴王最宠爱的两位妃子。这样一来，宫女们都只能乖乖地听话了，队伍也就训练好了。但是吴王肯定不高兴，杀了他的爱妃，高兴才怪呢。但是，孙武强调了他杀人的理由，就是"将在军，君命有所不受"。这样一来，还真把吴王的嘴巴给堵住了，让他无话可说。

通过斩杀吴王爱妃的行为，孙武展示了他铁腕治军的决心。吴王虽然也有过不高兴的情绪，但是他由此认识了孙武的治军能力，所以最终还是原谅了他，而且接纳了他，拜他为将。

从这件事可以看出，孙武是个敢于坚持原则的人。法纪和军纪，被他视为头等大事。也因为坚持这一原则，孙武才能管理好军队、带好兵。

在孙武之前有位军事家，也非常重视这个"法"，重视维护军法的权威。他的名字叫司马穰苴，也叫田穰苴。

据说论辈分的话，田穰苴还算得上是孙武的叔叔辈，他也是一位懂治军的著名军事家。因为晋国和燕国联合起来攻打齐国，所以田穰苴忽然被提拔为将军，他只得临危受命。

在得知被提拔时，田穰苴本人都不敢相信。他小心翼翼地对齐景公说："我的地位一向卑微，突然担任要职，怕是士兵们不会服从我的指挥，权威也树立不起来。您看这样行不行，派一位有威望的大臣来做监军。"

"可以，没问题。"齐景公满口答应，于是就找来庄贾担任监军。这是有威望的大臣，而且是齐景公的宠臣，说话管用，能镇得住场面。

有了这样的监军，田穰苴就有了底气，但没想到，接下来的故事出乎所有人意料。

田穰苴向齐景公告辞之后，就找到了庄贾，和他约定："明天正午时分，我们在营门会合，一起讨论讨论军务。"庄贾答应了。

第二天，田穰苴率先赶到营门。那时候没有高级钟表，但也有漏壶这类计时器。田穰苴就把漏壶立起来，等候庄贾。

他等来了吗？等来了，但是，是千辛万苦才等来的。原来，这庄贾固然很有威望，但也有个很大的毛病，就是骄横。临时受命担任监军，他自以为是得到了鸡毛令箭，所以目空一切，没有把和田穰苴的约定真当一回事。亲朋好友都听到庄贾高升的消息，从四面八方赶过来为他饯行，这庄贾一高兴，就多喝了几杯。和田穰苴约定的见面时间，被他完全置之脑后。

田穰苴这边一直在苦苦等候，却始终不见庄贾的人影，当然非常生气。他摔破漏壶，向众将士宣布各种军法和规定，然后继续等庄贾。结果，左等右等，一直等到日暮时分，庄贾才姗姗来迟。

身为监军，带头试法，这让田穰苴非常愤怒。他立即把军正叫来，问道："依照军法，这种行为应该怎么处置？"军正大声吼道："应当斩首！"这下庄贾感到害怕了，他派人火速报告齐景公，但是为时已晚。"刀下留人"这句话还没来得及喊出来,庄贾就已经被斩首。眼看监军被斩,全军将士又惊又怕,没有谁再敢不听指挥。

齐景公的使者赶着马车飞奔到军营询问情况。田穰苴不卑不亢地回答说:"将在军,君令有所不受。"接着,他又问军正:"驾着车在军营里奔驰,依照军法应怎么处理?"军正再次大声回答:"应当斩首!"

这样一来,齐景公的使者也感到害怕了。没想到田穰苴忽然改口了:"这是国君的使者,不能杀。但是他的马匹,对不起,必须要杀。"田穰苴之所以这么做,还是为了起到惩戒作用。

自此之后,田穰苴在军中就树立起了威信。晋国的军队在得知这些情况后,随即指挥军队后撤。燕国军队也迅速向北撤退。这时候,田穰苴指挥齐国军队趁势追击,收复了所有失地,全军凯旋。这样一来,齐景公当然心花怒放,不仅没有追责,还将田穰苴封为大司马。司马穰苴的称呼,就是这么得来的。

田穰苴说的是"将在军,君令有所不受",孙武说的是"将在军,君命有所不受",细究起来,就是一字之差。一个是"命",一个是"令",意思是一样的。田穰苴生在前,孙武生在后。这么说起来,孙武打着"君命有所不受"的旗号,严格执行军法,是学田穰苴的。田穰苴为了整肃军纪,杀的是庄贾。孙武为了严明军法,杀的是吴王的两位妃子。他们为了维护军法的权威性,都敢于把国君的命令置于脑后。在他们看来,军法的权威,是丝毫不容挑战的。

当然,这其中也有一个重要前提条件,就是"将在军"。不是说在任何场合都能挑战君主的权威,而是限定在特定场合,是出于维护军纪和军法的需要。

另外,从上面的故事可以看出,"君命有所不受"并非孙武凭空想象。孙武维护军法的权威,是继承了前辈的做法。也许在那个时期,政治家、军事家都明白这个道理。因此孙武才敢拿它和吴王叫板。吴王明白这个道理,才会最终接纳孙武。

总之,军法的权威性不容挑战,孙武格外重视法规法纪。在《孙子兵法》的第一篇,孙武将影响战争胜负的重要因素总结为五项"道、天、地、将、法",分别代表政治因素、自然条件及将帅能力等。他将"法"

列为这"五事"之一，也将"法令孰行"作为判断战争胜负的重要因素。在孙武看来，军队不仅要有成熟的组织编制，同时也要对各自的职守有明确规定。孙武对于"法"，有明确的界定。

孙武是这么界定的："法者，曲制、官道、主用也。"①

这句话非常值得推敲，其中反映了孙武对于"法"的理解。

曲，一般指的是部曲。什么叫部曲？曹操有解释："部曲为分。"用今天的话说，就是指划定多少人为一个作战单元。这样一来，就可以把一个庞大的队伍分层管理起来。这就能够实现"制"。"制"的意思，就是节制、节度。

官道，指的是官员的统御之道，仍然是围绕治理军队而谈。道，曹操解释为"粮道"，等于是把"官道"这两个字拆开了，一个指人，一个指物。

主，指执掌、掌管。掌管什么，是物资吗？可能是，但也可能是就用人而谈的。

说是物资，也可以说通。曹操以下的历代注家，几乎都是这么说的。曹操说："主者，主军费之用也。"古往今来很多注家，大多认同这个说法。前面的"曲制"和"官道"，说的是对人的统率和指挥，后面的"主用"，说的是如何使用军用物资。这样一来，人和物都有提及，这和"官道"的意思一样的。

其实，主用也是"主管派用"的意思。钱基博认为，所谓"主用"，还是在讨论如何管好人。这也符合"法"的范畴。

不管如何，关于"法"的真实含义，我们也可以大致搞清楚：指军队的组织编制、将吏的管理机构，以及能够主宰部队的中枢指挥能力。"法"，既是制度，也是法制，还是指挥和节制。不管是人还是物，都得管好才行。

总之，"法"非常重要，因为它影响战争胜负。

因为重要，所以孙武才会不顾及吴王的面子，格外强调这个"法"。"法"，是军队保持战斗力的基础。守法的军队，才能发挥出战斗力。

---

① 《孙子兵法·计篇》。

三国时期的吕蒙，也通过严明军法，提升了军队的战斗力。

这个吕蒙，是个有故事的人，"士别三日，当刮目相看"就出自他。吕蒙很会学习，而且进步很快，让鲁肃都感到吃惊。当鲁肃摆出很吃惊的样子，说他不再是当年那个"吴下阿蒙"时，吕蒙就说出"士别三日，即更刮目相待，大兄何见事之晚乎"这句话来回应鲁肃。后来，这句话就被用来表扬进步快的人。

其实吕蒙还干过一件大事，就是把荆州从关羽手中给抢过来了。按理说，打了胜仗之后，应该犒赏三军才是，但是吕蒙没有。进城之后，吕蒙做的第一件事就是安抚百姓，做的第二件事就是约法三章。约法三章就是明令要求吴军上下不得骚扰百姓，不能索要任何财物。没想到的是，号令发出之后不久，吕蒙帐下有一个士兵违纪了，拿了老百姓的一个斗笠，用来遮盖铠甲。这铠甲是公家的东西，拿斗笠也许是用来做防护的，但吕蒙还是认定他违犯了军令，流着眼泪杀了这个士兵。

这样一来，全军都感到震惊，再没有出现违纪现象，没有人再敢侵犯老百姓的利益。不仅如此，吕蒙还经常派出将士慰问老人，送粮送衣。包括关羽府中的财物，都被完好地封存起来。关羽多次派使者过去打听消息，这些使者也有机会在城中转悠，就去各家各户考察和了解情况。看到大家都安然无恙，待遇反而更好，他们就把这些情况汇报给了关羽。接着，这些消息又被关羽军中的将士打听到了。这些将士在夸赞吕蒙的同时，斗志也慢慢丧失。此后，关羽败走麦城，手下也有不少人都投降了。

这么看来，吕蒙严明军纪的结果，不仅是带好了队伍，提振了军威，还确实对战争结果产生了重要影响。严明军法，就能发挥出战斗力。

众所周知，军队是一个从事军事斗争的特殊集团。因为执行特殊任务，军人需要在战场上付出牺牲，甚至是以身殉国。流血牺牲是每个军人应尽的职责。只有在战场上奋勇杀敌，才能在战争中取胜，才能保存自己。

但是，爱惜生命也是人类的天性。蝼蚁尚且惜命，何况人呢？因此，要想让士兵拼死奋战，就需要让他们克服惜命的弱点。这始终是治军的重要课题。

思想动员和精神激励，这些方法有用吗？有用。它们可以振奋军心、提振士气。但是，能包治百病吗？不能。要想保证军队令行禁止，最终还必须要严明军纪、严明军法。需要通过严整的号令和严肃的军纪来约束部队，让全体将士都明白军法和军纪的权威。只有严格执行军法，才能更好地率领和指挥军队。孙武将这些内容视为"用众之法"的关键。

什么叫"用众之法"呢？就是统御军队的方法。孙武在《孙子兵法·军争篇》中说道："人既专一，则勇者不得独进，怯者不得独退，此用众之法也。"部队是一个整体，一起进退，每个人都得听从号令才行。"用众之法"，就是使得军队成为一个牢不可破的整体。

我们都知道，军队是一个担负着特殊任务的群体，四面八方的人聚集在此。人一多，想法就多了，思想就难以统一。人越多，越不好管理。但是，既然担负着特殊任务，军队必须要做到思想统一、意志统一。如何管理好这么多人，确实需要想办法。孙武主张通过"分数"和"形名"来实现统一管理。

首先是"分数"。把为数众多的队伍管理好，而且管理得如同管理小部队一样，这要靠"分数"。所谓"分数"，其实就是军队的组织编制。如果把组织编制搞好，就能够解决这一问题，再多的人也能管理好。仿照今天的军队建制，多少人组建一个班，多少人组建一个排，多少人组建一个连……各自再设立班长、排长、连长等，责成他们把各自的所属人员管理好。这样一来，即便部队规模庞大，也能一层一层地抓管理。

其次是"形名"。孙武也强调"形名"的重要性。只有重视"形名"，才能保证军队的统一指挥。这"形名"到底是什么呢？其实就是指军队的指挥号令，是旌旗和金鼓。眼睛可以看到的，就是"形"；耳朵可以听到的，就是"名"。白天，眼睛可以看到，所以用旌旗；晚上，耳朵可以听到，所以用金鼓。军队的统一指挥，就靠这些。用众有法，治军有法，就看指挥员能不能掌握好法则，运用好法则。

编制体制不是万能的，旌旗金鼓也不是。军队之所以能够实现统一指挥，其实是军法和军纪在其中起作用。旗子挥起来，士兵就会前进，因为他们必须要遵守军法和军纪，是特定的旗语要求他们前进，其中代表着指挥员的意志。在平时的训练中，必须养成这种遵纪守法的习惯，需要把法纪始终贯穿于军队管理的全过程。不只是在战争期间需要强调法纪的重要性，在平时的训练中，也要始终做到令行禁止。

孙武强调维护军法和军纪的权威性，但他会拘泥于此吗？不会。孙武强调"君命有所不受"，这一点我们讲得比较多，这里不再赘述。"君命有所不受"其实也是特殊情况之下的变通。孙武始终主张"求变"，不仅是在战法上求变，在执法问题上也要会变通。高明的将帅，必须学会变通，遇到情况知道灵活处置，这才能更好地发挥军法和军纪的作用。因此，在《孙子兵法·九地篇》中，孙武追求的是"施无法之赏，悬无政之令"。无招胜有招，实施无为而治也要有平时的基础。而且，这也是特殊情况下的超越常规之举。有灵活的处置和变通，才能将军法和军纪落到实处。这其中体现的，既是执法的严肃性，又是执法的灵活性。这也是一种实事求是的态度。

二、恩威并施，赏罚结合

关于治军，孙武提出的总原则是"令文齐武"，也就是文武并用、恩威并施，"赏"与"罚"，"恩"与"威"，都必须要很好地配合在一起。那么，"恩"与"威"，"赏"与"罚"，究竟孰轻孰重？围绕这一总原则，孙武是如何以军法促管理的呢？

在说明这个问题之前，我想先介绍一下汉代两位将军的治军故事，就是李广和程不识的故事。

先说李广。李广是名人，按照今天的话说，是"网红"。他的孙子李陵也是名人，也是"网红"。著名历史学家司马迁是李陵的好友，司马迁因为替李陵辩护而被处以宫刑。

李广是从普通军人成长为一代名将的。史书上说，他几乎能叫出所有部下的名字。其实李广领兵多达万人，他不大可能叫出那么多名字。之所以这么说，可能是想说明他和士兵的关系亲密。

李广确实非常注意和士兵搞好关系。在平常的训练中，他非常注意用仁义来感召士兵。对于军纪这些，他反倒不是非常重视。士兵犯个小错，都可以得到原谅。这样的军队，打仗能赢吗？能。因为全体将士都与李广有着很好的感情，都愿意为他卖命。他行军布阵很自由，不拘一格。骑兵相对于步兵和车兵，更需要灵活性和机动性。李广的队伍，因为有良好的机动性，所以总能打胜仗。有时即便兵力不如人家，但也能以少胜多。李广经常带领少量精锐部队，对匈奴展开突袭，有时还真能成功。

但是，李广也经常会遭遇失败。有一次他差点就做了匈奴的俘虏，是侥幸逃出来的。还有一次，他使用"空城计"这样的险招，过程也很惊险。他知道兵力不如对方，干脆故作镇定，骑着马缓缓后退。匈奴以为他是诱敌之计，反倒不敢贸然前进，结果李广得以侥幸脱险。

敢于用险招，而且还能打胜仗，李广由此成了名将，人称"飞将军"。当然，也有人说，李广这种带兵之法，只适合小打小闹，不适合大兵团作战。用孙武的话说，不是"用众之法"，而是"用寡之法"。给李广小规模的队伍，他能管理得很好。如果是大规模的队伍，他就不会指挥了。在攻打匈奴时，汉武帝不让李广率领正面军队，只是让他率领辅佐军队，未尝没有道理。汉武帝并不是很赏识李广，但也对他有一定程度的了解。"冯唐易老，李广难封"，说的就是李广式的悲剧。

李广的孙子李陵，也有他爷爷的作风。李陵曾率领五千名精兵出塞与匈奴作战。但这些都是步兵，根本无法和匈奴的骑兵形成对抗。李陵的军队进入大漠之后，风沙扑面，自然条件非常恶劣，遇到的对手也非常强劲，要想取得胜利，是非常困难的。最后，他的五千兵马，果然就被人家"包了饺子"，全部覆灭，他本人也被俘虏。

李广和李陵爷孙俩，作战都很勇敢，个人英雄主义很突出，这样只能偶尔打赢小规模的战争，无法打赢大规模的会战。说到底，这不是三军统帅应该有的做法。治军要得法，要有严明的军纪作为保证，并不能全靠单纯的感情拉拢。就治军来说，李广不能算是很优秀，马马虎虎算是及格吧。

和李广相比，程不识的治军和指挥，就很不一样。程不识治军，一向是以严厉著称。他行事严谨，治军同样严厉。无规矩不成方圆，程不识牢牢地守着规矩。所以，他先按照规定把军队分为必要的作战单元，在编制体制上尽可能做到合理，而且也明确各级将领的职责，建设好职责明确的指挥系统，逐层逐层地加强管理。在平时，程不识也是按照最严格的纪律来执行，井然有序地抓训练、抓管理。他的军队始终戒备森严，一旦出征，军队总是人不解甲、马不卸鞍。还有一点，程不识的军队是以步兵为主。因为有坚强的纪律做保证，行军虽慢，但阵型保持得非常稳定。一旦要打仗了，程不识一定先在前面安排好斥候，也就是今天说的侦察兵，充分做好情报工作。按照孙武提出的原则，就是做好情报先行。在军队的左右，他一定会安排好掩护队伍。队伍和队伍之间，始终做好互相呼应，就连安营扎寨，也很有章法，始终按照军法和军纪的要求来执行。

按照这种模式运转下来，程不识的军队一旦行动起来，始终是一个严密的整体。因此，他的军队一旦扎营，敌人想来袭击都没办法攻破。因为有严格的治军手腕、严厉的带兵之道，程不识的军队从未让匈奴打败。虽说他自己也没有取得过非常重大的胜利，但至少没有犯什么大错。大家都知道程不识的稳重，事情交给他办也放心。大家都视程不识为名将，因为他在战场能够保持不败的纪录。

对比之下，李广就不是这样，他要么是大胜，要么是大败。这样指挥打仗，就好比在赌场赌钱，不是大赢，就是大输。

李广和程不识代表了两种指挥管理的典型，各有所长，也各有所短。李广治军，多用"恩"与"赏"，程不识多用"威"与"罚"。到底是哪一种更好，也许你已经有了自己的答案。

推行李广这样的"恩"与"赏"，能增加军队的亲和力，提高军队的团结度。有人评价李广的军队，五千人有时候是可以顶五万人来用的，但程不识的军队，一万人永远就是一万人，没多大的增量。这就是李广推行"恩"与"赏"的好处，所以李广有以小博大的机会。

战争需要一点赌博精神，但如果只靠赌博的方法，是很容易出问题的，很可能会血本无归。程不识这边虽说没有增加战斗力，但他的军队也不会轻易被打垮。

具体到一次战争，如果军队占据上风，敌我之间的实力对比已经固定化，采用李广的治军方法，可能相对容易取得成功；否则的话，还是采用程不识的方法为好。至于在日常的军队管理过程中，程不识的方法也更管用，因为他至少可以保持不败。

在一般情形之下，如果我们并不知道当前局势，不了解对手的真实情况，肯定还是选择程不识那种治军方法更好一点。不为别的，只因为这种方法相对比较稳妥一些。也许正是这种原因，程不识的治军风格和指挥风格，能够在汉朝被更多人欣赏，而且延续了很长一段时间。汉朝经常说"军中只闻将军令"，这其实都是对军法和军纪的强调。

总结起来，李广治军追求的是简易，行军作战时，他没有那些严格的编制，不在意队形和阵形等。程不识则是完全反过来，他以严格治军而闻名，非常注重部队的编制和体制，注意军法和军纪，看重的是队列和阵型。李广治军，是将人性化的管理发挥到了极致，大多是从士卒的角度出发，造成大家都乐于从军、乐于效命的局面。军队上下，最终还是能够为其所用。程不识从严治军的结果，会带来规范化和制度化的管理。这种规范化的管理，至少能保证整个军队的基本战斗力。

由于受到不同的管理理念主导，他们两个人把军队带出了不同的面貌。李广属于浪漫主义，需要天纵之才。程不识是现实主义，需要踏踏实实的严谨作风。如果大家不是如李广这般的天纵之才，最好别学他这种浪漫主义，否则就会牺牲掉自己的队伍。学谁更好呢？不妨先从程不识学起，始终用严格的制度和严厉的军法来管理部队，努力打造一支具有很强战斗力的队伍。这样的队伍虽说在活力上受到一定的限制，但大多非常坚实，更有韧劲。

有没有更好的方法呢？更好的方法，就是适当地调和这两种风格。但是，做好这种调和工作是门大学问。孙武有过研究，而且提出了具体的方法，这就是"令文齐武"。即把"文"与"武"，"赏"与"罚"，"恩"与"威"，很好地结合在一起。通过李广与程不识的治军，我们更能看出孙武强调严明军纪的同时，又强调了灵活治军的必要。

在我看来，北宋名将曹彬，就非常善于使用这一方法。前面说过，李广能和士卒打成一片，有时真能实现战斗力的倍增。曹彬不仅学会了李广的那一套方法，而且对程不识的那一套方法也很擅长。与李广不同，曹彬也很善于指挥大兵团作战。从这一点来判断，他至少也懂得程不识的那些治军方法。因此，他才能担任前敌总指挥，还在消灭南唐的过程中立下头功。当然，相对而言，我们更多记住的是他的"仁恩"。

曹彬推行仁义，也很注意时机，在关键时候使用这一招，更能起到作用。曹彬率军讨伐南唐时，在前期的围城过程中，经常放慢节奏。他希望李煜能早点归降，这样就能减少士卒的损伤，少死点人。等到城墙即将被攻破的时候，曹彬忽然宣称自己生病了，军务也都放下不管了。这样一来，手下将士都很着急，纷纷来探望。曹彬说："我的病不是药能治好的，只要大家保证在城破之日，不妄杀一人，我就会自动痊愈。"将士们听了这话，连忙就答应下来，还一起焚香发誓。在这之后，曹彬的病情果然就好转了。其实曹彬的生病和好转，都是他自己安排的，有他的目的。不久之后，南唐的城池被攻陷，众将士也果然如前期约定的那样，没有滥杀无辜。南唐后主李煜随即投降。

曹彬在关键时刻，忽然祭出"仁义"，至少有两个好处。首先，可以把自己的军队打扮成"仁义之师"。其次，也可以让对南唐官员和黎民百姓更加顺从自己，不会引起激烈反抗。在即将攻破城池的前夜，他假借生病，对全军提出了"不妄杀"的要求，体现出他治军手段的灵活性，其实也是在强调军法和军纪。

治军有法，必须得法，但也没有定法。所以，古人治军讲究因人而异，不拘一格。但是，人们更多强调的是得法、守法、用法。保持无法无天的状态，迟早会出问题。通过对比汉代两位将军的治军之术，相信大家会对孙武"令文齐武"的治军原则有更深的体悟。与其在李广和程不识之间进行选择，不如在"令文齐武"上多下功夫。

孙武说"令文齐武"，贯穿其中的是"赏"与"罚"，"恩"与"威"的结合，实际则是灵活性和原则性的结合。

《孙子兵法·计篇》曾把"赏罚孰明"作为分析和预测战争胜负的主要标准之一。孙武强调，严明赏罚是调动全体将士积极性，增强部队战斗力的重要途径，但必须是既有"赏"，也有"罚"，二者要结合在一起才行。孙武的主张"令文齐武"，正是强调这二者的结合。孙武认为，能做到这样，就一定能保证打赢战争："是谓必取。"所谓"文"，就是指精神教育和物质奖励等；所谓"武"，就是指军法军纪和严刑峻法等。治军必须处理好"赏"与"罚"的关系，既做好"文"的一面，也做好"武"的一面。只有很好地将这些结合起来，才能克敌制胜，确保自己立于不败之地。

对于"威"的作用，大家更容易理解。让士卒知道"怕"，才能保证他们不敢违纪。不敢违纪，军队就更容易成为一个整体。在这个基础之上，如果善于使用"恩"和"仁"，就能达到更好的效果。

可见，孙武强调"令文齐武"，其中的道理非常简单，也非常实用。这几个字，把"赏"与"罚"的互相关系交代了，被不少人视为孙武治军思想的总原则。

需要注意的是，在山东临沂银雀山出土的《孙子兵法》中，"令之以文"，其实是写为"合之以文"。"令"与"合"，就是一字之差。这两个字，长得非常相似，所以传抄时就容易出现这样的失误。这四个字，在教育孩子时，就可以用得上，和治军的道理是相通的。一味地使用"赏"，或者单纯地使用"罚"，都是不合适的。比如，一直使用"罚"，必然会造成家长和孩子的距离感，让双方之间缺少感情；一直使用"赏"，家长就容易丧失必要的权威，孩子甚至会出现无法无天的现象。因此，既要有原则性，也要有灵活性，必须要将二者结合在一起。

"令文齐武"的原则非常重要，但无论是"恩"和"威"，还是"赏"和"罚"，都要注意时机，并且要掌握好"度"。

比如，就拿"赏"来说，孙武在车战中提出了一个方法，就是对那些英勇作战，缴获敌人战车十辆以上的，应该"赏其先得者"。在这里，孙武强调的是"先得"。能"先得"，就能成为众将士的榜样，就可以更好地调动大家的积极性。这其中就牵涉时机的掌握问题。而且，次数多了也不行。这就是"数赏者，窘也"。老是用这一套奖励办法，慢慢地也就失去了作用。

至于"罚"，也要讲究时机。孙武的"吴宫教战"也可以说明问题。宫女们第一次犯错，孙武没有处罚她们。等到再次犯错时，孙武才给予其惩罚。而且还将吴王的爱妃斩首示众。这是最严厉的惩罚，因为时机恰当，所以能起到威慑作用。

在《孙子兵法·行军篇》中，孙武指出："卒未亲附而罚之则不服，不服则难用也；卒已亲附而罚不行，则不可用也。"这里其实也是在强调时机。将帅在士卒还没有完全亲近依附时，就施行惩罚，士卒一定会不服，这样就很难为我所用。可是，当士卒已经对将帅亲近依附，但军法和军纪仍得不到严格执行，同样也无法指望他们冒死作战。在这里，孙武已经将施行赏罚的时机点明。

因此，孙武同样非常重视对士卒的情感拉拢，要求将帅必须做到"视卒如婴儿"或"视卒如爱子"，但这也要注意一个"度"。在《孙子兵法·地形篇》中，孙武说得非常清楚："视卒如婴儿，故可与之赴深溪；视卒如爱子，故可与之俱死。厚而不能使，爱而不能令，乱而不能治，譬若骄子，不可用也。"这其中的道理不难理解。与士卒亲近，自然会让他们受到感召，从而能团结他们，但如果超越了"度"，把士卒培养成那种娇生惯养的"骄子"，军队自然就没有战斗力，也很容易被别人击败。

总之，治军有法，其中的要领就在于文武并用、赏罚结合、恩威并施。这些治军之法，始终是指挥员必须要学习和掌握的内容。只有学好用好，才能锻造一支有战斗力的队伍，才能确保战无不胜。

三、五德与五危

孙武"令文齐武"的治军要领，是将帅和各级指挥员都必须学习和掌握的内容。治军的关键就在于将帅。对于将帅，孙武格外重视，有着明确而具体的要求。对于将帅的地位和作用等，孙武也有着非常深入的阐述。这些内容，可以总称为"为将之道"，其中具体内容又可以细化成"五德"与"五危"，是孙武兵学思想的重要内容，也是孙武治军思想的重要组成部分。"五德"与"五危"分别有哪些内容呢？

毫无疑问，只有具备优良素质的军事人才，才能有资格担任将帅。孙武也是这么认为的，他要求将帅应该具备全面的素质。对此，孙武在《孙子兵法·计篇》中，就已经有所总结，可以概括为"五德"。所谓"五德"，其实就是指担任将帅的五项品德，或者说是五方面的基本素质："智、信、仁、勇、严。"

这五项是孙武对于优秀将帅所做出的能力素质要求。每一项都很有讲究，是经过深思熟虑的总结。

第一个是"智"。指的是智力水平，即要求将帅必须能谋善断。第二个是"信"，指的是信用，要求将帅言必信，行必果，一诺千金。第三个是"仁"，指的是要有仁爱的情怀，要懂得体贴部下。第四个是"勇"，指的是要能做到英勇善战。最后一个是"严"，指的是治军有法，能够严明军纪。这可能既包括严于律己，同时也包括严格管理部队。

在孙武看来，要想成为合格的将帅，就必须要做到能谋善断、赏罚有信、体贴部下、英勇善战和严明军纪。这五个方面，既有政治品质方面的要求，也有军事才能方面的要求。正是因为要求高，所以才显得难能可贵。否则的话，谁都可以成为将帅了，没人去做士兵了。

这里我想举出曹操的例子。据说诸葛亮都夸赞"曹操用兵，仿佛孙吴"①。就是说曹操用兵，就和孙武、吴起一样，很厉害。吴起也是一代名将，也有兵书传世。他写的兵书叫《吴起兵法》，历史上和《孙子兵法》齐名，也是享有盛誉的兵学经典。总之，这两位都很厉害。曹操用兵，得到了他们的精髓。

其实，曹操曾精心研读过《孙子兵法》，还留下了注释类的著作。他的注本，被人们称为《孙子略解》或《魏武帝注孙子》。

在有关曹操治军的故事中，就有体现其"智"的一面。南朝刘义庆的《世说新语》中就记载了一个"望梅止渴"的故事，从中可以看出曹操是一个很有智慧的人，也很懂士兵的心理，很会管理军队。

有一年夏天，曹操率领大军去讨伐张绣。天气很热，士兵们在蜿蜒曲折的山路上走了很久，都很渴，想喝水，行军速度非常缓慢。见此情形，曹操非常担心战机被贻误，心中非常着急。怎么才能提高行军速度呢？他也没办法。但是，当他看到前边的树林，忽然之间就来了主意。只见他赶到队伍前，用马鞭指着前方，高声说道："大家快往前看，前面有一大片梅林，那里的梅子甘甜可口，我们快点赶路，绕过这座山就到了，就可以吃到梅子了！"士兵们听到这些，仿佛甘甜的梅子已经到了嘴边，口水直流，精神为之一振，行军步伐就加快了。

可以看出，孙武所说的"智"，在这个故事中，得到了很好的体现。曹操巧妙地利用士兵急于解渴的心理，提高了行军速度。曹操成功统一北方，在汉末乱世中有所作为，智谋出众，这也是公认的事实。《三国演义》中，作者不喜欢曹操，把他写成奸臣的模样。包括《三国志》，多少也带有这种倾向，既称赞他是"超世之杰"，也揭露他"酷虐变诈"的一面。

---

① 《三国志·蜀书·诸葛亮传》裴松之注引。

其实，曹操治军也有注重"信"的一面。"信"被孙武列在第二位，当然也很重要。古人说"其身正，不令而行；其身不正，虽令不从"。孙武强调"信"，也是这个原因。如果想把军队带好，将帅一定要严格自律，做遵纪守法的榜样，起表率作用。这才能让大家都遵纪守法，使得军队成为秋毫无犯的一个整体。曹操"割发代首"的故事，体现的正是"信"。

一次，曹操率领大队人马经过麦田。他担心军队踩踏麦田，下令说："士卒无败麦，犯者死。"这么一说，将士们都纷纷跳下马，用手扶着麦秆，小心翼翼地走过麦地。没有一个人敢随便踩踏麦子。老百姓看见了，无不交口称赞。

这时候，曹操正骑着马，也在赶路。没想到忽然之间，田野里飞来一只鸟，他的坐骑受到了惊吓，一下子就蹿入田地，踏坏了一片麦田。这下子就麻烦了，前面曹操已经下了命令，踩踏麦田的人会受到严惩，没想到自己先犯了错。这可如何是好？曹操自己也犯难了。

曹操不愧是一代枭雄。他立即叫来随行官员，要求给自己治罪，因为他踩踏麦田了。手下人一听就急了，连忙摆手："不行不行，怎么能给丞相治罪呢？"曹操说："我如果不守信用，怎么能统领千军万马呢？"说完他就抽出腰间佩剑，要抹脖子自刎。

其实，曹操最多也就是做个样子而已。但是，手下人都吓坏了，连忙拦住了他。怎么样劝阻才能既让曹操保住面子，又有很好的劝说效果呢？曹操大营中还真有能人，能做到。他们告诉曹操："就连《春秋》这样的古书都说，法不加于尊。丞相是统领大军的重要人物，有重任在身，怎么能死呢？"

这样一来，曹操非常顺利地找到了台阶，顺势走了下来。他摆出恍然大悟的样子："既然是《春秋》大义，我又肩负着天子交付的重要任务，那就暂且免去一死吧。但是，我不能说话不算话。犯了错误，同样也应该受到惩罚。那就让我割掉头发，来代替我的首级吧。"

头发是头发，其实是代替不了首级的。现在的人觉得剪头发是件很正常的事，曹操"割发代首"，正是不守信用的表现。其实看这个问题要结合特殊的语境。古人说："身体发肤，受之父母，不敢毁伤，孝之始也。"头发也是从父母那里继承来的，随便割掉就是大逆不道，也是不孝的一种表现。尤其是在汉代，格外重视孝道。因此，一看曹操做出这样的举动，三军上下都感到震惊，更明白了遵守军纪的重要性。能够割发代首，已经非常难能可贵，这就是严于律己和守信的表现。

再看"仁"，也非常重要。我们可以举出吴起治军的例子。前面说过，吴起也是战国时期著名的军事家。除了会打仗，吴起也很会治军。

吴起治军有一个非常突出的特点，就是爱兵如子，因此能深得人心。身为主将，吴起始终与最下等的士兵同吃同住，穿一样的衣服，吃一样的伙食，甚至睡觉的时候不铺褥子，行军的时候不乘车骑马，因为他要和普通士兵都保持一样。有时候，他还亲自背粮食，就是为了和士兵同甘共苦。不仅如此，他还帮士兵吸吮过毒疮。当时，吴起的军中有一个士兵身上长了毒疮，痛得满地打滚。毒疮里的脓血如果不排出来，士兵就好不了。要想排出脓血，就只能用嘴巴去吸。为了解除士兵的痛苦，让他早点康复，吴起顾不得毒疮又脏又臭，亲自用嘴去吸，脓血被吸出来了，士兵也就得救了。将军为士兵吸吮毒疮的事，很快就传为佳话，大家都夸赞吴起体贴部下，爱护部下。

当然，故事到这里还没结束。士兵的老母亲在听说这件事之后，立即就放声大哭。有人感到好奇，上前问道："你儿子只是个无名小卒，有将军亲自替他吸吮毒疮，你怎么还哭呢？"只见那位母亲回答说："不要怪我哭，这里面的道理你是不明白的。往年吴将军曾替我丈夫吸吮毒疮，我丈夫受到感召后，在战场上勇往直前，不久之后就死在敌人手里。如今，吴将军又来给我儿子吸吮毒疮，我知道我儿子也会同样受到感召，但他会在什么时候死去，死在什么地方，我却不知道。因此我才痛哭。"

不同的人，对吴起的做法有不同的解读。老母亲痛哭，并不奇怪。在这位老母亲看来，吴起的这个套路，她是领教过了。

但是不管如何，身为将帅，能够放下身段，始终与士兵同甘共苦，甚至为士兵吸吮毒疮，是很不容易的。正是由于吴起爱兵如子、治军有方，他的军队才有战斗力。吴起率兵讨伐秦国时，所向披靡，一连攻克五座城池，顺利夺占西河地区。此后，在镇守西河期间，吴起率军与各诸侯多次发生激战，也能够获胜，这与他体贴部下、治军有方，是密不可分的。

孙武也强调了这种厚待士卒的重要性。他说："视卒如婴儿，故可与之赴深溪；视卒如爱子，故可与之俱死。"①对于手下士卒，能够表示出仁爱之情，这是治军的必备手段，对于激发士卒的战斗力也有好处。

至于"勇"，这也是将帅需要具备的重要品质。如果贪生怕死，缺少勇敢精神，在面对凶悍的对手时，一定无法取胜。

最后是"严"，也非常重要。孙武强调"令文齐武"，在强调恩威并施的同时，也突出强调了"严"的作用。

总之，"智、信、仁、勇、严"这"五德"，都很重要，都是将帅必备的重要品德，同时也是其管理军队和指挥作战的基础。通过这"五德"，孙武对将帅的行为处事，都提出了具体而又严格的要求。这些内容在《孙子兵法》中随处可见。我们可以总结为以下几个方面。

第一，将帅要具备高尚的政治操守。具体有哪些内容呢？就是"进不求名，退不避罪，唯人是保，而利合于主"。"进不求名，退不避罪"，就是强调将个人的荣辱和得失置之度外，要求"唯人是保，而利合于主"，懂得爱护民众，忠于国君，忠于国家，坚持国家利益至上。

第二，将帅必须要具备出色的指挥才能，要懂得阵法，善于捕捉战机。用孙武的话说，就是既要"知彼知己"，也要"知天知地"。不仅要知晓敌情，懂得战争的基本规律，掌握指挥战争的基本方法，还要善于随机应变，善于谋划战争，这就是"因敌而制胜"，才能够打胜仗。

第三，将帅必须要具备出色的治军能力，懂得以"信"与"严"作为根本的管理手段，同时也懂得使用"仁"和"勇"来感化士兵。将帅要懂得文武并用、恩威并施、赏罚并行的方法，掌握好各种分寸，懂得体恤士兵，也能严格管理，确保令行禁止。

第四，将帅还要具备高度自控的能力。用孙武的话说就是："将军之事，静以幽，正以治。"②这是要求将帅一方面能够保持沉着镇定，喜怒不形于色；另一方面也能在待人接物时，保持公正无私，处理各种事务时，都能做到井井有条。

需要注意的是，孙武提出"五德"的要求，倒不一定就是为了求全。

---

① 《孙子兵法·地形篇》。
② 《孙子兵法·九地篇》。

人无完人，金无足赤。有缺点的人，才是真实的人。这也许正是孙武所说"无所不备，则无所不寡"的道理。

在提出"五德"的同时，孙武又提出"五危"，他充分认识到，将帅身上也非常容易产生缺陷。他对这些缺陷进行了总结，总称为"五危"，提醒人们注意。

孙武是在《孙子兵法·九变篇》中提出的"五危"，同时还指出它们是导致"覆军杀将"的根源。孙武是这么说的："故将有五危：必死，可杀也；必生，可虏也；忿速，可侮也；廉洁，可辱也；爱民，可烦也。凡此五者，将之过也，用兵之灾也。覆军杀将，必以五危，不可不察也。"

"五德"和"五危"，其实是可以一一对应的。这"五危"，按照台湾学者钮先钟的观点，正是"五德"在具体运用上出现了偏差。①确实是这样，坚守优秀的品德，有时候也会给自己带来软肋，也会给自己带来意料之外的危害。

勇敢本来是一种美德，但如果总以"必死"的要求来自律，就很有可能会在战场上栽跟头，会陷入敌人的圈套，白白送命。

智慧本来也是一种美德，但如果处处都要显示一下这种智慧，包括用小聪明来换取生还的机会，就很容易成为俘虏。

守信本来也是一种美德，但如果总是循规蹈矩，眼看既定目标无法实现，就盲目追求速度，最终就会被对手所戏耍。

严于律己也是一种美德，但如果因此而过于爱惜羽毛，就是死要面子活受罪，最终会自取其辱，也会因为非常在意外界的看法、别人的评价，而被虚名所累，最终可能招致祸端。

仁爱本来也是一种美德，但如果不分场合，最终会造成自缚手脚、寸步难行的局面，从而陷入不可收拾的困局之中。比如，刘备南下逃跑时，非得展示他爱民的情怀，结果拖累了三军。因为行军速度非常迟缓，刘备大军很快就被曹操大军追上，最终不但没能保护老百姓，反倒是害了他们。老百姓手无寸铁，遇到的又是曹操最为精锐的先锋部队，最后只能沦

---

① 钮先钟：《孙子三论：从古兵法到新战略》，广西师范大学出版社 2003 年版，第 83 页。

落到"人为刀俎，我为鱼肉"的悲惨下场。

"五德"之所以会变成"五危"，也在于越过了一个"度"。假如情况发展到了"必"的程度，性质也就会发生转化，就会成为"覆军杀将"的诱因。这正是"过犹不及"的道理。能否做到恰到好处，其实也是难事，也需要考察将帅的能力，看他们能否随机应变、灵活机动。能做到的人，才能领兵作战，成为杰出的将帅。孙武强调的是灵活，是变化，要求重视"五德"，但也必须要努力克服"必死""必生"等五种缺陷，避免"覆军杀将"这类悲剧发生。

四、安国全军，国之辅佐

孙武对于将帅的要求，可以细化成"五德"与"五危"。这是孙武兵学思想的重要内容，也是孙武治军思想的重要组成部分。孙武非常重视将帅，认为他们是担负着特殊使命和重要任务的群体。

在孙武眼中，将帅担负的是"安国全军"的重要使命，国家和军队的安危，都与之紧密相连，因此必须高度重视将帅。在《孙子兵法·计篇》中，孙武列出影响战争胜负的主要因素，可以总称为"五事"，也就是"道、天、地、将、法"，"将"也列于其中之一，排在第四位。当然，与"五事"紧密相连的"七计"，就把"将孰有能"排在了第二位，使其地位更加突出了。总之，孙武对将帅格外重视。

将帅不只影响战争的胜负，同时也影响国家的安危。至少孙武是这么认为的。在《孙子兵法·作战篇》中，孙武指出："故知兵之将，生民之司命，国家安危之主也。"在他看来，将帅的素质高低和能力大小，都在很大程度上决定着军队建设的成败，左右着军事行动的胜负，乃至影响国家政权的安危。

顺应这一逻辑，孙武在《孙子兵法·谋攻篇》中再次点出了将帅的重要地位："夫将者，国之辅也。辅周则国必强，辅隙则国必弱。"他明确指出，将帅在整个国家的政治地位，仅次于国君。国君非常重要，将帅也十分关键，二者的作用不可忽视。在孙武看来，将帅是国君的得力助手，也可以叫国之辅佐。将帅的辅佐如果周密，国家就一定强盛兴旺；反之，辅佐如果有了缺陷，国家就难以摆脱衰败的命运。这并不是要肆意抬高将帅的地位，而是冷峻地道出了将帅的作用。

这其中必然会牵扯两层关系：第一层，国君怎么对待将帅；第二层，将帅怎么对待国君。

先看第一层，国君怎么对待将帅。简单地说，就是八个字：用人不疑，充分放权。用孙武的话说，就是六个字："将能而君不御。"即将帅有才能，国君就不要多加掣肘。

孙武很清楚瞎指挥的危害：国君如果过多地牵制将帅，必然就会导致"覆军杀将"的严重恶果。他对这些瞎指挥的乱象，进行了总结，包括"不知军之不可以进而谓之进""不知军之不可以退而谓之退"等。

"不知军之不可以进而谓之进"，是说前面明明是万丈深渊，身为国君不知道也就罢了，还要强行命令将帅率领三军往前冲。其后果不堪设想。

"不知军之不可以退而谓之退"，是说不知道军队不可以后退，却下令让军队后退。这样不仅会失去取胜的机会，也可能会吃到败仗。

总之，不知道军中之事，不懂军事问题，就不能瞎指挥。非得瞎指挥，就叫"縻军"或者"乱军"，都会带来严重恶果。

身为国君，遇到这些情况，应该怎么做呢？孙武给出的方法，就是"将能而君不御"。细细体味这句话，其中还有个重要的前提，就是选对人。按照孙武的话说，必须是"将能"。如果是一位庸才，那就只能一切免谈。"将能"和"君不御"之间存在着因果联系。一方面是"将能"，另一方面是"君不御"，这才能取得成功。所谓"不御"，就是放手、充分放权，也可说是无为而治。

在历史上有一位高人，就非常擅长"不御"之法，他就是汉高祖刘邦。

这位刘邦，大家不要以为他没什么文化，他其实天生就有领导才能。从刘邦的御将之道、用人之道中，不仅能看出他把握用人标准的能力，而且也充分体现出他驾驭"能将"的能力。虽说刘邦力量弱小，但最终却战胜强大的楚军，赢得楚汉之争的胜利。他之所以能够取得胜利，除了政治上注重争取人心，战略上有着很好的规划设计，作战指挥非常高明之外，其御将之术、用人之道，也有可取之处。

在消灭项羽之后，刘邦论功行赏，认为萧何的功劳最大，因此给他的封赏最多。当然就会有人感到不服气，他们叫嚷着："我们身披战甲，手执兵器，亲身参加战斗，身经百战，萧何没有这样的汗马功劳，只是舞文弄墨，发发议论而已，封赏倒反在我们之上，这不公平。"

对此，刘邦却嗤之以鼻。他以打猎作为比喻，说明众臣之间的区别："今诸君徒能得走兽耳，功狗也。至如萧何，发踪指示，功人也。"①刘邦将那些发牢骚的将军比作是追咬野兽的猎狗，又把萧何比喻成那个发现野兽踪迹，指出野兽所在地的猎人。这就是"功狗"和"功人"的区别。这样一来，大家都不敢再有什么不满和牢骚了。

刘邦这番话，体现出他高人一等的御将之术和用人之道，那就是量力而用，将各种人才都放在相对合理的位置之上。他知道萧何有担任总指挥的才能，因此投以百倍信任，充分放权。至于其他那些一般的将军，那就让他们追逐猎物，做个"猎狗"就行了。

在选用将领时，刘邦也非常高明。对于"智、信、仁、勇、严"这些选将标准，他也很重视，但他能灵活掌握，不会拘泥于某个细节。因此，在项羽手下不被重用的韩信、陈平等人，都在刘邦手下先后得到重用。刘邦看重的是将帅的个人能力，然后将其放在合适的岗位上，力求做到人尽其才。有人称这是实用主义，但这种实用主义的背后，是带着宽容和深邃的远见的。刘邦手下的这些人，比如樊哙这样的屠夫、灌婴这样的布贩子，都发挥了各自的才能。他们或运筹帷幄，或拼杀疆场，都能建立赫赫战功。正是因为刘邦有高明的御将之术，有这么多实用的谋臣，他才能笑到最后，成功地挫败项羽。

从中我们也可以明白一个道理，国君一旦选对将帅，再真正赋予将帅指挥战争的实权，让将帅可以有充分的空间来发挥自己的才干，就可以赢得先机。既然将帅是辅佐，怎么样使用这样的辅佐，也是一门大学问。需要用人之长，而不是用人之短；需要做到用人不疑，疑人不用，给予他们足够的权力，这样才能做到"将能而君不御者胜"。由此可见，国君对于将帅的态度和使用方法等，孙武有自己的主张，都非常值得深思。

---

① 《史记·萧相国世家》。

再看第二层，将帅怎么对待国君。在孙武看来，将帅虽然地位重要，作用非常突出，但与国君相比，究竟孰轻孰重，其实也非常明白。孙武重视将帅没错，但是重视到什么程度，也必须要搞清楚。否则，就会犯下严重的政治问题。

因此，我们似乎很有必要对"君将关系"再多做一些讨论。孙武究竟是什么态度，是不是总用"君命有所不受"来作为抗旨不遵的挡箭牌呢？不是。在孙武眼中，"君命有所不受"，必须要看时机，必须分清场合才行。

孙武说："夫将者，国之辅也。"这里的一个"辅"字，已经非常明确地对将帅的地位和作用等进行了界定。"辅"是"辅佐"之意。"将"是国家的主要辅佐，具体作用就是在战场上披坚执锐、指挥作战。

谁才是主宰呢？显而易见，国君才是主宰。

也许是担心别人不能领会，孙武还有进一步的提醒，写在《孙子兵法·军争篇》。讨论军队的领导权时，孙武指出，这种权力毫无疑问地应归属于国君："将受命于君。"将帅是从国君那里接受了出征作战的命令，然后才能去率兵打仗。身为将领，必须要明白手中权力是从哪里来的，应该对谁负责。

有意思的是，"将受命于君"这句话在接下来的《孙子兵法·九变篇》中再次提及。《孙子兵法·九变篇》集中讨论的是战争中的变术，"君命有所不受"这句话就出自该篇。既然如此，开篇就写"将受命于君"，孙武的用意非常明确，就是为了强调领导权归属的问题。因此，孙武所说的"君命有所不受"，显然是有权力范围的限定，不是说将帅可以拥兵自重、割据称雄。

就这一点而言，孙武在"吴宫教战"结束之后，也曾对吴王有过认真的解释。他之所以会强调"君命有所不受"，其实是为了更好地完成吴王交给他的训练任务，而不是为了别的。

就"君命有所不受"而言，先秦有不少军事家坚持这一观点，比如田穰苴、孙武。在汉代，仍有军事家坚持这一观点，其中比较典型的是名将周亚夫细柳治军的故事。

在汉文帝时期，匈奴进犯中原，汉文帝急忙调遣将士组织防御。当时，汉文帝派出三路大军在长安附近布置防御，刘礼和徐厉分别驻守在霸上和棘门，河内太守周亚夫则守卫着细柳。

为了鼓舞士气，汉文帝亲自赶到军营犒劳慰问将士。他先到霸上，再到棘门，这两处都不用通报，营寨警卫看到皇帝的车马来了，都立刻主动放行。而且，主将都是在汉文帝到达之后才知道消息，在迎接汉文帝时都显得慌慌张张。等汉文帝走时，主将亲自率领全军到营寨门口相送，非常恭敬。

但是，等汉文帝到达周亚夫守卫的营寨时，遇到的情况和前面两处截然不同。

在细柳军营，将士们都身披铠甲，手持兵器，军容威武。看到天子的先头护卫到达营寨门口，负责守门的士兵不让护卫前行。汉文帝的护卫只好说："皇上就快到了。"守门的士兵仍然不允许其通过，他们说："我们将军有令，在军中只听将军号令，不听天子诏书。"双方就这样僵住了。过了一会儿，汉文帝也来了，但还是进不去营寨大门。看到这个情形，汉文帝只得派出使者，带着手谕去见周亚夫。这之后，周亚夫立即传令打开寨门，放皇上进来。在前行过程中，士兵提醒车驾缓慢行走，不能太快了。汉文帝得知被限速之后，立即吩咐车夫慢下来，他明白军中有法。到了军营之中，周亚夫佩带着兵器向汉文帝行揖礼，说："末将因为披上了铠甲，不便下拜，只能以军礼致意。"这番举动，让汉文帝颇为感慨。他特地改变了原定仪式，手扶在车木上，向周亚夫表示敬意。在完成基本的仪礼之后，他便离开了。

汉文帝在细柳犒劳军队的前后经过，让群臣都感到非常吃惊，有人就怪罪周亚夫对皇帝不尊，但汉文帝不这么认为，他非常感慨地说道："这才是真正的将军啊！霸上、棘门那边的治军，简直就像儿戏，那些将军一旦遇到袭击就会成为俘虏。至于周将军所带的军队，军容严整，军纪肃然，是不可能被袭击的。"从中可以看出，汉文帝不仅没有生周亚夫的气，反倒是满心喜欢，格外欣赏。

上面这个故事，除了说明周亚夫是"能将"之外，也说明汉文帝是一位"知人善任"和明白事理的天子。

需要注意的是，在细柳治军期间，周亚夫传令三军说"军中闻将军令，不闻天子之诏"，这其实也不是挑战天子的权威，而是为了更好地完成戍边重任。其中，也有一个重要的前提：军中。很显然，孙武说"君命有所不受"，并非要挑战国君的权威，最多是为了强调指挥权的使用。如此态度，除了避免瞎指挥之外，也需要基于特定历史条件来考察。战场形势，瞬息万变，加上那个时代通信手段不够发达，增加来来往往的信息传递环节，可能会延误战机，因此必须依靠前线将帅的灵活处置。周亚夫这样坚持，并不是拿"君命有所不受"作为藐视皇帝和违抗命令的借口。

总之，孙武认为将帅的地位重要，关系到国家安危、战争胜负。作为国君，一定要知人善任，给予将帅充分信任。将帅必须处理好与国君的关系，只有在特定场合，执行特殊任务时，才能把国君的命令放在一边。国君和将帅，如果通力合作，就可以实现"上下同欲"。孙武也将"上下同欲"视为影响战争胜负的重要因素。"上下同欲"有什么含义，为什么会对战争胜负起到重要影响呢？

五、上下同欲者胜

"上下同欲"出自《孙子兵法·谋攻篇》，完整的表达是"上下同欲者胜"。这句话和我们前面讲过的"将能而君不御者胜"在句式上非常相似。本来它们就是连在一起出现的，互相之间的关系非常密切。它们加在一起，构成了"知胜之道"的主要内容。

所谓"知胜之道"，就是预知胜利的方法。在《孙子兵法·谋攻篇》中，孙武总结的"知胜之道"一共有五条："故知胜有五：知可以战与不可以战者胜；识众寡之用者胜；上下同欲者胜；以虞待不虞者胜；将能而君不御者胜。此五者，知胜之道也。"

这段话的主题，就是如何判断战争的胜负。第一，要知道可不可以和敌人开战，从而判断获胜的概率。第二，如果懂得根据兵力多少来采取合适的战法，就可以获胜。第三，上上下下保持齐心协力，就可以获胜。第四，有准备的军队对付那些没准备的军队，就可以获胜。第五，将帅有才能，同时国君也不多加干涉，就可以获胜。这些其实就是预知战争胜负的方法。

五条"知胜之道"，也可称之为"制胜之道"，是孙武深入思考和研究战争的重要成果，包括对军事力量的分析、对政治环境的判断、对前期准备工作的要求等，互相之间也有内在的逻辑联系。

首先，"知可以战与不可以战"是一个基本的前提条件。判断一场仗可以打或不可以打，是最为基本的前提，所以最先提出。其次，要懂得根据己方兵力的多少而采取合适的战法。再次，要求全军上下心往一处想，劲往一处使，做到"上下同欲"。然后，还要做到未雨绸缪，有备无患，确保"以虞待不虞"。最后，不仅将帅有指挥才能，而且君主能做到充分放权，给将帅足够的空间施展军事才华，不去多加牵制和干涉，同样会影响到战争胜负。

因此，这五条"知胜之道"其实是互为因果条件的，互相之间都有关联。这些都是预知战争胜负、影响战争结果的重要条件，都必须充分重视。

五个重要因素之中，又以"上下同欲"最为重要。"上下同欲"不仅是政治层面的基本保障，而且突出强调了"人和"的重要性。孟子说："天时不如地利，地利不如人和。"这"人和"比什么都重要。"上下同欲"意为心往一处想，劲往一处使，就是"人和"。

古往今来的很多战争，都可以证明"上下同欲"的重要性。其中，公元 383 年爆发的淝水之战，非常具有代表性。当时，前秦苻坚试图覆灭东晋，完成统一的壮举，结果遭到了惨败。其失败的原因有很多条，没能做到"上下同欲"便仓促发起决战，是主要原因。

苻坚也是个有本事的人。在他的领导之下，前秦迅速强大起来，积极推行向外扩张的政策。在不长的时间里，前秦就实现了统一黄河流域，并与南方东晋政权形成对峙的局面。

这之后，苻坚开始狂妄自大，认为统一天下的条件业已成熟。他执意南下，一度攻占长江、汉水上游的广大地区，在与东晋的对抗中明显占据了上风。但是，对于这些军事行动，他的智囊之一王猛，并不表示认同。

王猛建议苻坚暂缓南下，暂时与东晋保持友好关系。在他看来，前秦在统一北方地区之后，并没有站稳脚跟。如果没有办法保持内部稳定，便贸然发起大规模的军事行动，就很容易失败。不仅如此，王猛还提醒苻坚注意加强对鲜卑、羌族等少数民族的控制。王猛说："鲜卑、羌虏，我之仇也，终为人患，宜渐除之，以便社稷。"①意思是说，我们目前面对的主要问题在鲜卑、羌虏这边，要先努力解决才好。王猛说这些话时已经病重，这些肺腑之言，也成为临终遗言。他的合理建议，都没有被苻坚采纳。不久之后，苻坚仍然固执己见，率军大举南下。

东晋这边在丢掉半壁江山之后，已经退无可退。他们不得不抱团取暖，积极做好战争准备。尤其是谢安，深谙治国要领，敢于重用贤能，努力缓和统治阶层的内部矛盾，形成了团结一心、上下用命的良好局面，为阻击苻坚，奠定了很好的基础。

苻坚自恃兵多将广，不仅对东晋的战争决心缺乏了解，对己方军队的作战能力也过于自信。这其实正是犯下了孙武所说的"不知彼，不知己"的毛病。孙武在《孙子兵法·谋攻篇》写过："不知彼，不知己，每战必殆。"但是，苻坚不顾大家的谏阻与反对，还是率军浩浩荡荡地出发了。接近百万的大军，在数千里战线上水陆并进。苻坚扬言"投鞭于江，足断其流"②，就是说，他的军队把所有的马鞭子投到江里的话，就能截断水流。这声势、这阵势，足够他傲骄一阵了。再瞧瞧东晋那边，就一点兵马，怎么和苻坚的军队对抗呢？但是结果出人意料：苻坚在淝水遭遇了滑铁卢，收获的只是一场惨败。

这一结局的出现并不意外。在淝水之战爆发前，北方地区各股势力之间还处于互相较劲的阶段。即便是贵族内部，权力分配也没有完成，新一轮的争夺正在酝酿之中，矛盾随时就会爆发。在这种背景之下，无法保证"上下同欲"，慕容垂等部将各怀心思。更为糟糕的是，对王猛等人的苦心劝阻，苻坚根本听不进去，一意孤行。无法保证"上下同欲"，苻坚还是贸然发起了进攻。加上不熟悉地理环境、军队缺乏系统训练、战争指挥出现严重失误等很多原因，苻坚最终上演了丧师灭国的悲惨一幕，前秦政权也由此而走向灭亡。

反观东晋方面，虽然兵力处于劣势，但恰好能够做到"上下同欲"。

---

① 《晋书·苻坚载记》。
② 《晋书·苻坚载记》。

上至皇帝，下至黎民百姓，都有坚定的决心迎战强敌。原本处于分裂状态的各个豪族，出于自保的原因，到了此刻都自发地团结起来，齐心协力。因为他们都明白，一旦输掉这一战，就意味着将会走上绝境。加上谢安等人的出色指挥，晋军终于在淝水之战赢得胜利，成就了一场以少胜多的经典战例。

淝水之战的结果说明，孙武将"上下同欲"列为"知胜之道"是很有道理的。

既然"上下同欲"如此重要，到底如何才能达成呢？孙武有没有提出有价值的建议呢？对于这些内容，孙武其实也有思考，在《孙子兵法》中也有所提及。

为了达成"上下同欲"，孙武对于"道"，有着特别的强调和追求。在《孙子兵法·计篇》中，孙武总结出影响战争胜负的五个重要因素是"道、天、地、将、法"，这就是"五事"。其中，"道"排在第一位。接下来，孙武还有进一步的对比分析，总称"七计"。"道"仍然被视为头等重要的内容，也就是"主孰有道"。

对于这个"道"，有很多种解释，其本义是"道路"，引申为"方法、规律"。在孙武这里，很明显是就政治层面而提出的，是政治之道。"主孰有道"，其实就是看哪一方的政治清明。

政治清明与否，为何会对战争胜负产生重要影响呢？因为它会直接影响到"上下同欲"。在孙武看来，"主孰有道"就是"上下同欲"的一个基本前提。因此，《孙子兵法》在开篇就格外强调"道"，尤其重视"主孰有道"，将政治清明摆在了首要位置。什么样的政治才算清明呢？无非是国君能够仁义爱民，各行各业都能保持安居乐业，全国上下都保持同心协力。这些是战争取胜的首要因素。

孙武对于"道"，其实还有自己的解释，也是在《孙子兵法·计篇》："道者，令民与上同意也。"就是说，要想方设法使得广大民众与统治者的意志统一起来，上上下下都要团结一致，同舟共济，才能夺取胜利。

需要注意的是，孙武在这里强调的是"令民与上同意"，而不是"令上与民同意"。这二者之间，其实还是有很大区别的。

"令民与上同意"，是指要使得民众服从上层统治者的意志，而不是

"令上与民同意"，不是让统治阶层服从全体民众的意志。有人说，这是孙武站在统治者的角度看问题，缺乏民本思想。这样的批评有没有道理呢？多少也有，但并不完全在理，不一定对。

"令民与上同意"，其实更多是在看主导权在谁手里。就战争决策而言，固然也需要考察一下全体民众的意见，但不一定需要人人参与。战争是大事，决策时如果完全遵从民众的意见，被无端"绑架"的话，怕是也有可能出问题。一旦民众是那种不了解情况的"键盘侠"，就很可能会耽误事，会做出不利于国家和民众的决策。

"令民与上同意"是不是完全就是罔顾民意之举呢？也不一定。战争决策者往往处在统治集团的上层，他们固然会有基于本集团利益的考虑，有出卖民众利益的可能，但他们更有可能把民众的利益与自己的利益绑在一起，更多考虑的是整个国家的利益。因为特殊的便利性，决策者掌握更多准确的情报，普通民众没有这些资源。因此，一旦决策者能抛弃私欲，做出符合民众利益的正确决策，就会比"键盘侠"更靠谱。原因很简单，双方所掌握的信息是不对称的。

所以，"令民与上同意"也有相对合理的一面。将帅既然是关键要素，那就应该起到主导作用，应该有主见、有担当、有目标。而且，在确定目标之后，将帅要努力去争取士卒的认同、民众的拥护，多做说服和宣传的工作，努力让他们支持自己的决策，从而达成"可以与之死，可以与之生，而不畏危"的效果。而不是放弃原则，一味地去迎合。无原则的迎合，必然会让自己陷入盲从的困境。

孙武重视"道"，也是因为看中它对达成"上下同欲"的重要作用，及其对战争胜负的重要影响力。如果政治黑暗、上下离心、社会矛盾尖锐，军队必然是军心涣散、战斗力低下。在这种情况下，要想打胜仗，就只能是一种奢望。

"道"既然如此重要，统治者就必须要注意"修道"。"修道"其实就是修明政治，保持政治清明。因此，孙武又将"修道而保法"视为克敌制胜的前提，当成治国安邦的要义。

之所以这么做，目的就是要实现"与众相得"。"与众相得"是指上下关系融洽，将帅非常关心爱护普通民众，普通民众也非常爱戴拥护将帅，双方都在为实现共同的目标而携手合作、患难与共。很显然，这就是"上下同欲"，而且是一种非常理想状态的"上下同欲"。

如何才能做到"与众相得"呢？孙武也有进一步的意见和方法。

在孙武看来，首先，是要考虑到各方利益需求。在进行战争决策过程中，既要认真考虑国君和国家的根本利益，又要充分照顾到普通士兵和全体百姓的利益，知道他们的疾苦。这就是"唯人是保，而利合于主"。如果谁被遗忘了，在关键时候他可能就会跳出来，提个反对意见、唱个反调，这就无法做到"上下同欲"。

其次，还要有得力的教育和训练手段，要通过这些手段来提振军心、激励士气，保证大家在战场上同仇敌忾。只有全体将士都勇于牺牲、一往无前，才能做到"上下同欲"。在《孙子兵法·军争篇》中，孙武指出："夫金鼓旌旗者，所以一人之耳目也。"金鼓、旌旗，指的是教育和训练的基本手段，是为了确保全体将士在战场上共进共退，这就是金鼓、旌旗所要达到的效果。孙武说："民既专一，则勇者不得独进，怯者不得独退。"一旦能够确保军队的上下专一，就可以在战场上占据优势地位。

最后，在基本的训练完成之后，要将奖励与惩罚相结合，强调军法和军纪的权威。一面是精神激励，一面是处罚措施；既有赏，也有罚，这就是孙武所说的"令文齐武"。这其实就是确保军队在行动上步调一致，进一步达成"齐勇若一"的效果。

孙武的这些理论，受到不少军事家的重视，一旦能够很好地运用，就能打胜仗。比如历史上著名的岳家军，是岳飞领导的，在"上下同欲"这方面就做得很好。岳飞始终使用"铁"的手段来维护岳家军的纪律和声誉，将士一旦拿走老百姓的钱物，就会面临重罚。岳家军因此做到了"行师用众，秋毫无犯"①。因为有严格的军纪，"冻死不拆屋，饿死不掳掠"②成为他们的口号和目标。岳家军因此而受到老百姓的拥护，军队内部始终团结一心、士气旺盛，保持着强大的战斗力。

从明代抗倭战争中，也可看出"上下同欲"的重要性。在明朝中期以

---

① 《金佗稡编》卷九。
② 《金佗稡编》卷九。

后，由于军备废弛和长期推行海禁政策，引发了沿海居民的强烈不满。不少居民迫于生计，纷纷依附倭寇或是接济倭寇。朝廷因为失"道"而成了孤家寡人，民众逐步走到其对立面。好在朝廷慢慢意识到这些问题，为了改变这一不利形势，开始减免赋税。总之，朝廷花了很多力气"行宽大，布恩信"①，就是最大限度地抚慰民众、体察民情、收买民心。对于那些已经加入倭寇的民众，如能归降则既往不咎，同时，朝廷也号召沿海居民团结起来，共同抗击倭寇。戚继光和俞大猷尤其注意在沿海居民中募兵，最大限度地调动他们保家卫国的积极性。这些措施都是为了努力达成"上下同欲"，也确实在抗倭战争中发挥了积极作用。孙武的理论，被戚继光等人成功运用，取得了很好的效果。

总之，要做到"上下同欲"，非常需要上层统治集团的努力，尤其是需要统治集团与民众保持"同好"和"同恶"，而且要从平时做起，才能保证临战时将士们能拼死效命。除此之外，孙武还强调在战场上的"安危与共"，即统治集团要与民众保持共进共退。如果仗还没打起来，统治阶层已经在想着怎么后撤，那就没有办法实现"上下同欲"。

---

① 《明世宗实录》卷四一三。

第三章

保密之法

保密这个话题，大家并不陌生。我们在日常工作和生活中，经常会强调保密。而且，我们每个人可能都会有点小秘密，需要自己去守着。小到个人是这样，大到国家更是这样。接下来，我们看看兵圣孙武如何看待保密问题，有哪些保密的智慧和高招。

一、保胜机，谋打赢

保密关系到国家的政治、军事和经济等各个方面，对于国家安全、政权稳定、战争胜败等，都有着特别重要的意义。孙武作为军事家，更多关注的是军事安全，强调的是军事行动的保密性。在他看来，保密就是保胜机，谋打赢。

孙武认为，必须在军事行动展开之前，把保密措施做好，并且要高度重视。

军事行动无外乎进攻和防守这两种基本样式。孙武强调，进攻战需要做好保密工作，防守同样也要做好保密工作。攻与守是一对矛盾，攻方与守方是完全对立的。一方进入防守状态，另一方必定会采取各种手段伺机窥探其防守方案。反之，如果一方进攻，那么另一方就一定会想方设法地要把对手的进攻计划搞清楚，这样才能进行有针对性的防守。所以，无论是攻方还是守方，都非常强调保密工作。只有做好有效的保密措施，才能实现"自保而全胜"①的目标。

关于防守，孙武认为，真正懂防守的将领，首先一定要把自己这一方很好地隐藏起来，就如同隐藏在很深很深的地下："善守者，藏于九地之下。"②这句话中的"九地"，有讨论的空间。有的人用古代阴阳学的知识来解释，搞得神鬼莫测，太复杂了。所以，这里我们只用宋代学者梅尧臣

---

① 《孙子兵法·形篇》。
② 《孙子兵法·形篇》。

的注释"深不可知"来解释。藏在"深不可知"的地方,对手当然没办法获知实情。俗话说"狗咬刺猬——无处下口",刺猬把自己保护好,把关键部位藏得严严实实的,让狗找不到吃它的办法。孙武说的,应该就是这个意思吧。关键是藏得住、藏得好,就能守得住。"善守"必须要做到"善藏",保住己方的作战意图和防线部署等重要机密,这是确保防线牢不可破、取得战争胜利的基础。

关于进攻,孙武说:"善攻者,动于九天之上。"在"九天之上"操作,那是神仙打架,人间的凡夫俗子都看不明白。这固然是因为神仙手段高明,进攻战术也不为人知,一般人摸不清,说到底,强调了对于军事机密的"藏"。把自己的进攻目标、进攻路线、进攻手段统统藏好了,一定不能让对方知道。

孙武所说的这一层道理,被很多军事家和政治家所接受。明朝朱棣夺取皇位的战争中,因为很好地做了保密工作,很会"藏",所以成功地夺取了大位。

朱元璋在夺取天下之后,为了确保皇位能够世代相传,真可谓处心积虑。他不仅大肆屠杀功臣,还把自己的儿子们纷纷封了王。没想到,他们自己家的这些人先打起来了,自相残杀。朱棣被封为燕王,看到他的侄子朱允炆继承大位,便以"靖难"为名,举兵南下,把建文帝朱允炆赶下了台。

朱棣的行为属于蓄谋已久,而且志在必得,但他发起战争之前,一直是悄悄地谋划,巧妙地隐藏,把保密工作做得非常好。这其实也是他取得夺位之战胜利的关键。

当然,保密工作做得好,也和一个叫道衍(姚广孝)的和尚有关。是他出色的筹划,帮了朱棣的大忙。道衍是个文化人,很会写诗词,同时也有谋略,所以有机会成为燕王朱棣的智囊。

论辈分,朱允炆是朱元璋的孙子,朱棣算是朱允炆的叔叔。眼看侄子继承了皇位,朱棣虽然感到不满,但也无可奈何。朱允炆继位之后,也知道他的几个叔叔都拥兵自重,于是便听从智囊的建议,想出一个削藩的计策。可朱棣还是不敢轻举妄动,只能装得乖巧。就在这个时候,道衍帮了朱棣一把,帮他出谋划策。包括朱棣下定夺位的决心,据说都是道衍起了重要作用。他主要就是提供了保密方法。

朱棣是怎么做好保密工作的呢？最关键的，就是把自己的作战决心和作战计划等藏好了。在朱棣下定决心与朱允炆对决之时，朱允炆其实也想着收拾他的叔叔。那就更需要朱棣学会伪装，做好保密工作。"装孙子"，这就是朱棣找到的重要保密途径。

朱允炆一直在密谋着除掉朱棣的方案。齐泰建议以边防告急的名义对朱棣的大军进行调动，争取"去其羽翼"①，然后再找机会下手。而且还派出谢贵这些人，时刻打探朱棣的动静。在准备动手之前，朱允炆已经悄悄地在朱棣身边撒下了一张谍网。所以，朱棣必须要小心，得把自己的计划藏好。道衍建议朱棣，一定要秘密地展开备战，悄悄地练兵，不能让朱允炆发现任何蛛丝马迹。兵器这些，也是秘密地赶造。但是，这显然是一件难事。尤其是制造兵器，难免要开设工厂，锤打之声和熔铸之火都非常容易惹人注意，进而被间谍察觉。这令人挠头的问题，在道衍面前迎刃而解。

道衍建议朱棣训练部队时只训练骨干力量，不要大面积地展开训练。至于大量的兵员可以在战时临时招募，这样就不太容易引起注意，可以避开间谍的侦察。打造兵器的工厂，选择建在地下，同时在地面上饲养大批牲畜，这样就可以"乱其声"。②当锻铸兵器的声音响起，牲畜因为受到惊动而大声叫起来，很嘈杂。这样一来，锻铸兵器的声音，就被成功地淹没。朱棣的这些备战行动，进行得非常隐秘，可谓神不知鬼不觉。这就是孙武所说的"动于九天之上"，让人摸不清他的真实动向。也可以说是"藏于九地之下"，普通人都无法窥探他的踪迹。当侦察和监控变得非常频繁，局势非常严峻的时候，朱棣本人还要装成重病缠身的样子。明明是夏天，朱棣裹着大棉袄，明显是生病了。什么病？不知道。史书中说"王遂称疾笃"③，就是说这事。总之，朱棣就是要想方设法躲避对手的侦察行动。朱允炆一看，原来叔叔生病了，而且很严重，那肯定顾不上别的。这样一来，朱棣就达到目的了。

---

① 《明史纪事本末》卷十六。

② 《明史·姚广孝列传》。

③ 《明史·成祖本纪》。

终于，等时机成熟了，朱棣立即杀死谢贵这些人，以"清君侧"为名，率领"靖难之师"，向他的大侄子发起了猛烈进攻。建文三年（公元1401年）十二月，燕王朱棣率领大军破釜沉舟，向南京发起袭击。等到朱允炆发现之时，一切都为时已晚，可谓大势已去。朱棣终于如愿坐上了皇位。

通观朱棣发起的"靖难之役"可知，在战争初期，一定要认真隐藏自己一方的作战决心和作战企图。孙武说的"善藏"，非常重要。其实，孙武对于这些内容其实还有进一步的总结，即要求做好战争决策时的保密工作。这些内容写在了《孙子兵法·九地篇》。

《孙子兵法·九地篇》是探讨战略奔袭的名篇，集中总结了深入对方腹地的奔袭战法。很多的重要用兵原则，在这一篇都有集中展示和介绍。关于保密，也出现在这里。就战略奔袭这一战法，孙武也对其保密工作提出了明确而具体的要求。

孙武的具体要求体现在这样一段话中："夷关折符，无通其使；厉于廊庙之上，以诛其事。"[1]这一段话其实非常简单明了，其中包含了两层意思。第一层意思是"夷关折符，无通其使"。"夷"是"灭"的意思，"夷关折符"的意思是说，要封锁重要关口，废除已经颁发的通行凭证。至于"无通其使"，意思就是不再与敌方的使节相互往来。至于其中缘由，宋代的注家张预的注语非常明确："使不通者，恐泄我事也。"[2]及时封锁关口和销毁通行凭证，断绝与敌国使者的往来，都是出于保密的需要，也是战争行为的本质要求。

第二层意思是"厉于廊庙之上，以诛其事"。所谓"厉于廊庙之上"，意思是说在庙堂之上进行反复推敲和计议，从而决定战争行动的各种具体步骤。"厉"是揣摩、商议的意思。因为这是关系国家生死存亡的大事，所以要在重要场所——庙堂慎重决策。"以诛其事"的"诛"，是"诛治"的意思，有的版本写作"谋"，意思非常接近。

总之，《孙子兵法·九地篇》这段话对战争行动发起之前和战争决策

---

① 《孙子兵法·九地篇》。

② ［春秋］孙武撰：《十一家注孙子校理》，［三国］曹操等注，杨丙安校理，中华书局1999年版，第264页。

阶段的保密工作，有着非常明确的要求。如果不慎泄露军机，将会导致战争主动权的丧失，敌方也会反客为主，战争局势瞬间就会发生逆转，甚至会立即导致全军溃败。

到了这里，保密要求就宣告完成了吗？还没有。孙武认为，在战争计划和战术设计完成之后，还要注意严格控制知密范围，不能让太多人知道，为了达到这个目标，甚至不惜采用"愚兵"之术。

有的朋友或许会问：孙武也会对士兵使坏，愚弄和欺骗他们吗？这样也能打赢战争吗？其实，对于孙武有没有"愚兵"，学术界一直有争议，令我也曾经迷茫过。但今天我觉得，孙武只是出于保密的需要而强调这一点。

我们都知道，军事行动事关国家和军队的生死存亡，军队的作战意图、兵力部署及作战计划等，必须要严格管控，确保重要机密不会被泄露，从而保证军事行动的有序展开。因此，对于自己一方的将士，不仅要让他们严守机密，同时也要控制他们的知密范围。现代条件下的处理方法是，对军事秘密实施分级管理。《中华人民共和国保守国家秘密法》第十条规定，国家秘密的密级分为绝密、机密、秘密三级。"信息越敏感，越需要小心保护，有权接触的人也就越少。"对于这种"知悉权"的控制，是保密制度建设的重要内容，随着现代科技的发展，保密形式变得越发严格，是孙武那个时代所无法比拟的。但是孙武并不是没有注意到这一问题。在我看来，孙武被人批评的"愚兵"之术，便是一种控制"知悉权"的初步探索。

我们不妨具体来看看这个"愚兵"之术，主要内容也是见于《孙子兵法·九地篇》。在《孙子兵法·九地篇》中，写有这么一段话："能愚士卒之耳目，使之无知；易其事，革其谋，使人无识；易其居，迂其途，使人不得虑。"此外，又要求将帅能做到"焚舟破釜，若驱群羊，驱而往，驱而来，莫知所之"。将帅在必要之时要学会蒙蔽士卒的耳目，不能让他们知晓军机要事。与此同时，还要善于临时变更作战部署，让人摸不着头脑。不仅如此，为做好保密工作，还要学会改换驻地，善于迂回行军，令人无法揣测我方意图。当将帅率领部队深入敌国时，就像是驱赶羊群那样，驱过来，赶过去，士卒只知道听从指挥，并不知道自己究竟会到哪里去。在这之后，孙武还提出了具体的要求，就是"犯之以事，勿告以言；犯之以利，勿告以害"①。其中的"犯之以利，勿告以害"，汉简本作"犯之以害，勿告以利"，如果将其与传本内容联系起来，可以很明显地看出这是采取了选择性的告知。为了做好保密工作，只要驱使士卒积极参战就行，不必向他们说明具体的意图或者能够达成的目标。或者只告诉他们执行任务的好处，不让他们知道其中的危险性。这一系列的策略，目的就是保护军事机密，防止军事机密被众多士卒有意无意地泄露出去。

因此，孙武所论"愚兵"之术，是重视保密的产物。对于孙武这里所用的"愚"字，历代的注家大多取"保密"之意。比如，李筌注释说"不欲令士卒知之"，王晳也说"情泄则谋乖"，张预指出"前所行之事，旧所发之谋，皆变易之，使人不可知也"②。郭化若说得更加通俗易懂："这种保密工作古今中外都一样，决不能作欺骗士兵解释。"③由此可见，孙武如果确有"愚兵"之术，也是为了控制军事机密的"知悉权"而采取的必要举措。也许正是这一措施，启发了现代的秘密分级管理制度，在现代军事行动中仍有实际运用价值，有借鉴意义。不该知道的，就不要去知道，不要试图去了解。其实这也是今天保密守则所强调的重点内容。

我们还要知道，孙武这种"愚兵"之术是基于一种特殊的战场环境和特殊的战法而提出的。特殊性就在于这是客场奔袭的战略决战，是死地作战，需要把全体将士"陷之死地然后生"。在这种特殊的战法要求之下，不能让士卒太清楚情况，只能是"驱而往，驱而来"，要的是他们拼死作战。

孙武不仅在兵书中提出这样的主张，也在指导战争实践中充分加以运用。这体现在公元前506年，吴楚两国之间发生的柏举之战。当时，孙武和伍子胥一起，协助吴王阖闾伐楚，实施了长途奔袭的战法，一举打败了强大的楚国。在这场战争中，吴军先是以小规模军队轮番出击，使得楚军疲于奔命，战斗力松懈。在准确掌握楚国北疆防御空虚的情报之后，吴军

---

① 《孙子兵法·九地篇》。

② ［春秋］孙武撰：《十一家注孙子校理》，［三国］曹操等注，杨丙安校理，中华书局1999年版，第253页。

③ ［春秋］孙武撰：《孙子译注》，郭化若译注，上海古籍出版社1984年版，第193页。

忽然越界千里，直扑楚国腹地，可谓"攻其无备，出其不意"。看到楚军仓促应战，溃不成军，吴军一路追击，直至攻入楚国都城。

吴军之所以能够成功击败强大的楚国，一方面是成功实施了"能而示之不能""佚而劳之"等战术，使得楚国人错误地判断了形势；另一方面则是因为吴军深入楚国腹地，全体士卒置身于死地，意外爆发出惊人的战斗力。这一场战争，不仅证明了孙武"为客之道"这一战略战术的成功，与此同时，也证明了他所强调的"犯之以利，勿告以害""驱而往，驱而来"这些保密手段的重要性。

二、保密有法，泄密严惩

孙武不仅强调战争决策前后的保密工作，更重视情报战线的保密工作。尤其是在间谍活动中，更强调了保密的重要性，这是出于什么样的考虑呢？

孙武非常重视情报先行，认为这对战争决策有重要作用。在他看来，有了可靠的情报，才能有合理的决策。所以，《孙子兵法》中有很多篇幅是在讨论情报工作。情报战线，尤其是间谍工作，也确实具有一定的特殊性，这就是隐蔽战线的特殊性。

在古代社会，尤其是孙武所处的时代，主要靠间谍、侦察兵去刺探和搜集情报。悄悄地派出，悄悄地行动，悄悄地刺探对方的作战计划、进兵方向、投入兵力等。在没有高科技手段、没有先进设备的年代，只能依靠人力。敌方的作战计划凭什么给你？所以只能依靠智慧，巧妙地窃取。这种情报工作，当然明显带有隐蔽性，需要偷偷摸摸地进行。孙武强调"上智为间"①，必须是聪明的人才能去做间谍。

你去刺探别人的情报，别人也会刺探你的情报。而且，当你去刺探别人的情报时，别人一定也会把自己这边的军事机密当成宝贝一样藏起来。所以，从情报学的角度来看，情报与反情报不可分割，二者表面上相互对立，实际上相辅相成，这始终是"道高一尺，魔高一丈"的游戏。今天的

---

① 《孙子兵法·用间篇》。

反情报，有学者分为三种类型：拒止、侦查和欺骗。①所谓拒止，强调的就是保密。保密始终是情报工作不可忽视的一项重要内容，而且也是一件有难度的工作。

有人说，在古代社会，没有高科技手段，没有先进的设备，把这些军事机密藏着掖着，锁在柜子里，再派一些武功高强的人把守，不就高枕无忧了吗？这不是什么难事。但是，道高一尺，魔高一丈，间谍有他们的高招，总是想方设法地找上门来。窃取对方的核心机密，也是间谍的首要任务。所以，孙武高度重视反情报，高度重视保密，十三篇兵法从多个角度强调保密工作的重要性，对保密的具体展开之法也进行了探讨，与现代情报学所说的"拒止"，有不少契合之处。

对情报工作和间谍工作的保密，孙武有非常突出的强调。《孙子兵法·用间篇》中说"事莫密于间"，正是在强调这一点。一方面，始终有间谍虎视眈眈地想得到情报；另一方面，还会有涉密人员马虎大意，把秘密给泄露出去，尤其是接近核心机密的人员，一不小心就会造成泄密。

古代典籍《吕氏春秋》中记载的小故事，说的就是身边人泄密的事。有一次，齐桓公和管仲密谋攻打莒国，但是作战计划还没正式宣布，消息却已经四散传开。春秋初期的齐国，基本上处于老大的地位。春秋时期的第一个霸主，就是齐桓公。管仲是一位名相，很有能力。在管仲的辅佐之下，齐桓公率先称霸诸侯，想收拾谁，就收拾谁。但是，作战计划泄露了，这场仗就没法继续打了。齐桓公非常生气，下令立即进行调查，看看是谁把作战计划透露出去的。经过一番调查，发现消息原来是东郭牙散布出来的。这就让齐桓公非常不解，因为齐桓公和管仲在商议的时候，东郭牙并没有在身边，他们的谈话内容别人都不知道，按理说，东郭牙是没机会窃取到这些机密内容的。

东郭牙确实没有偷听他们二人的对话，而是凭着眼睛远远"看出"了他们的谈话内容。在进一步追问之下，东郭牙说出了其中实情：人在不同场合会表现出不同的表情，比如说钟鼓之色、居丧之色、兵革之色等。那天，我远远地看见国君和管仲在高台上商议事情，表现出一脸怒容，举手

---

① 高金虎：《反情报措施研究》，载《保密科学技术》2014年第6期。

投足之间，都明显带着一种愤愤之情，其实就是兵革之气。所以，这说明要打仗了。而且，我看到齐桓公嘴巴张着时，正好是说"莒"字的嘴型，手臂也抬着，正好指向莒国那边。我琢磨着，现在诸侯中不听齐国命令的，不正是莒国吗？所以就把自己的这个判断结果说了出去，没想到说中了，不慎造成了泄密事件的发生。

这个故事，到此就结束了。东郭牙这个人，不只是《吕氏春秋》有记载，《新序》这些书都曾提到他。从古代典籍可以看出，东郭牙也曾是齐桓公身边的重臣，但应该不是莒国的卧底。东郭牙因为这次泄密受到了什么处分，是警告、记大过，还是撤职，史料中没有记载，我们也都无从知道。且不管这些内容，仅从这个故事也能够看出，保密工作，说起来容易做起来难。《吕氏春秋》的作者也是这么总结的："桓公、管仲虽善匿，弗能隐矣。"齐桓公和管仲已经很会隐藏了，但是作战机密同样泄露了出去。因此，对于保密工作，一定需要给予格外重视。

既然如此，怎么做好保密工作，孙武有主张吗？有。也是写在了《孙子兵法·用间篇》。孙武指出，守将、左右、谒者、门者、舍人这些人，要作为保密工作的重点防范对象。孙武是这么说的："凡军之所欲击，城之所欲攻，人之所欲杀，必先知其守将、左右、谒者、门者、舍人之姓名，令吾间必索知之。"意思就是说，守将、左右等人的姓名，间谍必须要想方设法知道才行。

在这里，孙武划定了间谍的重点行动对象。反过来看，这其实也是揭示了保密工作需要重点注意的对象。也就是说，守将和左右等，是保密工作平时需要重点关注的人员。所谓守将，是守卫城池的主将，有相当大的决断权和现场指挥权。所谓左右，指身边的重要亲信、重要辅佐，这些人当然也很了解情况。所谓谒者，就是负责传达和通报信息的人员，接近这类人，也有套取情报的机会。所谓门者，是指门卫等负责守门的官吏，也知道内情。所谓舍人，是指门客、谋士和幕僚，他们是参谋人员，也掌握不少情报。

作为用间的一方，一定会努力地搞清这些人的姓名，进行策反和拉拢，然后去刺探情报。因此，保密的一方自然需要重点管理这些人，军事机密不能从他们这里泄露出去。一定要很好地把握住身边的人，他们身处要害之地,是重点人员。像东郭牙这样的人,身处宫中,也是身边人,理所当然地应该包含在其中。他们知道或接近最核心的机密,一旦成为对方的卧底,麻烦就大了。即便是一不小心的失误,也可能会造成泄密事件的发生,进而造成重大损失。从这个角度来看,做好保密工作也不是一件容易的事情。

《吕氏春秋》记载了另外一个故事,同样说明保密的重要性,也说明身边人一不小心就有可能泄密的道理,同时还证明孙武重视保密,重视将身边人作为保密工作重点注意对象的合理性。

这个故事说的还是齐国的事情,还是和齐桓公有关。前面说过,春秋早期,是齐国的天下。齐桓公说话比周天子都好使。这一次,齐桓公邀集诸侯开盟会,卫国迟到了,在齐桓公看来,这就是不给他面子,所以非常不高兴。事后,齐桓公便在朝廷上和管仲商量攻打卫国,教训教训对方。等到商议好了,齐桓公宣布退朝进入后宫时,夫人卫姬望了望他,便连忙跪了下来,替卫国请罪。齐桓公说:"无缘无故的,你请什么罪啊?"卫姬赶紧回答说:"您进来的时候,带着很大的怒气,步子迈得也很大,说明是有对外用兵之心。当您看见我的时候,脸色突然一动,我猜测这次您要攻打的,是我的娘家卫国。"齐桓公一听到这番话就愣住了。这个夫人卫姬真是明察秋毫,这样的求情方式很奇特,齐桓公也只能默然无语。枕边风一吹,这次战争计划,齐桓公已经有心搁置起来。

第二天,当齐桓公上朝见到管仲时,向他客气地拜了一拜,管仲随即便问:"您已经放弃攻打卫国的主张了吗?"齐桓公吓了一跳,连忙问:"你怎么知道的?"管仲解释说:"作为国君,您刚才对臣子的态度太恭敬了,说话语气也很舒缓,面有愧色,我就是靠这个判断分析,知道您改变了主张。"

齐桓公竭力掩盖自己的意图,但是效果很不理想。他虽然没说话,但是管仲和夫人卫姬都察觉到了。这太恐怖了。一方面是因为管仲和夫人卫姬厉害,善于察言观色;另一方面,也是因为他们都是齐桓公的身边人,太了解齐桓公了,能够根据齐桓公的一言一行来揣摩其内心世界。对此,《吕氏春秋》总结道:"桓公虽不言,若暗夜而烛燎也。"齐桓公虽然不说一句话,但他的意图就像黑夜里点着烛火一样,别人都看得非常清楚。当然，也不是说谁都能看出来，必须是非常了解他的亲信才能做到。

保密问题，老生常谈，但是要想真正做好，也不容易，会遇到各种各样的挑战。孙武重视情报工作的保密，重视从对方的亲信人员入手刺探情报，这是需要引起重视的经验之谈。反过来看，孙武强调"事莫密于间"，对间谍行动的保密工作给予充分重视，对身边人格外"关照"，这同样也是很有必要的。保密工作需要抓住重点，讲究方法，而不是"眉毛胡子一把抓"。

尽管孙武强调保密，甚至主张使用"愚兵"之术等严格保守军事机密，但也无法完全杜绝泄密事件的发生。一旦发生此类事件，孙武的主张是严惩，而且是当机立断地采取严厉的惩罚措施。

这一主张出自《孙子兵法·用间篇》。孙武认为，间谍行动尚未开展之前就出现泄密情况，那就要将泄密人员都定为死罪："间事未发，而先闻者，间与所告者皆死。"这句话道出了孙武惩治泄密人员的严厉态度，不仅要斩杀泄密的间谍，而且要杀掉所有那些知晓秘密的人员。对于这种大范围惩处的原因，宋代学者梅尧臣曾有简要的揭示："杀间者，恶其泄；杀告者，灭其言。"①间谍泄密了，自然应该严惩。那些知道间谍行动计划的，都是知情者，所以也需要杀掉。在孙武看来，这样一来，就可以尽量缩小知密范围，尽最大努力保住全局利益，以免造成更大的损害。同时，还可以对其他将士和间谍人员起到一定程度的警示作用。

值得一提的是，上面所说的"间与所告者皆死"一句，有的版本写作"闻与所告者皆死"，也能说通，但在意思上存在一些差别。把那些听到和说过间谍行动计划的人都杀了，但是间谍却可以逃脱责任，也许是因为间谍本人还不知道自己暴露，因此可以免除一死。当然，这样说起来有点牵强。间谍本人，想必还是知情者。对比之下，梅尧臣的解释也许是合理的，涉事的间谍也免不了一死。孙武为了做好保密，在这里就是显得非常冷酷无情。

总之，严惩泄密者，这就是孙武所制定的惩罚措施。这一点在历代都得到不少认同。唐代陈皞肯定其"俱杀以灭口"的作用，何氏则强调了

---

①　［春秋］孙武撰：《十一家注孙子校理》，［三国］曹操等注，杨丙安校理，中华书局 1999 年版，第 298 页。

"兵谋大事，泄者当诛"这一合法性。①我们国家的保密法也有惩处的规定，如果违反了相应的保密规定，就会给予处分，一旦构成犯罪，也会依法追究刑事责任，同样高度强调惩处的作用。由此可知，对于军事秘密，从古至今的态度都是一样的；对于泄密事件，也都是持"零容忍"的态度。无数次教训都证明，制定合理而必要的惩罚措施，是保证各项保密制度得到落实的根本。

当然，间谍行动暴露了，杀人就能真正解决问题吗？就能彻底消除隐患吗？杀人是"包治百病"的保密举措吗？有时候，杀人未必真的能解决问题，也要掌握好时机。孙武的兵学理论虽然高妙，但一定不能绝对化、教条化。

我想举出电视连续剧《潜伏》中的案例，对此加以说明。在电视剧中，假扮余则成爱人的翠平因为一次不慎，暴露了自己的身份，而且还被别人悄悄用事先藏在箱子中的微型录音机给录了证据。这样一来，余则成和翠平，乃至整个天津的地下组织都面临着极大的危险。那么，余则成是怎么处理这次危机的呢？他是立即杀人灭口吗？不是的。贸然杀人，只会加速暴露过程。余则成一面立即布置人员转移，一面悄悄地布局，在神不知鬼不觉之中，利用李崖的声音重新录制了一段"证据"，把李崖套了进去。最后，余则成把翠平解救了出来，成功地化险为夷，保住了天津的地下组织。翠萍一不小心挖了个大坑，余则成巧妙运作之后，把它给填平了。

这个案例非常生动地揭示了一个道理：情报战线的斗争是非常复杂的，充满着风险。孙武所说的通过杀人来保密的方法，固然在有些时候是管用的，但一定不能教条化。

三、保密也需讲策略

孙武重视情报战线的保密工作，并且不惜动用杀人这种残酷手段，严惩泄密人员。以军事谋略为核心的"形人之术"，也是孙武保密的重要手

---

① ［春秋］孙武撰：《十一家注孙子校理》，［三国］曹操等注，杨丙安校理，中华书局1999年版，第298页。

段之一。这"形人之术"具体应该如何操作，对于保护军事机密而言，有什么样的实际效果呢？

众所周知，谋略是《孙子兵法》的核心内容之一。孙武和他之前的军事家有很大不同，就在于他强调了"兵以诈立"①。中国古代，军事谋略高度发达，和《孙子兵法》的大量流传也有关系。孙武在其兵法的第一篇便强调"兵者诡道"②。在他看来，战争全程都充满了智力对抗，不只是比蛮力。为夺取战争胜利，敌对双方必然会在各个层面都施展谋略之术。哪一方的谋略更为高明，便会拥有更多胜机。不仅如此，为了防止敌方的欺骗与渗透等，还必须积极研究和采取各种反制措施，用更高明的手段去迷惑对手，麻痹敌军。孙武在《孙子兵法·计篇》进行了较为系统的总结："能而示之不能，用而示之不用，近而示之远，远而示之近。利而诱之，乱而取之，实而备之，强而避之，怒而挠之，卑而骄之，佚而劳之，亲而离之。攻其无备，出其不意。"这些内容或可统称为"诡道之法"，打破常规，出奇制胜。孙武主张通过各种谋略手段、全方位和多层次的欺骗手段，想方设法使得对手出现错误判断，从而取得获胜的机会。

在这种智力对抗的过程中还需要做到一点，就是不断地制造和释放假情报，这样才能使得对方难辨真假，思维错乱，陷入自己一方精心营造的陷阱之中，做出错误选择，把获胜的机会让出来。这些诡道之法的核心原则为"攻其无备，出其不意"，终极目标是战胜对手。其中起主要作用的，还是情报欺骗。比如说，"能而示之不能"就是将自己一方的真实能力隐藏好，"近而示之远"就是将自己一方真实的进兵路线和决战地点等很好地隐藏起来。所以说，保密也需要学会谋略手段。这些手法是战争谋略术，也是欺骗之术，既有战略层面的，也有战术层面的。

《孙子兵法》在很多内容的讨论上，都是非常注意前后呼应的。比如，就谋略术而言，孙武在《孙子兵法·计篇》中有不少讨论，在接下来的各篇还有不少呼应。在《孙子兵法·虚实篇》中，孙武对这种情报谋略的讨论更加充分。以情报谋略为核心的"形人之术"，也可以在《孙子兵法·

---

① 《孙子兵法·军争篇》。
② 《孙子兵法·计篇》。

虚实篇》中看到，这些和《孙子兵法·计篇》所说的"诡道之法"，基本一脉相承。

基于诡道用兵的思想，孙武进一步总结探讨"示形动敌"的方法，主张通过释放各类假情报来迷惑敌人，精心制造各类假象来误导对手。孙武在《孙子兵法·势篇》中指出："故善动敌者，形之，敌必从之。"这里的"形之"就是"示形"，也就是"形人之术"。"示形"与"动敌"是紧密相连的。通过"示形"这种谋略措施，可以不间断地释放假情报，产生大量的误导，使得对方做出错误的判断和决策。所以说，"示形"是"动敌"的前提和基础，而"动敌"则是"示形"所要达成的效果。只有充分地调动对手，才能找到其破绽。

在战争中，如果能充分调动对手，就比较容易赢得主动权。孙武认为，必须要努力调动对手，形成兵力优势，使得对手疲于应付，最好是能形成"避实击虚"的局面。这就叫"致人而不致于人"，是《孙子兵法·虚实篇》的重要主题。这种主动权的获得，还要通过情报谋略和"形人之术"来实现。

历史上很多经典战例，都能说明这种以欺骗为核心的"形人之术"的重要性。远的不说，我们可以先以二十世纪解放战争时期的天津战役为例来说明这一点。

当时，为了守住天津，国民党军天津警备司令陈长捷下令全城大搜捕，凡是遇到可疑人员，一律抓捕。天津城内鸡犬不宁、草木皆兵。这还不算，陈长捷下令加紧构筑城防，深挖护城河，搭建铁丝网，到处构筑暗堡，恨不得给天津城穿上坚硬的"铠甲"。在这种情况下，想要迅速拿下天津，真不是一件容易的事情。

为了迷惑天津的守军，解放军将大口径火炮都调到城北，摆出一副从城北强攻的姿态。国民党守军密切关注着城外的动向，一面用假和谈的方式来拖延时间，一面努力使用各种方式刺探情报。解放军正好利用这一机会成功展开欺骗行动，让对方认为城北将会是其主攻方向。利用假和谈的机会，时任天津前线指挥部总指挥的刘亚楼将军接见对方的谈判代表。在接见的时候，他装成是远道从城北赶来的样子，故意晚到很长时间。陈长捷就根据谈判代表提供的这些情况，比画着地图，再加上通过其他渠道收集到的一些情报（其实是解放军有意散发的假情报），推断出解放军的指挥部就在城北，这样一来他也就上当了。

刘亚楼将军之所以花费这么多精力，本来就是为了迷惑对手，让国民党守军把防守的重心挪到城北去，然后好实施"避实击虚"的打法。这些手法，也正是"形人之术"的具体运用。结果解放军只用了一天多时间，就从东西方向找到了突破口，很快就拿下了天津。

天津战役意义重大，改变了华北战场的敌我态势。这一战，很好地证明了"形人之术"的价值。如果能积极施展情报谋略，把"形人之术"发挥好，就能隐蔽己方的作战计划，更好地掌握战场主动权。在天津战役中，出色的情报工作帮助解放军找到了合适的主攻方向。把自己的主攻方向和作战计划藏好，其实就是对"能而示之不能，用而示之不用，近而示之远，远而示之近"的诡道之术的运用。这些内容孙武在《孙子兵法·计篇》就提出来了。

孙武在《孙子兵法·计篇》对于情报谋略和"形人之术"已经有所提及，到了《孙子兵法·虚实篇》，讨论就变得更加具体、深入。

孙武提出，"形人而我无形"，这就是情报谋略所要达成的目标。这句话也道出了孙武对于情报谋略的追求境界，包括两方面内容：一方面是把对方的情报搞到手，这是"形人"；另一方面是把己方的保密工作做好，这是"我无形"。这两方面加在一起，才是一个完整的"形人之术"。这既为敌情侦察提供了原则，同时也为保密工作确立了具体目标。

当然，孙武进一步的目标是希望通过"形人之术"来实现"我专而敌分"。用情报谋略来帮助实现进攻战术，希望达成"以众击寡"和"避实击虚"的目标，即把敌人调动开，让己方作为一个整体更加便捷地打击对手，实现击败对手的目标。这一点也是《孙子兵法》的重要主题之一。无论是情报谋略，还是保密工作，都是为了打胜仗而服务的。

孙武所提出的"无形"这个词，还是很有意义的。我们今天称情报战线为"无形战线"，在情报战线做出贡献的人就是无名英雄。孙武所说的"无形"，既指出了"形人之术"的追求目标，同时也为保密工作设定了最高目标，意思就是要最大程度地保护己方的军事机密。孙武认为，这种"无形"是"形人"的结果，需要充分地调动兵力，积极地施展谋略之术，把自己的真实意图隐藏起来。这其实也就是由"示形"而"动敌"的逻辑。

在孙武看来，这种保密和隐藏，都不是被动地展开，而是需要积极地运用谋略。因此，孙武指出："形兵之极，至于无形。无形，则深间不能窥，智者不能谋。因形而错胜于众，众不能知；人皆知我所以胜之形，而莫知吾所以制胜之形。"①从中可以看出，孙武所说的"无形"，要求足以蒙蔽深潜的间谍及老谋深算的敌军，能够成功地把己方的踪迹与作战意图藏起来。"深间"就是潜伏得很深、隐蔽得很好的间谍。如果这样的间谍都不能被发现，那就说明我们的保密工作做得足够好，可以得满分了。"智者"是很聪明的对手，连这样的对手都对我们无可奈何，当然说明我们的防备工作做得非常出色，也可以得满分了。

在上面这段话中，"形"字多次出现，显然是一个关键字，以谋略为主要内容的保密手段都是围绕这个"形"字而展开的。因此，这里说的都是"形人之术"。而且，它的最高境界是"无形"，这明显是就保守军事机密而提出的。孙武认为，只有充分做好保密工作，才能获得胜机，顺利完成战术机动，成功地调动对手，进而实现"应形于无穷"的追求。因为如果保密工作做得足够好，就可以令对手无机可乘，从而使我们立于不败之地，也有了击败对手的机会。

孙武由"示形"而"动敌"的"形人之术"，虽然是从古代战争中总结得来的，但它在现代战争中仍有运用价值。就现代战争而言，第二次世界大战中，盟军发起诺曼底登陆前后，将这种"形人之术"发挥得淋漓尽致、异常精彩。

盟军在 1943 年春天就已经决定在欧洲大陆实施登陆计划，开辟对德军的第二战场。但是，在确定登陆地点时，费了不少周折。如何成功地躲开德军的拦截，让盟军主力顺利完成登陆计划，确实很费脑筋。一旦被德军掌握盟军真实的登陆地点，德军便会派出大量守备部队，依托地形上的优势对登陆的盟军展开猛烈打击。刚抵达海滩的盟军或者正在登陆的盟军，很容易就会被德军击溃。登陆之前，盟军在军事实力上并不处于优势地

---

① 《孙子兵法·虚实篇》。

位，至于作战环境，则更处于劣势地位。要想在德国势力范围之内完成登陆任务，难度非常大。只有缜密细致地准备、扎实有效地运作，才能确保盟军实现这一壮举。

当时，根据登陆作战的经验和要求等，主要是康坦丁半岛、加莱和诺曼底可供选择。诺曼底最初只是备选之一，但随着局势的发展变化，已成为最终选择，加莱则成为重要的佯攻目标。既然选择在诺曼底登陆，做好隐蔽和掩护工作，做好保密工作，使盟军能够以最小代价顺利登陆，便成为接下来需要完成的最大任务。其中，最大的学问还是做好情报欺骗，讲究策略，注意谋略的施展和运用。盟军充分运用的战术，就是孙武所说的"形人之术"。

盟军将此次登陆计划命名为"霸王行动"，并围绕这个"霸王行动"，进行了周密的筹划。他们在情报方面的准备，为人称道；对以情报谋略为核心的"形人之术"的施展，则更为精彩。

盟军在英格兰东南虚构了一支军队，该军队的番号为"美国第一集团军群"。在平时，数百名报务员组成该集团军群内部的各级建制，按照日常惯例保持着无线电联络。从集团军群到集团军，再到师团，甚至营连之间，始终有无线电联络。假的司令部也设立起来了，频繁与各下属部队保持着联络。甚至部分真实存在的部队也会与这个假司令部保持着联系。此外，盟军还在英格兰东南部地区大量修建军营、仓库乃至公路，设计制造了假机场、假飞机、假坦克、假大炮。就连军舰航行的油迹、坦克的履带印等，也都伪造了不少。之后还派了一部分军队驻扎操练，造成了在加莱一带大规模登陆的假象。扮演该集团军群的司令巴顿不停地视察英格兰东南地区，新闻界不停地报道他拜见社会名流的行踪。这么做的原因，就是为了博眼球，吸引德军的注意力，起到欺骗和误导的作用。

在完成一系列的"假动作"之后，还要保证虚假情报能够及时地被对方获悉。为此，盟军也动了不少脑筋。首先，对德军侦察机选择性放行，令对方在经历千辛万苦之后，完成对这些虚假部队的侦察。其次，盟军摧毁了德军在荷兰海牙的大型无线电侦听基地，但对德军设在塞纳河北的雷达站则选择性"放生"，方便德军利用这些雷达站继续对假的部队和舰队进行侦听。最后，充分发挥"双面间谍"的作用，让他们把这些虚假情报传递回德国。第二次世界大战期间，军情五处在对德谍报工作方面取得了突破性进展。有些德军间谍被发现和掌控，最终同意在军情五处的领导之下，使用发报机与德国的军事情报机构建立联系，以便将更多具有欺骗性质的情报传递给德军。这些举措都让德军最终上当，误以为盟军真的会在加莱登陆。

当然，盟军除了在情报谋略上做足功夫之外，在获取德军情报和诺曼底附近的地理情报上也做足了功夫。很多合力加在一起，确保了诺曼底登陆的顺利完成。

盟军对德军所做的情报工作非常扎实有效，情报谋略也能顺利展开，很好地实现了"示形动敌"，很好地隐藏了真实的作战计划，完美地做好了保密工作，也完全实现了孙武所说的"我无形"的目标。与盟军形成鲜明对比的是，德军的情报工作做得非常糟糕。他们不仅对盟军的密码系统束手无策，还受到了假情报的误导。德军统帅部始终相信盟军的主要目标和后续攻势都将集中在加莱地区，对诺曼底这边始终没有给予足够的重视。等到发现之时，一切都为时已晚。由于盟军在诺曼底成功登陆，第二战场得以成功开辟，德军的失败已经在所难免。诺曼底登陆一举改变了第二次世界大战的进程，同时也很好地证明了孙武战争理论的价值。

四、明利害，筑防线

现代情报学中一般都会提起反情报，这是什么概念呢？即保住己方的秘密，不要被对方搞走了。一些西方学者，比如美国的舒尔斯基认为，反情报不只是"保卫本国免受敌方情报机构侵害"，同时还包括"为此目的而开展的行动"。①既然如此，为达成这一目的而展开的各种谋略术，也就可以视为反情报的重要内容。顺应这一逻辑，孙武所设计探讨的各种诡诈之术，尤其是为夺取战争主动权而设计的"形人之术"，因为都以谋略和欺骗作为中心内容，而且多围绕情报活动而展开，因此也完全符合现代情

---

① ［美］舒尔斯基：《无声的战争：认识情报世界》（第3版），罗明安、肖皓元译，金城出版社2011年版，第159页。

报学中的反情报概念。

其实，我更愿意将这些称为广义的保密工作。因为其实质不仅是为了保护本国免受敌方情报机构的侵害，还是为了保守己方的核心机密。从这个角度来看，孙武所讨论的"形人之术"不仅在战争史上具有划时代意义，而且在情报史和保密史上，也同样具有引领风气的作用。

在我看来，相比单纯的保密工作而言，"形人之术"是一种非常积极的保密工作，而且，具有非常明显的效果，往往能发挥非常独特的作用。因为单纯地依靠守，往往是守不住的。采取一些积极手段主动出击，反而会起到很大的作用。我们经常看到一些著名的盗窃案，那些江洋大盗总能绕过层层设防，成功地盗走宝贝，就是因为目标是暴露的。反过来，如果我们多做一些假目标，把这些盗贼的视线搞乱，让他们摸不清虚实，那就更有利于保护这些宝贝。保守军事机密、政治机密、技术机密等，道理其实也是一样的。多一些假目标，多一些误导手段，虚虚实实，就能起到更好的保护作用。

所以我建议大家在家藏宝贝时，不妨买个保险柜，但是在里面别放真宝贝了，唱一出"空城计"。宝贝藏在其他不起眼的地方，没准就能够一直保存下来，即使小偷入室，也会扑错方向。当然，不少朋友觉得这太小儿科，早就学会了。其实这一招是一代代传下来的"形人之术"带来的启示。

需要注意的是，"形人之术"虽然出现在《孙子兵法·虚实篇》，但是实现的方法，在十三篇兵法中随处可见。"形人之术"的提出，是对这些基本方法进行的总结，是从情报谋略及欺骗的角度出发的，进而要求实现"形人而我无形"和"致人而不致于人"，把军事力量的虚实运用提到了一个新高度。《孙子兵法·虚实篇》重点讲的都是这些虚虚实实的道理，对战争指导而言非常重要，对于保密工作而言，同样是寓意深刻，很有启发意义。孙武认为，战争的要点就在于争夺主动权，即"致人而不致于人"①。要想争夺主动权，就需要"示假隐真"，是"能而示之不能"或者"近而示之远"这些基本方法的运用。很好地使用谋略术，把己方的真实

---

① 《孙子兵法·虚实篇》。

意图藏好了，不让对方知道，这样才能调动对方，有利于己方形成局部优势，很好地打击对方。这其中其实也需要运用非常高明的保密手段，也就是"形人之术"。

"形人之术"等手段在具体运用时，应遵循什么原则和要求呢？孙武又是如何进行总结的呢？

其原则其实是"杂于利害"，学会从"利""害"这两方面去实施运用。要想成功地调动敌人，应该遵循什么样的总原则和方法呢？孙武也提出了自己的办法："以利诱之，以害驱之。"这两招都可以用。这些道理，同样是在《孙子兵法·虚实篇》中进行了系统的总结："能使敌人自至者，利之也；能使敌人不得至者，害之也。"意思是说，能够使得敌人自动进入己方所预设的作战地点，是因为善于使用小利去引诱他们；能够使得敌人无法到达他们计划到达的地点，是因为采用了各种方式加以阻碍，让他们误以为那边是危险之地，因此不敢去。

"以利诱之"这一层意思，除了在《孙子兵法·虚实篇》有揭示之外，在其他地方也有论及。比如在《孙子兵法·军争篇》中，孙武认为，要想达成"以迂为直"这种作战效果，需要"诱之以利"才行。就这一点而言，这前后两篇兵法也是保持着逻辑上的一致性。从这些细微之处，也可以看出作者布局谋篇的巧妙之处。"诱之以利"才能达到欺骗和误导敌军的效果，保证己方的迂回穿插。

实际上，"以利诱之"的道理并不复杂，就是使用"小利"去引诱敌人，以此赚得"大利"。这种"大"和"小"，当然是相对而言的。"小利"可以被看作局部利益，"大利"可以被看作整体利益。孙武认为，为了换取更大的整体利益，可以用牺牲局部的利益来做代价。这便是孙武的"大小之辨"。当然，局部利益小到什么程度，也是很有讲究的。对于一个"大象"级别的敌人，喂给它一个小饭团，它未必会动，必须要投放足以让它心动的食物才行。掌握不好分寸，"小利"也只能是白白牺牲，起不到调动敌人的作用。这其中就牵涉"度"的把握，必须要恰到好处，才能使得"敌人自至"，让对手乖乖就范，走进我们预设的圈套之中，确保己方的真实作战意图能得到很好的保护，不被对方所发现。

有一个成语叫"明修栈道，暗度陈仓"，说的就是一个运用谋略的故事，即通过积极的谋略运用和欺骗手法来隐藏己方的军事机密。抢修栈道的事情，让所有人都知道；但暗度陈仓的事情，一定不让对方知道。刘邦就是靠这样的计划，才能顺利地挺进关中，从此拉开了他争霸天下的大幕。

春秋早期，晋国诱骗虞国借道，先后灭掉了虢国和虞国这两个小国，就是成功地实施了"诱之以利"这一招。晋献公利用虞公的贪婪，用重金厚礼进行拉拢和收买，向虞国借道攻打虢国，拆散其同盟关系，再逐个击破。虞国这边，宫之奇深知"辅车相依，唇亡齿寒"的道理，竭力反对借道。但是，利欲熏心的虞公被眼前的利益蒙蔽了，根本听不进去，活该亡国。所以，用利益诱惑的手法，可以很好地隐蔽自己的作战计划和作战目标，可以保住军事机密。这其实也很好地印证孙武"形人之术"的作用，证明"以利诱之"可以很好地隐藏军事机密，帮助做好保密工作。当然，这个案例发生在孙武出生之前，也许曾对他起到了某种程度的启发作用。

既然存在这层利害，反过来我们也可以看出，孙武的理论对于我们做好保密工作是有启示意义的，即至少要善于识别对方的利益诱惑，做好针对性的防护工作。

其中的道理也很简单，当利益摆在面前的时候，到底是拿还是不拿？如果是非法所得，拿了就很可能会产生严重后果。这层道理和打仗一样，如果不该出击，受不了诱惑出动了兵马，就会有惩罚在后面等着。其实，在现实之中，对方的间谍和特务活动，往往正是利用人性这种贪财好利的特点，对相关人员进行一步步的拉拢和诱惑，最终套取到他们想要得到的情报。而且这样的例子，现实中还经常发生。保密，其实不只是保守军事机密，科技秘密、政治秘密等也需要保守。孙武有关保密的理论，在这里同样适用。

随着我国综合实力及国际影响力的不断提升，境外敌对势力和间谍机构更加疯狂地展开了窃密行动，使得国家安全形势和保密形势变得越发严峻。对方拉拢我方人员的手段往往非常简单——"以利诱之"。通过重金进行诱惑，再从他们身上找到有价值的情报。

前几年，中央电视台《焦点访谈》栏目就曾经报道过黄某的间谍案。黄某在一家涉密科研单位工作，因为能力平平，加上工作态度不够端正，所以没做出什么业绩，一度要被解职。但是，他在被解职之前，曾私自保存了一些涉密资料，为了发泄不满，同时也为了套取利益，他便用手中的这些涉密资料作为筹码，联络境外的间谍机构，试图改变自己的处境。境外间谍机构当然是乐见其成，他们迅速提供经费支持，很快就将黄某发展为间谍。在境外间谍机构看来，黄某此时虽然已被解职，但他毕竟还有利用价值，比如可以通过他来拉拢前同事唐某、谭某，以便窃取更多机密。为此，黄某也费尽心机，用他从境外间谍机构那里得到的经费，从身边关系较近的同事手中套取机密文件，再提供给境外敌对势力，从他们那里再换来更多的利益。由于黄某善于伪装，并且懂得一些反侦查手段，所以很长时间没有被发现，造成了大量的机密文件泄露，对国家安全造成了严重损害。

天网恢恢，疏而不漏。黄某虽然善于隐藏，但还是会有被发现的一天。最终，他还是因为"间谍罪"被依法逮捕并判处死刑，剥夺政治权利终身。被他拉拢下水的唐某、谭某等，也都受到了法律的惩罚。《中华人民共和国保守国家秘密法》第三十八条规定，涉密人员离岗离职实行脱密期管理。该法第二十三条和第二十五条等，对涉密载体的管理都有明确的规定和要求，但是该科研机构都没有很好地实施。管理上的缺失、思想上的麻痹，最终酿成了严重的恶果。

无论是黄某，还是他的同事，其实都是被境外间谍机构的利益所拉拢，一步步走向犯罪道路的，而且是越走越远，教训非常惨痛。从中我们可以看出，学会辨别是非，明晓利害，也是我们筑牢保密防线的一个基础，同时也是遵守保密法规的重要基础。因为敌对方往往就是利用了人们贪财好利的弱点，来进行拉拢和策反，以达到他们不可告人的目的。

除了用"利"的手法之外，还可以用"害"的手法，这就叫"以害驱之"。战国时期的孙膑，使用"围魏救赵"的手法调动庞涓的部队，就是运用了这一手法。当时，庞涓正在全力以赴攻打赵国，而且马上就要得手。忽然，他得知都城大梁受到攻击，被迫撤军，结果在撤退的路上遭到孙膑的伏击，招致惨败。在这一战例中，孙膑运用的其实是先祖孙武的战法。用军队佯攻魏国都城，其实很好地隐藏了自己半路伏击的作战意图，起到了很好的误导作用。

孙武在写作十三篇兵法时，经常是前后呼应的。就《孙子兵法·虚实篇》提出的"形人之术"而言，有不少内容都是呼应了《孙子兵法·计篇》的谋略之术。本质上都是为了完成情报谋略或者战术上的欺骗手段，能够很好地保守军事机密，令对手无从辨别，进而找准机会给对手致命一击。

两军交战，对手当然不会听从己方安排，即便是使用"示形"之术，人家也不会轻易上当，所以策略的运用一定要非常高明。利用策略和手法，隐藏己方的真正作战意图，包括行军路线、决战地点等，一定不能让对手知道。人家知道了，就不会上当，想要出其不意地打击对手，便也成为一种奢望。

由此可见，孙武强调"以利诱之，以害驱之"，在保密工作中也是行之有效的。对于保守军事机密而言，这更是一种积极的保密手段。作为保密的一方，需要懂得使用"利""害"这两种手法。反过来看，如果敌方对己方实行"形人之术"，己方也要懂得识别。从"利""害"这两方面进行分析，客观辩证地分析，这样才不会上当。

不仅如此，还需要学会"备人之术"。孙武在总结了"形人之术"之后，还深刻总结了一套"备人之术"："故备前则后寡，备后则前寡，备左则右寡，备右则左寡，无所不备，则无所不寡。"①

这段话其实就是教人怎么防守。"备"是指防守，究竟是敌人防我们，还是我们防敌人呢？我认为可能是前者，也就是"敌防我"。因为这段话的前面其实有答案："不可知，则敌所备者多；敌所备者多，则吾所与战者寡矣。"如果敌人不知道我们要进攻的地方，他们需要防备的地方就多；防备的地方越多，我们所要进攻的敌人力量就越是单薄。敌人防了前面，后面就会兵力薄弱；防了后面，前面就会兵力薄弱。左边和右边的道理也是一样的。如果是处处布防，必然是处处兵力薄弱。

虽然说在这里孙武讲的是"敌防我"，但是防守的道理，也适合于"我防敌"。如果不分主次地平均使用力量，四处布防，就必然会造成处处兵力薄弱，这样就很容易陷入被动局面。

虽然这段话讲的是防守之术，但是用在保密工作上，道理也是相通

---

① 《孙子兵法·虚实篇》。

的。我们的保密工作，不可能做到事无巨细地平均使用力量。在这种情况下，我们不如抓住重点，分清主次，首先要抓的是最重要的工作和最重要的内容。比如在互联网时代，我们需要重点抓住的是网络安全，做好互联网的安全保密工作。我们国家的保密法宣布惩处规定时，也有不少内容是涉及互联网的，比如，在互联网及其他公共信息网络或者未采取保密措施的有线和无线通信中传递国家秘密；将涉密计算机、涉密存储设备接入互联网及其他公共信息网络的；在未采取防护措施的情况下，在涉密信息系统与互联网及其他公共信息网络之间进行信息交换；等等。这些行为都会受到严厉惩处，甚至被追究法律责任。

关注互联网，不是说其他内容不重要，不需要抓，而是说要有重点，分清主次，不是"眉毛胡子一把抓"。因为这样很容易造成"处处防备，处处稀松"的局面。

因此，"备人之术"既可视为防守之术，也可视为保密工作的重要方法，教给人们情报工作的防守之道。把"备人之术"与"示形之术"联系在一起，不仅能更好理解孙武"攻守之道"的策略，也能对孙武的保密思想有更深层次的体察。孙武通过对"备人之术"的总结，就如何达成"我无形"提出了原则和方法。其中，关键是多做有针对性的布防工作，力戒不分主次和处处分兵。就保密工作而言，同样也应遵循这一原理，需要抓住重点。如果过分追求"面面俱到"，那就很可能造成"面面俱失"的被动局面。

总之，就保密工作而言，单纯的防守固然很重要，是基础工作和基本保障，但孙武所说的以谋略为核心的"形人之术"，也不失为一种有效方法。这是积极主动的保密手法，能够变被动为主动，对于保护己方的军事机密和作战计划而言，往往也能取得非常好的效果。

第四章

用间之策

提起间谍，这应该是大家既熟悉又陌生的话题。说熟悉，这些年谍战剧持续热播，相信不少朋友通过影视剧对这个领域多少有一些了解。说陌生，相信很少有朋友能有机会接触这个领域。身处和平年代，既没有机会去抓间谍，也绝少有机会亲自充当间谍。当然，这并不代表间谍就距离我们非常遥远，尤其是在重要军政岗位任职的朋友，没准就有间谍已经悄悄地瞄准了你，甚至还想策反收买你。无形战线的斗争，向来非常残酷。孙武也曾就如何使用间谍，进行了系统总结。

一、必备之利器

孙武在《孙子兵法》的最后一篇，系统地探讨了有关间谍运用的问题。这就是《孙子兵法·用间篇》。《孙子兵法·用间篇》是一份极具操作性的间谍使用说明书，是古代社会的间谍使用指南。很显然，在古代社会，孙武应该是第一个格外重视使用间谍的军事家。也可以说，孙武在历史上第一次较为系统地构建了关于间谍使用的一整套理论。

间谍有没有存在的必要，应该如何使用，在孙武之前已经有军事家关注过，但没有谁像孙武这样给予了突出强调。从这个角度来看，孙武是开风气的军事家，引领了时代的潮流，这与军事学术史的发展变化密切相关。古时候战争的打法，是一种讲究仁义的打法。史书总结说"动之以仁义，行之以礼让"①，就是那个时期的战争之法。古代的兵书《司马法》也强调"仁本"，都是这个道理。战争虽说是情势难免、必然发生之事，但也不能偷偷摸摸地发起袭击，必须要做到"不鼓不成列"，要等人家摆好阵势才能打。否则，都是不符合仁义的。如果要"不宣而战"，是绝对不被允许的。可以设想一下，双方商量着打，战争的开场方式应该是这样的：

---

① 《汉书·艺文志·兵书略》。

"哥们儿，明天我们就要出兵打你们了！"

"啊，不要啊，我们这边还没准备好呢！"

"那你们再准备准备吧，准备好了说一声。"

等过了一阵子，对方果真准备好了，再问人家：

"哥们儿，明天我们就要出兵打你们了！准备好了吗？"

"好，准备好了！"

"那就开打吧！"

接下来，两支军队就这么打起来了，直到分出胜负为止。

很显然，这样打仗，在今天看来是有点胡闹，甚至是滑稽的，但没准真的存在过，不都是夸张和虚构。如果违背了仁义等道理，不宣而战，那就会被其他人的口水给淹死。

大家可以设想一下，在这种情况下，如果派出间谍偷偷摸摸地去刺探别人的情报，肯定是大逆不道的，一定是不符合仁义的，同样也会被人家的口水给淹死。

但是，到了孙武的时代，这一切都已经发生了变化。包括"以仁为本"的战争观念等，都已经被彻底抛弃。原因很简单，前面说的那些，根本就不符合战争规律，只能说是特定历史时期的产物，但不符合战争发展的实际。因为战争是敌我双方对生存权利的争夺，往往是你死我活，仁义这套理论渐渐地就行不通了。

孙武抓住了时代的变化特征，果断地抛出了"兵以诈立"①这套理论，提倡"兵者诡道"②。指挥战争需要知道变化，需要使用谋略和阴谋诡计。与这一主张相对应，孙武主张使用间谍。不仅提倡"上智为间"，而且设计了"五间俱起"的一整套间谍使用之法。间谍被孙武视为战争的利器。他敏锐地抓住了古代兵学理论的发展脉搏，大胆地使用间谍，推崇间谍术，具有强烈的时代意义。

重视使用间谍，也与孙武"兵以诈立"的观念保持一致。孙武主张诡道用兵，故而重视情报和使用间谍。因为间谍可以帮助搜集和刺探情报。

---

① 《孙子兵法·军争篇》。

② 《孙子兵法·计篇》。

由诡道用兵出发，孙武对间谍也提出了"上智"的要求，即间谍的智力水平足够高才行。这其实与十三篇兵法倡导诡诈之术的总体风格保持一致，是古代兵学由"仁本"向"诈立"转变的必然结果。《孙子兵法·用间篇》作为专门探讨用间之策的精彩篇章，正是这种发展转变的生动注脚。

在孙武生活的时代之前，间谍活动偶尔也会发生，而且还曾起到了重要作用。比如名相伊尹在夏朝的情报活动，以及著名军事家吕尚在商朝的间谍活动等，孙武在《孙子兵法·用间篇》都有提及，这些都是富有成效的著名间谍案例。虽然说这些只是零星的间谍行动，但是也启发了孙武对间谍行动的思考。

我们首先来看伊尹。他生活在夏朝末期，统治集团日渐腐朽，居住在黄河下游的商族悄然兴起，最终推翻了夏朝，建立了商朝。在商灭夏的战争中，间谍起到了非常重要的作用。伊尹就是间谍。孙武在《孙子兵法·用间篇》中提到的"伊挚在夏"，说的正是伊尹深入敌国，担任战略间谍，搜集军政情报的事情。因为这些情报对商灭夏起到了重要作用，故孙武才会说"殷之兴也，伊挚在夏"。

伊尹不仅是鸣条之战的指挥官，也是辅助商汤取得灭夏胜利的最大功臣，同时还一直被视为我国古代的第一位名相。他当间谍的经历，在古代典籍中有一些记载。比如《国语》中说："妹喜有宠，于是乎与伊尹比而亡夏。"这其实就是反映了伊尹曾利用夏桀的宠妃妹喜（也叫末喜）刺探情报的情形。《竹书纪年》中说："（桀）弃其元妃于洛，曰末喜氏，末喜氏以与伊尹交，遂以间夏。"这与《国语》的记载大同小异。

据说伊尹受到重用，是因为他的厨艺。商汤大概是很多天没吃到可口的饭菜了，忽然吃到伊尹烹制的美味佳肴，于是对他的厨艺非常感兴趣。伊尹随即以厨艺作为比喻，建议商汤要像"调和五味"一样来治理国家。商汤由此得知伊尹非常贤能，于是就选择良辰吉日，举行了隆重的仪式，破格任命伊尹为相。

伊尹上任后，提醒商汤不要急于用兵，而是要一面努力发展自己的军事和经济实力，一面注意多方搜集有关夏朝的各种军政情报，对夏朝的发展动向和政治走势进行严密的跟踪，争取把握住最佳的用兵时机。

为了搞好敌情侦察，伊尹亲赴险地，搜集到对手的大量情报。在得知商汤有灭夏的坚定决心后，伊尹再次潜入夏朝，目的是更好地掌握夏桀的兵力部署和防线调整情况，好确定进攻路线。此次出行，他选定的主要行间对象，就是夏桀的宠妃妹喜。在此之前，伊尹已经了解到夏桀的脾性和爱好，知道妹喜是了解核心情报的人。

至于伊尹如何成功收买妹喜，已经成为谜团。妹喜为何愿意出卖情报给伊尹呢？据说是因为她失宠了。好色的夏桀因为有了新宠，便抛弃了妹喜。妹喜当然会怨恨在心。这应当是伊尹收买妹喜的一个很好的时机。

可以想见的是，为了策反妹喜，伊尹一定在她身上用尽了各种心思，使出了各种手段。为了投其所好，伊尹一定对妹喜做了充分研究，不惜将稀世珍宝奉上。作为交换，妹喜则将夏朝的军力部署情况等悉数透露给了伊尹，为伊尹后来选择进攻方向和进兵路线，提供了重要参考。

接下来，伊尹根据所得到的情报，确定了迂回进攻的方针。商汤的军队避开了对方重兵把守的防线，大队人马一直悄悄地往东进发，在成功铲除夏朝在东方的辅助势力之后，又突然挥师西进，出敌不意，迂回到都城一带。夏桀的军队来不及进行回撤，一片混乱。双方军队战至鸣条（今河南封丘县东）附近时，进行了一次大决战，史称"鸣条之战"。这次决战之后，夏桀的军队最终被摧毁，商汤成功地推翻了夏朝。

孙武指出，"先知迂直之计者胜"[1]，伊尹和商汤所指挥的这次灭夏之战，显然正是"以迂为直"的战法，进攻路线出人意料。很显然，伊尹此前所获得的可靠的情报，应当是他们制订作战计划，选择进兵路线，最后能够顺利取胜的一个关键因素。因为有了这些可靠的情报，才能进一步确定合理的行军路线，取得意想不到的作战效果。因为这个道理，孙武才会说"殷之兴也，伊挚在夏"，把商朝的兴盛与伊尹的行间联系起来。也许在先秦时代，人们对伊尹在灭夏过程中所扮演的角色和所起到的作用，还是有着较为一致的认识。包括《史记》在内，不少书都记载了这件事，说明伊尹的间谍身份，是大家都认可的。

为了证明间谍是战争的利器，孙武在举出伊尹作为例证之后，又举出一位名人，也就是吕牙。孙武的选择是有讲究的。伊尹是一位著名的政治

---

[1] 《孙子兵法·军争篇》。

家，吕牙是一位著名的军事家。

提及吕牙，也许有的朋友马上就会想起他的另外一个"马甲"——姜子牙。他的"马甲"很多，除了姜子牙之外，还有太公望、姜尚、吕望、吕尚等，其中，以姜子牙、姜太公这两个称呼最为人们所熟知。《孙子兵法》中，称呼他为吕牙："周之兴也，吕牙在殷。"意思是说，周人之所以能最终战胜强大的商朝，吕牙的行间起到了至关重要的作用，一举改变了战争的结果。

吕牙在军事史上占有着重要地位，史称吕牙"多兵谋与奇计"，故此，"后世之言兵及周之阴权（谋略）皆宗太公为本谋"①。吕牙的军事实践和军事理论，对于后世著名军事家，如管仲、吴起等，都产生了巨大的影响。历代都有不少军事著作托名于他，最著名的应该算战国末期的《六韬》。

大家都知道"姜太公钓鱼，愿者上钩"这句话，说的是吕牙在渭水河边钓鱼的故事。结果没钓到鱼，把周文王给"钓"到了。周文王看到这么一位白发苍苍的老者在河边钓鱼，难免会上前关心一下："你的子女不管你吗？为什么一个人在这里钓鱼？"二人就这样聊起来了，周文王这才知道吕牙是个有本事的人，充满智慧，随即重用了他。这个充满智慧的老者，果然帮助周朝走向强盛，灭了商朝。吕牙的名声越来越大，成了传奇人物。

当时，商朝已经开始走向衰落，地处西北的周族趁势崛起。不过，当双方进行对决之时，周朝的实力仍处于下风，没有必胜的把握。有意思的是，双方角力的结果是，处于劣势的周人战胜了商人，成功改写了历史。

吕牙到底有没有在商朝行间的经历呢？有古史专家认为确有其事。吕牙对商朝的洞悉，被孙武认为是"周兴商亡"的关键。《左传》中也说"纣克东夷而陨其身"②，正和吕牙的行间经历互相印证起来。从《左传》和《孙子兵法》等著作可以看出，吕牙行间，应同伊尹行间一样，是先秦时期非常流行的观点。

得到重用后，吕牙很好地辅助了周文王，也下定决心把无道的殷商政

---

① 《史记·齐太公世家》。
② 《左传·昭公·昭公十一年》。

权推翻。他们制定了灭商大计，首先是发展壮大自身实力；其次是想方设法迷惑纣王，不能让他察觉出周朝的真正意图；最后，还要全面掌握政治、经济和军事情报，寻找机会策反纣王的羽翼，使得纣王陷于孤立无援的状态。

吕牙很懂治国要领，周朝的实力不断上升，但是随即引起了纣王的重视。在吕牙的建议下，周文王伪装成沉湎享乐、不思进取的样子，还联合起那些反对商朝的诸多小国，装成臣服于纣王的样子，也就是"帅殷之叛国以事纣"①。结果，纣王果真被这些假象所迷惑，放松了对周朝的警惕，把战略矛头瞄准东夷，在西线只投放少量的兵力。在这之后，商朝不仅在东线的战争中不断消耗实力，同时也在最重要的战略后方留下了一个巨大的窟窿。

在吕牙看来，东夷虽然曾是商朝的属国，却可以发展为外援，因此他去策反东夷叛商。古史专家王玉哲说："周人大概为了牵制纣王在西方的兵力，派遣打入商内部的间谍吕尚（牙），入东夷为之鼓动叛商。"②吕牙行间的主要目的就是策反东部小国，让他们加入伐商的队伍中来。至少是让这些小国制造一些事端，吸引纣王更多的注意力，打乱其兵力配置和战略部署，好为下一步周文王的征伐战争创造条件。

所谓东夷，专家考证是指徐淮夷一带。这些地方本来是商朝的重要属国、重要的战略后方，吕牙选择到这里做卧底，确实很有针对性。也有人说，所谓东夷，是指东海，也就是吕牙早年居住过的地方。吕牙对此地的风土人情并不陌生，便于开展间谍工作。

总之，吕牙找准时机，成功越过商朝各处关隘，从事策反东夷的工作。由于历史久远，行间的具体情况，古籍中鲜有记载，详细经过还有待继续考证。但他一定是在东夷进行了一系列艰苦运作和一番煞费苦心的经营，成功使得东夷背叛商朝，站在周朝的一边，成为灭商的同盟军。

东夷叛商之后，立刻变成纣王的心腹大患。纣王不得不立即调整战略部署，投入大量的人力物力对付东夷，陷入了一场消耗战争。经过多年的

---

① 《左传·襄公·襄公四年》。

② 王玉哲：《中华远古史》，上海人民出版社 2003 年版，第 484 页。

征讨，商朝终于使得东夷再次臣服，但自己也是元气大伤，加速衰落，一蹶不振。趁着这一大好时机，周朝联合其他众多盟国，一举战胜强敌。

东夷叛商在《左传》中有明确记载。古史专家丁山认为"东夷叛商与吕尚（牙）有关"①。东夷的叛乱与周朝的西线战场遥相呼应，这才使得商朝首尾不能兼顾，只能迎来一场大败。

总体来看，吕牙通过间谍活动，不仅对商朝的国情和军情有了充分了解，还成功地赢得了发展实力的时间和空间，赢得了同盟力量，这些都为灭商夯实了基础。因为这个原因，孙武才会说"周之兴也，吕牙在殷"，把灭商的功劳算到吕牙的身上。

二、小成本，大收益

孙武通过两位重要的历史人物，强调了情报工作的重要性，强调了间谍的作用。在孙武之前，间谍的出现虽是偶发现象，但也已经深刻地改变了战争的结果，孙武敏锐地注意到这一现象，因此格外重视情报，重视使用间谍。由于重视间谍，孙武为战争设定了另外一种"打开方式"——"先知后战"。

在《孙子兵法》中，"知"和"战"是两个关键字。《孙子兵法》总共六千字左右，"知"字出现七十九次，"战"字出现了七十五次，频率非常高。孙武由探讨"知论"出发，建立了严密的情报理论体系。由探讨"战论"出发，研究探讨了丰富的战略战术。但是，"先知后战"的顺序不能乱，更不能倒过来。孙武对情报与战争的关系进行了深入探讨，因此格外强调情报的先导作用。"知"在前，"战"在后，这才叫"先知后战"。战前要做好情报工作，战场要体现谋略用兵，一切都围绕"战胜"这一目标而展开。

在《孙子兵法·用间篇》中，孙武又格外强调了这一点，尤其是指出了"先知"的重要性。孙武说："故明君贤将，所以动而胜人，成功出于众者，先知也。"意思就是，英明的君主和贤能的将帅，他们之所以能够

---

① 丁山：《商周史料考证》，中华书局1988年版，第191页。

做到一出兵就战胜敌人，所创立的功业也能超越普通人，就在于他们能够预先掌握敌情。孙武从打赢战争的角度出发，强调了"先知"的重要性，强调了情报工作的重要性。

情报工作主要依靠的是间谍，因此，重视使用间谍是掌握敌情的基础。在孙武看来，要想成为胜利的主宰者，关键就在于是否能做到"先知"，是否能够预先掌握敌情，有没有真正做到"知彼知己"。使用间谍，就是"知彼"的关键。要想打胜仗，就必须巧妙使用间谍。从这个角度来看，间谍在战争中处于最紧要的环节。重视间谍，确保情报先行，无疑具有战争理论上的合理性。

不仅如此，在孙武眼中，使用间谍是投入较少而回报较多的一笔合算买卖。在孙武看来，战争存在着很高的风险。《孙子兵法》在开篇就指出："兵者，国之大事，死生之地，存亡之道，不可不察也。"战争是国家大事，不仅关系到全体将士的生死，同时也关系到政权和国家的存亡，因此最具风险。

同时，战争还是高成本行为。孙武将"带甲十万，出征千里"作为研讨战争的基本规模。既然"带甲十万"，必然需要"千里馈粮"。战车和盔甲这些都需要准备和制作，牛车和民夫被视为基本的运输力量，需要大量征调和招募，此外还有维修器材的费用，"日费千金"。今天人们说"大炮一响，黄金万两"，也是反映战争耗费巨大。所以，战争必然是高成本行为。

既然是成本极高的行为，必须慎重开战。所以孙武反对仓促发起战争，反对没有准备的战争，也反对毫无胜算的战争。除此之外，孙武也有降低成本的实际对策。比如速决战："兵闻拙速，未睹巧之久也。夫兵久而国利者，未之有也。"①孙武反对持久战，固然是担心战斗力衰减和士气低落，同时也是担心国内经济崩溃，出现"国用不足"等困境。

在孙武看来，使用间谍同样是降低战争成本的重要举措。在《孙子兵法·用间篇》的开篇，就强调了这个道理，孙武指出："凡兴师十万，出征千里，百姓之费，公家之奉，日费千金；内外骚动，怠于道路，不得操

① 《孙子兵法·作战篇》。

事者，七十万家。相守数年，以争一日之胜，而爱爵禄百金，不知敌之情者，不仁之至也，非人之将也，非主之佐也，非胜之主也。"在这里，孙武还是以"兴师十万，出征千里"作为他设想的基本战争规模。一旦打起仗来，百姓的耗费、公室的开支，每天都要花费千金。不仅如此，战争还会造成前后方的骚动不安。民众疲惫，不能正常从事耕作和生产的，至少会有七十万家。战争相持数年，就是为了一朝决出胜负。在耗费如此巨大的情况下，如果吝惜爵禄和金钱，不舍得重用间谍，就会因为无法掌握敌情而失败，那就是不仁到了极点。这种人，一定不配担任三军的统帅，不配成为国家的辅佐，更不配成为胜利的主宰者。

孙武的这套理论有没有道理，使用间谍究竟能不能降低战争成本呢？答案是肯定的。使用间谍，一定是花小钱办大事，能有效地降低战争成本。

刘邦重用郦食其，派他担任间谍，是一个很有说服力的案例。郦食其曾经好几次都充当间谍，通过游说行间立下大功，为刘邦节约了战争成本，赢得了更多的战争筹码。

当时，秦始皇希望江山在他们家永远地传下去，没想到秦朝只经历二世便亡。在这之后，便有了群雄逐鹿的场景。渐渐地，群雄中只剩下刘邦和项羽。双方争斗的最终结果是，项羽被刘邦乱拳击退，汉朝建立起来。

与项羽相比，刘邦更擅长权变之术，不按规矩出牌，所以能笑到最后。大胆地使用间谍、在隐蔽战线投入大量的人力物力，则是最为直接的证明。刘邦手下谋士陈平、郦食其等人，都非常擅长此道。

郦食其长期混迹于酒馆中，所以就得了个外号：高阳酒徒。年纪一大把了，还是一事无成的样子。当陈胜、项梁等各路大军路过高阳时，郦食其瞧不上，认定他们只是一些鼠目寸光之辈。等到刘邦的军队经过时，看到他们军纪严明、秋毫无犯，郦食其觉得可成大业，于是就前往求见刘邦。

在见刘邦之前，郦食其确实是做过功课。他知道刘邦对人有点傲慢，但是很有远见，所以认真地找了个介绍人。介绍人警告他说："沛公不喜欢和读书人交往，甚至会把儒生的帽子当尿盆。"郦食其满不在乎，还是一副胸有成竹的样子。见面的时候，刘邦还真是一副骄横的模样，洗着他的臭脚丫子，很失礼。郦食其一看，就来火了，高声怒斥："如果您决意聚合民众，推翻暴虐无道的秦朝，就不应该以这副模样接见老人。"刘邦一见这副架势，赶紧起身，穿好衣服，赔礼道歉。郦食其随即将自己的计谋"端上桌子"。

到底是什么计谋呢？其实就是自己充当间谍，去游说陈留的县令。郦食其告诉刘邦："您这边纠合的人马，是一群乌合之众，未经训练，不到一万人，要想攻打秦国，简直是以卵击石。但是，改变局面有一个好办法，就是拿下陈留。这个陈留是天下要冲，交通发达，城中还囤积了很多粮食，所以一定要抢先拿下。我和陈留县令关系不错，您可以委派我担任使者劝说他投降。如果他不听，再派兵攻打，我可以担任内应。"刘邦没想到还有这等好事，立即派郦食其前往陈留。

郦食其赶往陈留，找到县令，向他陈说利害，劝他即刻投降，免得生灵涂炭，自己也会丢掉性命。这县令犹豫不决，尤其惧怕秦法的苛刻严厉，会连累一家老小，所以最终选择了拒绝。看到游说不起作用，郦食其只好不声不响地退下。但是，就在当晚，他悄悄地潜入县令的住所，趁着左右无人，举刀杀死县令。刘邦这边立即引兵攻打陈留，县令首级也被高高挂起。城里的守军看到县令都死了，军心涣散，很快就打开城门投降。经此一役，刘邦得到大量兵器和粮食，俘虏士兵也有一万多人，兵力得到极大补充。

从郦食其这次游说担任间谍的行动就可以看出，间谍行动确实是降低战争成本的重要手段。如果换一种方式，比如一开始就派出军队去攻打陈留，所花费的成本是可以想象的。刘邦手下那群乌合之众，没准很快就会被消耗掉。杀敌一千，自损八百，这样的仗，刘邦肯定不愿意打。这笔账，他算得很清楚。使用间谍，有时候也需要成本，但是这种成本和战争成本相比，无疑是不对等的。陈留一战，刘邦不但没有早早花掉本钱，反而得到兵力补充，这其实就是郦食其的间谍行动所起到的作用。

孙武坚信间谍能够为战争获胜提供重要保证，也坚信明君贤将可以通过巧妙用间而"必成大功"。他使用了一连串数字"兴师十万……出征千里……日费千金……七十万家……相守数年……爵禄百金"，这说明他对战争消耗有过计算。这些数字，是对战争规模有一个基本的设定之后得到的，目的就是为了说明战争的巨大消耗。在比较使用间谍与战争行为的消耗之后，其中的大小之别可谓一目了然。孙武认为，战争必然会造成"日费千金"的巨大消耗，如果是"相守数年"，则消耗更大。使用间谍就使成本小了很多，最多只是花费"爵禄百金"。在做了这种对比之后，孙武告诫将帅，必须要舍得花费"爵禄百金"来使用间谍。这是花小钱办大事，可以最大限度地降低战争成本。

像郦食其这种间谍行动，几乎不用花费什么成本，但这是很少出现的情况。很多间谍行动也要付出成本，需要花钱，需要物资准备。比如，收买和拉拢对方，用利益去诱惑对方，这些间谍行动都需要付出成本。但这种成本，在孙武看来是值得付出的，因为它与战争成本相比，实在是云泥之别。

可以看出，孙武说来说去，还是忘不了他在《孙子兵法·作战篇》提到过的战争是高成本行为。不但忘不了，还一直在积极地寻找对策，设法找到降低战争成本的办法。使用间谍、重视情报工作，就是孙武想到的又一个积极而又富有成效的办法。这是用相对较小的成本，来追求和达成打赢战争的宏大目标。

我们还可以接着用郦食其的间谍行动，进一步说明这个道理。郦食其是个行间高手，很有一套办法，留下多个间谍行动的案例，不幸的是最终丢了性命。

让郦食其丢掉性命的是游说齐王的这次间谍行动。当时，韩信受刘邦之命攻打齐国，但在到达平原（今山东平原县东南）后，却把进兵的步伐停了下来，迟迟不采取任何行动。

师老兵疲，没有进展，刘邦当然着急。郦食其帮刘邦分析了天下形势，认为需要牢牢控制太行山等要道，占据有利地形，重点解决齐国的问题。但是，齐国这边地势险要，易守难攻，即便是派出几十万军队去攻打，也很难确保成功。所以，强攻不如智取。何为智取，其实就是郦食其充当说客，去劝说齐王归顺。这其实就是一次间谍行动，目标是争取实现"不战而屈人之兵"，尽量降低战争成本。

刘邦大喜过望，随即就同意了郦食其的出行请求。郦食其马不停蹄地赶到临淄，求见齐王。他告诉齐王，天下将来一定是刘邦的，这不仅是因为刘邦率先攻下咸阳，有天意支持，也是因为项羽杀害义帝，天下人都对他痛恨不已。而且，各地诸侯都纷纷前来归顺，只有齐王还在观望，灾难马上就会降临。看到齐王有所心动，郦食其说，他保证可以让韩信退兵，并立即写了一封信给韩信。

韩信接到郦食其的书信，当即便写了回信，同意退兵。齐王随即传令军队解除警戒，并设酒宴款待郦食其，豪饮庆贺。

回信写好之后，韩信确实准备收兵，没想到手下有个叫蒯通的谋士站了出来，拦住了他。蒯通说，将军您奉命攻打齐国，费了许多心机。郦食其只凭三寸不烂之舌就拿下齐国七十多座城池，而您率领大军，用了一年多时间才攻下赵国五十多座城池，这么看起来，您居然比不过一介儒生。这岂不让人耻笑？

从蒯通的话中可以看出，他其实也对战争成本进行了核算，承认郦食其的间谍活动是用小成本办了大事。韩信虽然平定了赵国，但是花费的成本巨大。

在听了蒯通这番话后，韩信的态度立即就变了。他即刻点齐人马，向齐国杀去。齐国这边已经解除了警戒，毫无防备，立刻被杀得人仰马翻，韩信的大军很快便直逼临淄城下。

看到韩信的大军杀到，齐王非常震惊，他连忙吩咐手下把郦食其抓来问罪。齐王痛骂郦食其和韩信串通一气，欺骗自己。到了这时候，郦食其无论如何辩解，都已无济于事。齐王命令手下把郦食其带到沸腾的油锅前，准备烹杀。郦食其毫不畏惧，笑着对齐王说："举大事不细谨，盛德不辞让。"[1]看到郦食其临死之前还这么啰唆，齐王立即下令将他丢进油锅。就这样，郦食其在即将大功告成的时候，意外地被韩信逼成"死间"，非常可惜。几天后，韩信终于攻破临淄城门。齐王匆忙之中只得逃往高密，向项羽求救。

明代刘寅在《孙武子直解·用间篇》中，将郦食其归于"死间"的代表人物。他说："死间者，佯为虚诈之事于外，如郦生见烹于齐王是也。"其实，从郦食其的行间经历来看，他是被韩信逼成"死间"的。如果不是

---

① 《史记·郦食其传》。

韩信的嫉妒和贪功，他尚且不至于暴露身份，更不会惨死。韩信进攻齐国之所以非常顺利，其实也有郦食其前期的功劳。因为齐国军队当时非常松懈，韩信当然会容易得手。之所以能顺利拿下齐国，郦食其的功劳是不能抹杀的。换句话说，韩信所降低的战争成本，是搭进去郦食其的性命换来的。当然，这样的成本付出，也还是相对较低的。战争或许是人类成长所必须付出的代价，而间谍的努力，则是试图使这种代价变得小一点。因此，间谍有其存在的理由。

大概也正是出于这样一种怜惜，刘邦在大封群臣的时候，忽然思念起郦食其。郦食其的儿子郦疥，虽然也带兵打仗，却不至于封侯。但是刘邦在论功行赏的时候，仍封他做了高梁侯。这也能说明郦食其为汉代所建立的功勋及他在刘邦心目中的地位。刘邦会感谢郦食其，因为他多次行间，是花了不多的成本，办成了大事。包括韩信攻破齐国，成本之所以能够大幅度降低，与郦食其的间谍行动密不可分。这也可以验证孙武的理论。使用间谍，因为合理而且划算，很多时候都可以当成战争策略的首选。

总之，孙武对于使用间谍所能达成的战争效益，进行了论证，因此极力推荐用间之术。可贵的是，孙武的思考并未止步于此。对于如何使用间谍，他也有非常深入的讨论。

三、找准方向找准人

提倡使用间谍，是孙武在认真核算战争成本之后所做出的明智选择。既然无法避免战争，就只能尽可能地将战争所造成的损失降到最低才行。在孙武看来，使用间谍就可以实现这个目标。如果小家子气，不愿意花费这些必要的钱财，不重视情报工作，不愿意使用间谍，就可能因为盲目行动而导致战争失败，那就是"不仁之至"，是国家和民众的罪人。使用间谍，是知敌之情，也是"兵之要，三军之所恃"①。重视情报工作，重视间谍，是实现"先知"的重要手段，因此才能实现降低战争成本的目的。

① 《孙子兵法·用间篇》。

"先知"就是先期知道敌情，预知战争胜负。

可贵的是，孙武的思考并未止步于此。他进一步强调了如何做到"先知"，对必须注意的事项进行了总结，简称"三不可"："先知者，不可取于鬼神，不可象于事，不可验于度。"要想预先知道敌情，不可通过"求神问鬼"去获取，也不可比附相似的事情来推论得知，更不可凭简单的揣度来进行推导和验证。这些方法都不可取。什么方法才是可取的呢？只能"必取于人"，从了解敌情的间谍那里去获取。

孙武认为，这是"先知"的保证。间谍搜集情报，领导者分析情报，都必须坚持这个"三不可"原则。用今天的眼光来打量，孙武的"三不可"原则，充满了唯物精神。所谓"必取于人"，则是强调充分发挥间谍的作用，充分发挥人的主观能动性。至于"三不可"，既反对形而上学，又反对经验主义，更反对神秘主义。只有发挥人的主观能动性，将以"先知"为核心的情报工作与阴阳术数、神鬼理论彻底划清界限，才能真正做到"先知"，才能掌握敌情。

我们先来看"不可象于事"。有一种观点认为，这是说反对简单地从过去发生的种种事件进行简单的推断。杜牧的注释非常明晰："象者，类也。言不可以他事比类而求。"张预也说："不可以事之相类者，拟象而求。"都是强调这一层意思。这句话并非是说在墙上挂一张画像，对着它进行祈祷。这个"象"，恐怕不是对挂着的画像祈祷的意思，而是反对依靠简单的类推来获得敌情。

中国古代的易学，有一个重要的分支就是象数派。孙武既然强调"不可取于鬼神，不可象于事"，也可能是说反对依靠这种象数学来推知敌情，反对依靠占卜等方法来预知胜利。这个"象"，也许会被兵阴阳家赋予特殊的含义，但也为孙武所强烈反对。

"不可验于度"中的"度"，也很令人费解。如果简单解释为揣度，也能说得通，但孙武的本意未必是这个。古人认为日月星辰的运行有度数，但是孙武认为不能通过这些内容来获得敌情，不能依靠日月星辰运行的度数来推导和验证敌情。在这之外，还可以找到一种说法。在《孙子兵法·形篇》中，也有"度"。敌我双方所处地域不同，就会产生幅员大小不同的"度"。这种"度"的不同，会造成双方物质资源的不同，即"量"的不同。这就是"地生度，度生量"的学问。孙武认为，这种推导关系再延续下去，能推导出敌我军事实力的强弱，出现"称"的不同，最终决定战争的胜负。这就是"称生胜"。孙武指出了"地生度，度生量"的存在，但同时也反对根据简单的数量关系进行推断。这其中体现了辩证思想。古代也有关于"度"的学问，"度"就是"度地"，与舆地学有关的知识，包括兵要地理，都包含在其中。古代的舆地学，其中也有不少迷信思想。一旦沾染了这些，孙武都会坚决反对。

"不可取于鬼神"相对来说容易理解，强调的是和鬼神保持距离，不要搞封建迷信，彻底与兵阴阳家划清界限。所以，孙武是个无神论者。他在《孙子兵法·九地篇》中也主张"禁祥去疑"。对此，曹操注语说"禁妖祥之言，去疑惑之计"，也就是严令禁止占卜等迷信活动，必须消除谣言，以避免士卒产生疑惑。十三篇兵法中，关于反对鬼神和迷信思想，前后是一致的。

和"不可取于鬼神"保持一致的，还有"必取于人"，强调依靠间谍来获取情报。孙武在提出"三不可"之后，立即强调"必取于人"，前后主张非常一致且明确。

占卜和求神问鬼，其实是古代的传统。这一点，即便是被视为兵权谋鼻祖的吕牙，都不能免俗。

吕牙辅佐武王伐商之前，也曾经进行过占卜。当时，商朝已经逐渐衰落，不仅政治腐朽、社会危机四伏，而且经济凋敝、民生艰难。周朝经过太王、季历和文王的不断努力，已经积累了很好的基础，完成伐商重任的，是刚刚即位的周武王，吕牙则是他最重要的辅佐。

公元前1046年前后，周武王听说商朝的主力都在东南地区和东夷作战，他立即联合各路诸侯，对商朝的都城朝歌发起战略奇袭，牧野之战就这样爆发了。其实，在战争发起之前，周武王和吕牙使用龟甲进行了占卜，得到的并非吉兆。所以周武王犹豫了，担心会有不好的结果。这个时候，吕牙强烈建议出兵，认为占卜是不可靠的，不能太当真，周朝的军队代表上天的旨意，一定要出兵。此后，周朝的军队在路上还遇到了一些不吉利的兆头，比如河水泛滥、城墙崩塌、山体滑坡。但是，箭在弦上，不得不发，必须有此一战。周武王意志坚定，下令加快行军速度，出其不意地抵达朝歌附近的牧野地区。纣王不得不仓促应战，最终还是败下阵来，丢掉了江山。

这场战争不仅能很好地证明吕牙是唯物主义的军事家，同时也证明孙武提出"必取于人"的高明之处。孙武把这一点明确地写在自己的兵书中，而且是在两千五百多年前。在今天看来，我们周围有很多无神论者，这好像没什么了不起的，但在古代社会却非常难得。

当我们翻看漫长的古代军事史时会发现，在孙武之后的很多军事家，其实还是不能免俗的，清代学者总结古代兵家始终有"恒与术数相出入"①的习气，这样一对比，当然更能衬托出孙武的伟大和高明。这种唯物主义精神，是铸就其不朽历史地位的一个重要原因。

孙武不仅指出了人在情报工作中的重要作用，高度强调"必取于人"，同时也指出间谍行动应该找准方向找准人。

在《孙子兵法·用间篇》中，孙武强调，在派出间谍之前，一定要先找准方向。他指出："凡军之所欲击，城之所欲攻，人之所欲杀，必先知其守将、左右、谒者、门者、舍人之姓名，令吾间必索知之。"也就是说，对于要准备攻打的敌方军队，要准备攻占的敌方城池，要准备刺杀的敌方人员，都必须预先了解其主管将领、左右亲信、负责传达的官员、守门官吏和门客幕僚的姓名，一定要指派我方间谍将这些情况侦察清楚。在孙武看来，这些都是身处关键岗位的重要人物，因此也是刺探情报和拉拢策反的重点对象，因此一定要想方设法探知他们的具体姓名，再择机刺探情报，甚至不惜用重金予以拉拢和策反。

需要看到的是，孙武的这一主张，显然并非无源之水，而是对春秋之前情报工作的经验总结。据传夏朝末期，伊尹为了更多地掌握夏桀的兵力部署和防线调整情况，选定夏桀所宠信的妃子妺喜作为用间对象。孙武说"殷之兴也，伊挚在夏"，正是对这一间谍案例进行的总结，看出其中可资借鉴之处。

还有一个问题需要讨论，即只知道这些重要人物的姓名有没有用。对此，唐代的李筌注解说："知其姓名，则易取也。"在他看来，知道姓名就

① 《四库全书总目提要·子部》。

够了。仅仅知道姓名，至少有时候是管用的。楚汉相争时期，就可以找到这样的例证。

当时，看到已经归顺的魏王豹再次反叛，刘邦大怒，立刻下令发兵攻打。郦食其则希望利用他和魏王豹平时的交情，进行一番劝说。虽然郦食其口才出众，但是遭到魏王豹的拒绝。于是，他利用身在敌营的便利，认真搜集情报，打探到魏王豹手下主帅及骑兵、步兵将领的姓名，知道了他们的任命情况。刘邦得到这些情报后，便放心了。在他眼里，魏王豹任命的这些将领，要么乳臭未干，要么缺少指挥才能，根本无法和他手下的韩信、灌婴和曹参等人相提并论。随后刘邦便进行了有针对性的准备。韩信等人带领大军渡河，对魏王豹发起攻击，很快就把魏王豹打败。

从这个案例可以看出，在敌我双方决战时，有时候只要知道对方主将的姓名，就可以进行针对性部署。既然如此，保守军事机密也包括隐藏指挥官的姓名，长平之战就是这样。

起初，赵国由廉颇执掌帅印。廉颇根据秦强赵弱的形势，采取的是"凭借天险，固守不出"的策略。秦国利用赵国君臣在攻守问题上的分歧，使用了离间计，派人收买赵王的左右权臣，刻意离间赵王与廉颇的关系。他们在赵国四处散布谣言说："秦之所恶，独畏马服子赵括将耳。廉颇易与，且降矣。"①就是说，我们秦国怕的是赵括，不是廉颇。赵王本来就对廉颇心存不满，于是就用赵括替代了廉颇，对廉颇做"下岗处理"。虽然有很多人劝说，但都没用。赵王还是固执己见，任命赵括为将。

秦国的初步意图实现了，他们随即根据赵国的变化，及时重新部署，尤其是调整主将，骁勇善战的武安君白起被任命为上将军。秦国此次换将，进行了严格的保密，还下令说："令军中有敢泄武安君将者斩。"②这个白起，当然不是个寻常人物，号称"一代战神"，赵括根本就不是他的对手。结果，赵国四十万疲惫之师全部投降，随后几乎全部被坑杀。惨烈的长平之战，以秦国的获胜而告终。

从长平之战可以看出，秦国对主将的姓名进行了严格保密，可见关键

---

① 《史记·白起王翦列传》。

② 《史记·白起王翦列传》。

人物的姓名，其实也是非常重要的情报。

同样生活在唐代，杜佑的看法和李筌就很不一样。杜佑先是对"守将、左右"这些做了一番解释，然后接着强调"亦因此知敌之情"。很显然，他认为只知道姓名是不够的，接下来的行动，是要通过这些渠道探知敌情。宋代梅尧臣的看法和他类似。梅尧臣注解说："凡敌之左右前后之姓名，皆须审省，而令吾间先知，则吾间可行矣。"在这里，梅尧臣强调的是先知姓名，然后便"吾间可行"。知道姓名，就可以进行针对性的部署，然后我方间谍就可以出发，进一步搜集敌情。

从上面的比较可以看出，知道敌方关键人物的姓名固然非常重要，但情报工作却不能止步于此。孙武在《孙子兵法·用间篇》花费了很多笔墨，都是在探讨如何抓住时机使用间谍、搜集敌情。

总之，间谍行动需要找准方向，找准关键人，否则，就是在茫茫大海上开船，迷失方向就算了，还很容易葬身鱼腹。要走很多弯路，贻误战机，造成不必要的损失。找准方向，找准关键人，就可以派出间谍刺探敌情和进行策反拉拢，可以最大限度地降低战争损耗。

四、智商是基本要求

孙武认为使用间谍能够有效降低战争成本，因此他高度重视用间，希望通过间谍搜集情报，确保"先知后战"，打有准备的仗。当然，虽然孙武认为间谍可以降低战争成本，带来高效益的产出，但他对于间谍也有明确的要求，就是"上智"。只有上智之人，才能担负搜集情报的任务，才能充当间谍。

在《孙子兵法·用间篇》有这么一句话："故惟明君贤将，能以上智为间者，必成大功。"意思是说，明智的国君或者贤能的将帅，如果能够任用智慧高超的人充当间谍，就一定能够建立大功。而且，这是用兵的关键，所谓"兵之要"。整个军队都要依靠间谍所提供的敌情来策划决定军事行动。这就是"三军之所恃而动"的道理。

很显然，孙武将智慧过人作为间谍素质的一条要求，是有道理的。孙武抓住战争的基本特征，强调的是"兵以诈立"和"兵者诡道"。对于指挥员，也有五个基本素质的要求："智、信、仁、勇、严。"①从中不难看出，"智"被排在了第一位。在孙武看来，战争不仅仅是军事实力的对抗，同时也是指挥员智力的对抗。指挥战争需要依靠富有智慧的将领，他们要足够聪明才行，要善于使用和识破阴谋诡计。

既然如此，孙武提倡"上智为间"，便很好理解。它同样与"兵者诡道"的逻辑保持一致。间谍是战争的利器，更是打赢战争的法宝。在孙武看来，从前商朝之所以能够兴起，就在于伊尹曾经在夏朝担任间谍；周朝之所以能够兴起，就在于吕牙曾经在商朝担任间谍。这就是"昔殷之兴也，伊挚在夏；周之兴也，吕牙在殷"。伊尹和吕牙，当然是"上智之人"，尤其是吕牙，更是被视为军事权谋的鼻祖。孙武认为，能够像他们这样充满智慧，就能够取得成功。同样的道理，其他担负各类任务的间谍，也必须要有智力方面的优势。只有那些"上智"之人，才能担负行间的重任，才能成功搜集敌情，为战争决策起到辅助作用。

孙武不光对间谍有智力方面的要求，对于间谍的领导层也有相应要求，即"圣智""仁义""微妙"。在《孙子兵法·用间篇》中，孙武指出："非圣智不能用间，非仁义不能使间，非微妙不能得间之实。"在我看来，孙武所提要求既互相补充，又逐级叠加。"圣智"是基本要求，对间谍领导层的智力水平，给予了明确规定。不是才智超群的人，不能使用间谍。这不仅与前面所说的"上智"形成呼应，也与《孙子兵法·计篇》中对将帅智力的要求是一致的。聪明的间谍需要富有智慧的领导者。

关于"圣智"，有的版本只写作"圣"，但更多的版本写作"圣智"，意思是达到圣人那样的智力水平。宋代张预注解说"圣者则能知人"。知人很重要，知人才能善任。唐代杜牧对于"圣智"注解说："先量间者之性，诚实多智，然后可用之。"这就是说，要考察间谍的品质是不是诚实，是不是足够聪明，然后才好选用。这还是强调把智力水平高的人选拔出来，担负起刺探情报的任务。当然，对于诚实的要求，应该是杜牧加上去的，孙武原本没有强调这一点。对于间谍素质要求，孙武重点强调的是"智"。

孙武强调"智"，自有其理由。不强调诚实，也自有其道理。我们可

---

① 《孙子兵法·计篇》。

以举出战国时期张仪行间的案例作为例证。

战国时期，各路诸侯各显神通，围绕廓地争利发生了连绵不断的战争，规模越来越大，场面越来越凶残。与此同时，他们也都非常重视情报活动，重视使用间谍。在这个时期，纵横家经常参与情报活动，这是一个非常值得关注的现象。纵横家由于其活动特性，具有在多国活动的经历和机会，从而始终是情报战线的活跃分子，经常是既成了外交家，又成了大间谍，在历史上留下了一道非常独特的风景线，对于争霸战争也产生了重大影响。张仪、苏秦、公孙衍等，都是这样。

张仪是成就了秦国的纵横家。秦国在春秋时期只能算是一个"二流"大国，却在和东方六国的长期角力中取得胜利，最终完成统一大业。完成这一壮举，除了致力于发展经济和军事实力之外，在隐蔽战线，秦国也以舍得投入和善于拉拢著称，每每能取得意想不到的战果。张仪，就是秦国隐蔽战线的一位奇兵，正好体现了孙武所追求的"上智为间"。

张仪本是魏国人，但后来长期为秦国出谋划策，甚至亲自充当间谍，游说离间诸侯，推销他的连横之术，尤其是在瓦解齐楚同盟时，很好地发挥了他的"智术"和"间术"，为秦国各个击破六国创造了条件。

张仪年轻时就学到了很多纵横家的看家本领。但他前往楚国谋取功名时，被诬蔑偷东西，不幸遭到一顿毒打。张仪被打得奄奄一息，被人抬回家中，妻子悉心照料，他终于苏醒过来。醒来后的第一句话就是：我的舌头还在不在？妻子回答说：在。张仪说：那就好，我营生的资本还在！

张仪营生的资本可不只是舌头，还有他出众的情报分析能力、出众的欺骗术。听说秦国重用客卿，他便赶到秦国寻找机会，没想到真的就此迎来命运转机，秦惠王开始重用他。为了回报秦惠王，他回到自己的家乡，想要游说魏王投降秦国，一度得手。间谍身份被识破后，他逃回秦国，带领秦军又收拾了魏国一顿。可见在张仪身上，看不到忠诚。在他眼中，只有利益。

秦国的逐渐崛起使得齐、楚两国都感受到巨大压力。于是，他们试图以结盟的方式，对抗秦国。在这种情况下，张仪便再次赶赴楚国进行间谍活动，主要目的是离间齐、楚两国，不能让他们实现联盟。

张仪来到楚国之后，不惜重金收买了楚怀王的宠幸之臣靳尚，发展成为内应，通过他接近楚王。张仪对楚怀王说：如果楚国与齐国断交，秦国就将商於一带六百里土地割让给楚国。这样一来，楚国强了，齐国弱了，楚国也可与秦国交好。楚怀王被这"一计而三利俱至"的好事迷住了，对大臣们的劝阻置若罔闻，嚷嚷着要和齐国断交。于是，经过张仪的间谍活动，刚刚启动的齐楚联盟战略便立即宣告破灭。

楚怀王对张仪的话信以为真，便天真地派一名将军跟随张仪前往秦国收取土地。没想到张仪一回到秦国，便宣称自己骑马时不慎受伤，整整三个月不出家门。这让楚怀王非常焦急，但他仍抱有幻想，希望秦国将土地尽快割让给他。楚怀王以为秦国不信他与齐国断交，于是进一步与齐国交恶，以表示对秦国的诚意，好尽早获得土地。张仪用了欺骗术和拖延术，使得楚国的外交政策左摇右摆，进而与齐国全面交恶。秦国并不理会楚怀王的示好之举，趁机极力拉拢齐国，反倒是把楚国孤立起来了。

终于，张仪答应交给楚国土地了，只是这块土地不是六百里，而是六里。楚怀王一直眼巴巴地等着这块土地，没想到这块土地已经严重缩水。他听到张仪的答复后，大怒，下令派兵攻打秦国。但在这时，齐国已经与秦国结交，楚国处于孤立无援的状态，与秦国的战争也以失败告终。秦军一举占领汉中，再致力经营巴蜀，使得巴蜀和汉中连成一体。楚国对秦国的威胁也在很大程度上得以缓解。

张仪行间，其实主要是与楚怀王斗智。斗智的过程中，楚怀王像个弱智，张仪则是上智。张仪假装献地于楚，除了可以实现齐秦联盟，继续施行东进战略，还可以瓦解齐楚联盟，可谓一石二鸟。这种"诈楚"间谍行动的成功实施，不但依靠胆识，更依靠智谋。张仪显然对楚怀王进行过透彻的分析，知道"六百里土地"能勾起楚怀王的欲望，于是就拿来作为欺骗楚怀王的筹码，此后，他又巧妙地利用楚怀王急于得到土地的心理，很好地瓦解了齐楚联盟。

其实，张仪不仅在离间齐楚联盟的过程中展示过智慧，还经常在危难之中，甚至在生命受到严重威胁时能成功实现自保。说张仪智力过人，不仅是因为他脑子好使，还因为他善于对一国乃至多国的战略格局进行合理分析，准确地进行预判。他平时练就的出众口才和谋略能力，也是多次行间获得成功的重要因素。他有过人之处，也有担任间谍的超强素质。

从张仪身上，我们更多看到的只是智力，却没有看到杜牧说的那种诚实。至少是因为他的家国观念不强。纵横家大多都是这样，"朝秦暮楚"说的就是他们。早晨在秦国，为秦国卖命，晚上就到了楚国，和楚王谈起另外一桩生意。他们热衷于立功立名、追求富贵，却没有是非之见。因此在政治立场上，表现为"事无定主"。忠诚二字，显然与他们无关。但这不代表他们担任间谍时就无法完成搜集情报和瓦解敌军的任务。受利益驱使，他们也会为别国效命，出色地完成间谍任务。正是看到趋利之徒的这一本性，秦国以舍得投入和善于拉拢赢得了众多效命的人，从而最终在兼并战争中赢得胜利。

从张仪的间谍行动中可以看出，孙武突出强调"智"，没有提及"诚"，并非他说错了。在中国古代历史上，尤其是先秦时期，军事家可能更强调"智"。"诚"，则被摆在较为靠后的位置。当然，随着社会的发展，人们会越来越认识到"诚"，尤其是忠诚对于完成间谍任务的重要性。在特定时期和特定环境之下，人们都会突出强调"忠诚"的重要性。一旦丧失忠诚的信念，间谍很可能会丧失立场、没了节操，甚至会干出卖国求荣的事，这就会带来致命危险。随着时代的发展，间谍理论也在不断完善，不会停留在孙武时期止步不前。

孙武强调的"上智为间"，并非在任何时代、任何场合都适用。智力不够的蠢人，也能担负间谍任务，甚至能取得惊人战果。第二次世界大战时期苏联的著名间谍罗伯特·约翰逊就是一个很好的例证。

二十世纪六十年代，苏联克格勃曾打入美国驻欧洲军事信使中心，成功窃取了大量绝密情报，完成这一任务的罗伯特·约翰逊就是一位智商不高的特工。约翰逊起初在美国陆军服役，因为想出人头地，就主动投靠克格勃。但是，克格勃立即发现他的智商堪忧，明显低于常人，而且反应呆滞，并不看好他。一位化名波拉的克格勃工作人员对他进行过训练。面对弱智的约翰逊，波拉有时候不得不像一个凶猛的驯兽师。一旦约翰逊按照要求完成训练任务，就会得到奖励。如果偏离训示，就会得到惩戒。完成基本的训练之后，约翰逊来到柏林司令部情报科任职。虽然约翰逊有很大的工作热情，但他不懂得如何选择，只把一大堆没用的文件带回家拍照。克格勃对这些毫无用处的材料感到很伤脑筋，只能命令约翰逊停止这些无效劳动。

有一次，约翰逊拍了一张驻东德的苏军部署地图，还当成重要情报而扬扬得意。看着眼前这个活宝，波拉非常无奈地回复道："说实在的，我们并不需要靠一幅美国地图来了解我们自己的军事部署！"

约翰逊不仅智商堪忧，而且贪得无厌、胆大妄为，间谍生涯只得暂时以失败告终。没想到，此后他生活拮据，直到揭不开锅时，克格勃给他送钱来了，希望他能搜集一些有关美军导弹方面的情报。当然，克格勃还是不看好约翰逊的能力，只要他能够靠近目标，拍到装备或文件的照片就满足了。

让克格勃感到庆幸的是，约翰逊被分配到加利福尼亚州的某导弹基地当了卫兵。此后数年，约翰逊常常会提供一些导弹图片，还成功地使用虹吸管搞到了一点火箭燃料的样品。后来，约翰逊被派往得克萨斯州，仍然能继续搜集导弹方面的情报，提供给克格勃的交通员。

约翰逊到了北约在巴黎郊区的一个信使中心之后，其特工生涯真正达到了高峰。在这个中心，美国存放了大量核心军事机密和外交机密。从华盛顿发往北约以及驻欧美军司令部、地中海第六舰队的重要文件、密码本等，都要先送到这里，再分类进行发送。这个中心，其实就是一个中转站。从欧洲各地发出来的绝密文件也都从这里发往华盛顿。约翰逊在这里当了卫兵。此后，他利用粉刷墙壁的机会，对信使中心进行了逐寸检查，搞清了报警装置的设置情况，包括保密室钥匙的印模、重要密码等，也都被他成功获取。有一次，利用值夜班的机会，约翰逊悄悄地把保密柜打开，取走文件交给专人拍照，然后再不留痕迹地放回原处。很显然，约翰逊从中窃取的文件价值无法估量，而他也一跃而成为克格勃的红人。后来，约翰逊的间谍身份还是因为并不和睦的家庭关系而暴露。他被自己的妻子揭发，美国人这才发现克格勃居然在他们的紧要之所，安插了如此"一流"的间谍。美国人追悔莫及，国防部发言人说："我们的损失是巨大的，其中有些是无法弥补和精确计算的。"

我们不禁要问，如此低智商的约翰逊，凭什么能成为"一流"间谍？

有意思的是，堪忧的智力，也恰恰成为约翰逊最好的保护伞。所有人大概都不会想到，这个活宝级别的普通卫兵，居然成为窃取军事机密的高手。克格勃考虑到约翰逊的智力不高，容易忘事，所以曾对他反复进行过模拟训练，不断强化他的记忆。

智商不高的约翰逊，意外有着好运气，即便有失误，也能化险为夷。甚至克格勃一度都以为他出事了，已经紧急撤离所有相关人员，后来才发现是虚惊一场。也许正是多重因素的结合，造就了约翰逊"一流"的窃取情报的能力。

既然如此，孙武说"上智为间"，难道是说错了吗？怕是不能这么认为。约翰逊能成为惊天大间谍，终究还是个案，何况其中有一些偶然因素。使用智力超群的人充当间谍，更有普遍意义。当然，即便是偶发的个案，我们也必须要给予充分的重视。孙武的间谍理论固然高妙，有实用价值，但一定不能照搬照抄，否则就会耽误事。

事实上，就孙武"上智为间"的说法，历史上也有若干修订和补充。比如南宋华岳在《翠微先生北征录》中就提出了"豪杰为间"的主张，这应该是对孙武单纯强调智力因素的补充。华岳在书中还将相关论题设为专门章节，给予高度重视。简单说来，"豪杰为间"更强调了间谍的胆气。因为有胆气，间谍才敢于慷慨赴死，即使是面对死亡的威胁，也不会变节。所以，"豪杰为间"这一观点的提出也很有意义，华岳也是受到了孙武的启发。

五、五间俱起，多路出击

孙武对于间谍有智力上的要求，认为只有"上智"之人才能担任间谍，即所谓"上智为间"。不仅如此，他对间谍的运用也有较为系统的总结，可以概括为"五间俱起"。这是什么意思，实际运用时应注意什么呢？

间谍可以分很多种，孙武根据他的积累和考察，认为间谍分为五种，分别是：乡间、内间、反间、死间和生间。其中，乡间，原文有写作"因间"。但是，写成"因间"，应该是写错了。这一点前人早就指出过。因为后面还有一句解释："因其乡人而用之。"所以，应该是"乡间"才对。大概是抄写的时候出错了。古书的流传，在很长时间之内是靠抄写实现的，很容易出错。

孙武说："五间俱起，莫知其道，是谓神纪，人君之宝也。"在他看来，如果这五种间谍能同时使用，就可以让敌人对我方的间谍行动摸不着头脑，手足无措。这就是神妙莫测的用间术，同时也是国君克敌制胜的重要法宝。

在《孙子兵法·用间篇》中，孙武对每一种间谍，都有一句解释，分别如下：

> 因（乡）间者，因其乡人而用之。
>
> 内间者，因其官人而用之。
>
> 反间者，因其敌间而用之。
>
> 死间者，为诳事于外，令吾间知之，而传于敌间也。
>
> 生间者，反报也。

所谓乡间，就是利用敌国的乡人充当间谍；所谓内间，就是利用敌国的官吏充当间谍；所谓反间，就是努力将敌国的间谍策反为我方间谍；所谓死间，就是故意制造假情报，并在外面大肆张扬，让潜伏在敌人内部的我方间谍知道，进而传给敌间，一旦事情败露，我间难免一死；所谓生间，就是潜入敌国侦察后，还能活着返回报告敌情的人。

关于"死间"，需要多说几句。制造假情报并大肆宣扬，再通过潜伏在敌人内部的我方间谍传给敌间，这个过程也稍显费解。既然是"诳事于外"，深潜于敌方的我方间谍都可以得知，敌间自然也可知悉，怕是不用通过我方间谍完成信息传递。接下来孙武还是有类似说明："死间为诳事，可使告敌。"也许在孙武看来，这种信息传递完成之后，潜伏的深间就会因为身份暴露而被杀死，故称"死间"。相比之下，日本樱田本对于"死间"的定义相对简明："死间者，委敌也。"性命丢弃了，就是死间。对比"生间"的定义，可以明显看出二者相对成文，有一定的合理性。

孙武对间谍进行分类，对各种间谍现象进行考察，对间谍所能起到的作用也有初步总结。考察古代间谍活动实践，可以看出，孙武的用间理论并非无源之水，它明显是古代间谍活动实践的产物。尤其是到了列国分治的春秋时期，丰富的间谍活动对孙武写作《孙子兵法·用间篇》起到了催化作用。在《孙子兵法·用间篇》中，伊尹和吕牙都有成功的经验，都有出色的用间谋略。这些都不可避免地会对孙武产生重要影响。大量间谍行动的成功，提示孙武应该更加重视情报工作，更加重视间谍的使用。他对间谍地位和作用的认识也就此变得更加明晰起来，故而呼吁明君贤将要努力"以上智为间"。他相信这种举动"必成大功"，能够帮助战争获胜。

孙武所总结的各类间谍及其所起作用，相信在春秋时期或者更早之前，都能找到鲜明的例证，只是因为时光久远，史籍的大量丢失，今天已经没有办法——找到或核实。但是，我们从现在所能看到的众多间谍案中，能看出孙武的总结确有道理。如果使用得当，各种间谍都可以发挥作用。

先来看看乡间，隋唐时期的安兴贵就是很好的例证。因为他出色的间谍行动，成功地帮助李渊父子平定叛乱。

当时，李渊虽然在群雄争霸的格局中占得先机，建立了新政权，但其他各路诸侯并不甘心，一旦得到机会便纷纷举起反唐大旗，李渊的处境非常险恶。尤其是李轨在武威起兵，自称河西大凉王，在西北方向对李渊构成严重威胁。李渊一度想安抚和册封李轨，但李轨不听话，反倒公然称帝，并迅速出兵占据张掖、敦煌等河西之地。李渊非常愤怒，但是如何解决，倒真的成了一时之难题。他虽然很想用武力方式平定叛乱，可面对众多劲敌，根本无法腾出手来。何况李轨兵多将广，并不容易战胜。

正当李渊陷入一筹莫展之际，一个叫安兴贵的凉州富豪帮了他大忙。安兴贵出生在凉州的一个大家族，在这个大家族中，有很多人半官半商，在当地很有声望。安兴贵的家境也颇为殷实，他本人就是富甲一方的大商人，在当地颇有号召力。他的弟弟安修仁还在李轨手下任职，一直很受器重，手中握有重权。因为有这些资本，安兴贵决定只身前往凉州游说李轨，对他晓以利害，争取劝他早日归降。

李轨本以为安兴贵是来投靠自己的，大喜过望，当即任命他为大将军。在取得李轨的信任后，安兴贵对李轨发出了试探，劝他将河西之地献给李渊，既可以实现自保，也可以有享用不尽的荣华富贵。没想到李轨勃然大怒，怒斥安兴贵是劝降的说客。安兴贵见状，赶忙跪地谢罪，躲过了一次杀身大祸。与此同时，他意识到劝降已经是一项不可能完成的任务了，只能另寻其他办法。

一天晚上，安兴贵找到弟弟安修仁，二人经过一番密谋之后，悄悄地溜出武威城，试图寻找帮手。凭着他们兄弟俩在凉州一带的影响力，很快就找到一帮援兵。当地胡人愿意出兵协助他们捉拿李轨。

这天夜里，李轨还在睡梦之中，一哨兵马突然杀到武威城下，令李轨猝不及防，只得率领少数兵马出城迎战，结果被打得大败，只好狼狈退回城里，坚守不出。安兴贵一边指挥军队将武威城团团围困，一边大声喊道："如果有人胆敢帮助李轨，我一定会屠其三族！"安氏兄弟在凉州一带颇有人缘，城中军民纷纷弃李轨而去。眼见大势已去，李轨灰心丧气。安兴贵则指挥军队趁机杀进城中，一举捕获李轨父子。

安兴贵之所以能够单枪匹马，敢于通过游说用间的方式挑战看似不可能完成的任务，一方面与他过人的胆识有着直接关系，另一方面也因为他在凉州有很好的根基。《李卫公兵法》评价安兴贵行间："有因其邑人，使潜伺察而致词焉。"这其实正是孙武所说的"乡间"。因为对当地的地理环境和风土人情非常熟悉，安兴贵有行间的基础。

即便在今天的战争中，重视当地的乡导，依靠他们搜集情报，仍然是必要手段。孙武总结"五间"，同时又把"乡间"排在首位，自有他的道理。

内间也很重要。按照孙武的总结，内间是"因其官人而用之"，即把对方的官吏拉拢过来充当间谍。作为官吏，自然有机会接触军事机密。一旦能成为我方间谍，就能提供有价值的情报，能起到事半功倍的效果。

春秋末期有一位著名内间，名叫伯嚭，被越国拉拢后，对吴越争霸战争产生了重要影响。提起他，我们必须先说一下勾践。

春秋时期，晋楚争霸是主旋律，吴越争霸则是春秋晚期争霸战争的主旋律。吴、越两国之间有国恨，也有家仇，双方争霸战争的情节曲折跌宕，结果耐人寻味。在这场争霸战争中，间谍战起了重要作用，越王勾践甚至亲自充当起了间谍。

越王勾践早早就显露出出色的军事指挥才能，曾经把吴王阖闾击败。阖闾在战争中身负重伤，死在回国的路上。但是，等夫差即位后，又发动倾国之兵，打败了越国。越国损失惨重，为了避免亡国灭种，勾践采纳文种"卑辞厚礼"、委屈求和的建议，低声下气地向夫差请罪：我勾践愿为吴王臣仆，夫人可为吴王奴妾，大夫、国士以及其妻女都心甘情愿地为吴王服役，越国的宝器珍藏也可以尽数献给吴王。

夫差打算答应，伍子胥站出来劝阻。伍子胥认为，必须趁机将越国彻底剿灭。夫差犹豫不决，见此情形，勾践加紧挑选美女和珍宝进献，同时重金收买了吴太宰伯嚭，将他发展成为内间，立即改变了危险局势。

伯嚭和伍子胥一样，都是楚国人，都是背负着深仇大恨远走他乡。老乡见老乡，并不都是两眼泪汪汪，偶尔也会背后来一枪。勾践深知，伯嚭虽然在吴国深得信任，做了高官，但只是一只寄居蟹，对吴国并没有什么深厚感情，而且生性贪婪，正好可以诱之以利。事实正如他所料，由于文种的出色运作，伯嚭果然被成功收买，并在关键时刻解救了勾践。

由于伯嚭的引见，文种得以拜见吴王夫差。在夫差面前，他一面是奉承，一面是威胁，软硬兼施。文种对夫差说："越军战斗力尚存，非得争斗下去，谁胜谁负也未可知，即便吴军幸运获胜，最后也必然是损失惨重，得不偿失。"

伯嚭抓住机会劝说夫差："越国已经臣服，赦免勾践则可以尽得越国宝物，这显然对吴国非常有利。"骄傲自满的夫差随即同意议和，并释放了勾践。伍子胥在得知这一消息后，长叹一声道："这是养虎贻患，越国将会发展国力，训练军民，二十年之后，吴国就会变成废墟了！"

勾践的卑微令夫差的虚荣心得到极大满足。但是，伍子胥在得知勾践要入吴称臣后，立即提出反对意见，知道这是个阴谋。他极力劝说夫差抓紧时间杀掉勾践，以绝后患。伍子胥的劝谏一度让夫差产生动摇。但就在这时，内间伯嚭又起到了关键作用。伯嚭对夫差说："伍子胥只是明于一时之计，并不懂什么安国之道。"夫差又一次听从伯嚭的意见，没有杀掉勾践。

勾践很清楚，对吴国兴盛起关键作用的人物是伍子胥。伍子胥一日不除，灭吴大业便无从实现。于是，他便同范蠡、文种密谋，计划用离间计除掉伍子胥。

这个伍子胥也不知道看看形势，还是热衷于劝阻夫差。夫差想干什么，他都拦着，迟早会让夫差不高兴。比如，夫差听说齐景公病死，就想出兵攻打齐国。伍子胥担心越国会趁机发难，又一次进行劝阻。但是，这一次夫差是得胜归来，充满自得之情。伍子胥不懂政治，不知道上前祝贺，反而泼来满盆的冷水，这自然让夫差非常愤怒，不仅对伍子胥失去信任，而且二人的关系越来越冷淡。等之后夫差再次计划出兵时，伍子胥还是劝阻。他对夫差说："越国才是吴国的心腹大患。至于齐国，即便是拿下了，也像是一块不能耕种的石田，对吴国没有一点用处。"

对此，夫差还是听不进去。不但听不进去，还派伍子胥出使齐国。伍子胥非常失望，便借出使之机，把儿子托付给齐国。

伍子胥可谓聪明一世，糊涂一时。儿子在齐国，自己在吴国做裸官，这显然会留下把柄，对自己非常不利。

此时，勾践继续用重金贿赂伯嚭，伯嚭则趁机在夫差面前极力诋毁伍子胥。从《史记·伍子胥列传》中可以看到，伯嚭的这番挑拨离间之词极有分量，其中包括三项内容：其一是攻击伍子胥的人品。伯嚭和伍子胥同为楚国人，对伍子胥非常了解。他对伍子胥的攻讦，夫差很难不信。其二是离间夫差与伍子胥的君臣关系。夫差伐齐成功，伍子胥不但不高兴，反倒心生怨恨之情，这特别容易让夫差恼怒。其三是伍子胥的儿子在敌国，这种安排让夫差更加不满。

所以，伯嚭的离间计很容易取得成功。夫差听了伯嚭这番话后，赐剑给伍子胥，命其自杀。可怜一代名将伍子胥，就这样被逼死。临死之前，伍子胥说："你们一定要把我的眼睛挂在东门城楼，我要亲眼看到越国军队从那里进来，灭掉吴国。"夫差听了这些话后，勃然大怒，命人将伍子胥的尸体包裹起来，扔进江里。

公元前 473 年，勾践对吴国发动进攻，并一举攻入吴国都城。夫差先是求和，却遭到勾践的断然拒绝，最终被迫自杀。之后，勾践继续挥师北上，与齐、晋等诸侯相会于徐州，成了春秋时期的最后一位霸主。

伍子胥之死令人扼腕叹息，与伯嚭这个内间有很大的关系。可以说，间谍战在一定程度上改变了吴越争霸的局势。孙武说，"因其官人而用之"，越国正是看到伯嚭可以利用，便抓住机会，将他发展成为内间，不仅借机除掉了伍子胥，还大量搜集了吴国的军政情报，从而为此后的复仇之战奠定了良好的基础。

说完乡间和内间之后，就该说反间了。针对反间，孙武有更为突出的强调，甚至指出"反间不可不厚也"。不仅强调了它的重要性，而且对如何组织实施也有初步探讨。所以关于反间，会在后面专门进行讨论。

所谓"五间俱起"，是间谍的使用方法，强调"俱"，也自有其道理。孙武固然是将"五间俱起"视为重要的情报获取途径，但不一定要同时展开。安兴贵作为乡间，伯嚭作为内间，在单独施展才能时，也都起到了重要作用。

既然如此，孙武为什么还要强调"五间俱起"呢？他说："五间俱起，莫知其道，是谓神纪，人君之宝也。"真有这么神奇吗？

孙武强调"俱起"，应该也是强调派出时间的一致性。这可能正是孙武使用间谍的一个重要原则，而且这样的方式，确实很有好处。首先，可以在最大程度上实现情报搜集渠道的拓展；其次，可以对派出的间谍，尤其是他们所搜集的各类情报进行相互验证；最后，可以防止所派间谍通过炮制假情报邀功求赏，或是对己方的战争决策起到负面作用。

因此，孙武强调"五间俱起"很有必要，这是间谍战的重要实施方法。

关于"五间俱起"，还有一种声音说，孙武对间谍进行了科学分类。这种说法不能算对。

在我看来，孙武对于间谍的分类其实是比较粗糙的。如果细究起来，这"五分法"并不符合现代逻辑学的标准，因为其中采用了多个标准，也就此造成各子项内涵交叉的情况。比如，以"其"字为标志，这"五间"似可分为敌、我两方：有"其"字的三者，是就敌方而言的，无论是"乡间""内间"，还是"反间"，都是从敌方拉拢或收买的；没有"其"字的二者，无论是"死间"，还是"生间"，都由己方派出。这其实只是分类标准之一。

从"五间"之中，还可以看到其他分类标准，比如"乡间""内间""反间"似乎是依据身份地位而分；"死间""生间"显然是依据间谍生存状况而分。再者，"反间"似乎也可以包含"乡间""内间"。

因此，虽说只有"五间"，但多重标准的出现，必然会造成各子项目之间的重叠和交叉。所以，我认为，孙武划分的"五间"，就分类学而言，只能算是一种粗浅的尝试。如果以现代逻辑学的分类标准来衡量，则非常值得商榷。如果盛赞"科学"云云，就更不应该了。

虽说孙武的分类并不周延，但他的分类法在历史上已经产生了深远影响。人们采用孙武的标准，对一些著名间谍进行归类，往往也会出现各式困难。唐代李靖曾将间谍分为八类："间其君、间其亲、间其贤、间其能、间其助、间其邻好、间其左右、间其纵横者。"①这种分类法持单一标准，只就用间对象进行了分类。但较孙武的分类法也有了很大进步。

孙武的用间理论，在历史上产生了重要影响。乃至清代朱逢甲在撰写《间书》时，在分类法上完全因袭孙武，上述混乱也被继承了下来。

总之，孙武对间谍的分类，虽说存在缺陷，但也非常值得重视。而且，孙武在"五间"之中，又有所偏重，最为重视的，其实是"反间"。他认为："五间之事，主必知之，知之必在反间，故反间不可不厚也。""反间"策略应该如何实施，为什么孙武给予其重视呢？

六、重视反间，因势利导

关于"反间"，孙武做了一个关于内涵的界定："反间者，因其敌间而用之。"意思是，要努力将敌方的间谍发展成为我方的间谍，或者是巧妙地为我所用。这只是在概念上做了一个界定，至于具体怎么实施，孙武在后面还有进一步的论述。

孙武指出："必索敌人之间来间我者，因而利之，导而舍之，故反间可得而用之。"②这句话很重要，也很值得玩味。"反间"策略究竟该如何实施，这句话做了较为详细的阐释。

具体地说，"反间"策略的实施共包含四个步骤，即"索""利""导""舍"。这四个步骤，缺一不可，而且环环相扣。

第一步，"索敌人之间"。这其实是发现和抓捕敌方间谍的过程。这项工作必须要做得非常细致、非常扎实才行。因为这项工作是实施"反间"策略的一个前提，而且往往需要打持久战，需要经过长期的准备、检查和

---

① 《通典》卷一五一。

② 《孙子兵法·用间篇》。

摸排工作。具体来说，比如设点对来往人员进行检查，通过控制人员流动或者人员甄别等手段发现可疑人员，再通过进一步的审讯和调查来锁定目标。必要时还需要展开一些渗透工作，否则无法将可疑人员坐实。总之，只有通过大量扎实的准备工作，才能准确找到敌方所派间谍。

第二步，"因而利之"。意思就是对敌方间谍进行实质意义上的策反，尤其是需要注意给予敌方间谍必要的物质刺激，给予敌方间谍足够的奖励。孙武主张厚待间谍，在策反敌方间谍之时更要拿出最优厚的待遇，故而会说"反间不可不厚"。在他看来，大概只有通过重金诱惑，才能使得敌方间谍发生思想信念上的动摇，转而为我所用。

第三步，"导"。"导而舍之"这句话，需要一分为二，分为"导"和"舍"两步。为什么需要"导"呢？因为有时候仅仅依靠物质和利益并不能打动敌方有忠诚信念的间谍。比如说，电视剧《潜伏》中有个叫李崖的人，他始终忠于国民党，认为自己是在为国效忠，其实是愚忠。对于这样的间谍，大概更需要多从思想层面展开攻势，促使其转换门庭。如果对方还是冥顽不化、无可救药，就只能放弃。"导"的存在确有必要，《潜伏》中的男一号余则成，其实也是"导"的结果，他从军统特务转变为我方间谍，成为地下党，其实是思想教育的结果，并不是物质诱惑的作用。孙武虽然给了我们明晰的程序设计，但在具体运用时一定不能过于拘泥，必须知道因势利导。

最后一步，"舍"。这就是说，在赋予敌方间谍全新的使命之后，要找个合适的时间和机会将其释放，然后就静等他去搜集敌情。间谍在经过新的培训之后，如同我方所派出的间谍，会担负起重任。这里的"舍"，意思应该是释放或放行，不是住宿的意思。

表面上看，"舍"似乎很容易，把间谍放掉就行了，其实不是。释放的时机和场合等，同样非常重要。这样的"反间"，等于是重新派遣，一定要讲究一点间谍派遣之法，不能稀里糊涂地就派出去。一旦露出马脚，就会前功尽弃。

孙武对于"反间"的设计，更能看出他用间思想的高明之处。孙武重视用间，又格外重视"反间"，也许是因为以人力情报为主的间谍活动，在古代社会是获取敌情最主要的手段。重视"反间"，不仅能够有效防止敌方间谍的渗透和窃取情报，构筑坚实的反情报体系，同时还可以因势利导，及时搜集到对手的重要情报。因为有"反间"的加入，可以有机会掌握敌方的间谍活动。

孙武的"反间"理论，虽说写成于两千多年前的春秋时期，但他所设计的基本模式，在现代情报战中仍然是可以适用的。现代间谍战中关于"反间"的运作模式，仍然逃不出孙武的主张。

第二次世界大战期间，盟军之所以能取得胜利，情报战线也立下了汗马功劳。其中，阿瑟·欧文斯、武尔夫·施密特等德国间谍都被成功地策反，在关键时刻立下了战功。

在第二次世界大战爆发前后，德军先后在英国安插了两百多名间谍。他们以各种身份作为掩护，四处搜集情报。不过，英国很快采取措施，控制住了不可靠人士，德国精心布置的间谍网遭到了毁灭性打击，不少特工落入英国安全机构手中。有的德国间谍，在抵达英国数小时之后就被悄悄逮捕。如何处理这些派往英国的间谍，显然是一门学问。如果迅速处死，就没有什么意义了。希特勒手下有的是人，还会再派。但是，如果有计划地对其进行拉拢和策反，利用他们来传递假情报，对德军的作战行动进行误导，就一定可以取得意想不到的效果。

英国人很快就发现，派往英国的这些间谍中，有些人并不愿意为纳粹德国尽忠。他们有的贪生怕死，有的贪图物质享受，有的则憎恨法西斯主义。如果能利用人性的弱点，使得他们改换门庭，就一定会有重大收获。于是，英国人此后一直致力于构筑一个情报欺骗之网，而且取了一个好听的名字：双十体系。

阿瑟·欧文斯便是英国人在"双十体系"中布下的第一个棋子。他本是一家公司的电机工程师，由于天生贪财，就干起了间谍的行当，为英国海军部搜集一些技术情报。但是，英国海军部给的钱太少，他开始尝试同德国人进行接触，直至成为德军谍报局的一名特务。

利用欧文斯来到欧洲大陆的机会，德国人把他送到汉堡进行培训，教他如何安装和使用发报机，没想到欧文斯一回到英国，就迅速落入英国军情五处的手中。在监狱里，欧文斯交代了他与德军的联系方式等，军情五处同意保证他的生命安全，但也提出了条件，要求他继续跟德国人保持联系，同时也要向英国提供情报，汇报自己的行动。就这样，欧文斯成了一名双重间谍。

欧文斯一开始固然是为英国服务，但他后来成为德国的间谍，在被策反后，又为英国军情五处效命，这其实是英国完成了一个"反间"的过程。孙武所说的"因而利之，导而舍之"，在他身上有很好的运用。英国人的因势利导，收到了回报。

英国人的"反间"计划并未就此结束。此后，在欧文斯的帮助之下，德军谍报局的特工武尔夫·施密特也被英国人成功策反。

施密特乘坐战斗机飞到英国，尽管他小心翼翼，但很快还是被国民自卫队发现，随即就落到军情五处手里。这名德国间谍就此转变成英国间谍塔特。

当然，整个过程也并不是非常轻松，"导而舍之"的过程并不容易。要把经过德国人培训的间谍策反，绝非易事。尤其是英国人要抓紧时间，因为如果派出的间谍三天之内没和总部建立联系，德国那边会将他的信息注销，认为他已经阵亡或是被俘。

施密特到达目的地之后，没有遇到接应的人，就已经开始怀疑上司欺骗了他。欧文斯所提供的情报，也在很大程度上帮助了审讯专家，让他们有机会攻破施密特的心理防线。由于基本情况已被掌握，施密特编造的谎言都被一一识破，这令施密特非常震惊。施密特性格坚强，受过良好教育，也颇为自傲，审讯专家更认定他是可以发展的对象，很有利用价值。不久之后，他们也发现施密特的内心已受挫折，容易发火，情绪低落。施密特越来越相信，是他的同行出卖了他，谎言被一一戳穿，他已经显得坐立不安。他也明白，虽说英国人目前对自己还非常客气，但是，一旦他们失去耐心，自己便会被绞死。

其实，审讯专家也已经筋疲力尽，但是努力终于得到回报。施密特对他们确实已经产生好感，而且施密特也发现，自己的爱国热情被纳粹德国利用了。因此，施密特愿意和英国人展开合作。施密特交代了他来英国的目的，英国间谍塔特就此诞生。此后，为了进一步实现怀柔和安抚的目的，罗伯逊上校经常会把施密特带到家里，和自己的家人一起生活，始终像对待朋友一样对待施密特，让他感觉到温暖和诚意。当然，施密特初期发电报回德国时，还是会受到监控，特工和无线电专家在旁边看着，防止他在电文中动手脚。

渐渐地，施密特成为英国"双十委员会"的一张王牌，也在情报欺骗中发挥了重要作用。在诺曼底登陆之前，施密特向德军报告，盟军主攻方向已经选定加莱，美国第一集团军也在集结待命，准备开往加莱港口。施密特提供的这份假情报让德军最高统帅部大感欣慰。因为它和别的间谍所传递回来的情报，能够互相印证。德军对那些多途径获得的虚假情报进行分析，认为盟军确实会在加莱地区登陆。孙武说的"五间俱起"，可以完成对情报的印证，德军这边对欧文斯和施密特这样的间谍，是很难不信的。但是德军却恰好被这种互相印证所误导，他们派出的间谍已经被英国人策反，一直在为英国人和盟军服务，帮他们传递假情报。至于无线电方面，也被盟军所诱导和压制。欧文斯和施密特，则是这一系列情报欺骗中的重要一环。他们所传递的假情报，一度令德军乐观地认为："这份情报简直可以决定战争的命运！"这份情报确实改变了德军的命运，只不过没有朝着他们所期待的方向发展，而是朝着相反的方向滑去。

总结起来，欧文斯和施密特先后成为"反间"，都对改变第二次世界大战的进程贡献了力量，但是英国人在其中采取的手段是不尽相同的。对于贪财的欧文斯来说，更多是使用了"因而利之"的手段。对于施密特，则更多采用的是"导而舍之"的手段。这说明，孙武虽然就"反间"的运用设定了具有一定可操作性的程序，但具体实施起来，并不一定要拘泥于此，而是要灵活掌握，懂得变通。

不管如何，"反间"的作用和威力，应该是得到公认的。孙武重视使用间谍，是出于搜集情报的考虑，重视反间，同样也是出于刺探敌情的考虑。在科技相对落后的古代社会，搜集情报大多依靠人力，但是要想真正把间谍派到对方的要害部位，不是一件容易的事情。有时候，派出的间谍千辛万苦搜集到的一些情报，很难得到验证。真正核心的军事机密，其实不好搜集。"反间"的运用就不一样，一旦有机会遇到一个可以发展为"反间"的对象，那就一定要好好珍惜他。不为别的，只因为他是对方核心部门派出来的，所以也知道对方的核心机密。因此，可以顺藤摸瓜，找到对方派出的其他间谍，而且还能知道对方的战争决策层需要什么样的情报。既然如此，利用"反间"，就可以实施情报欺骗。孙武特别重视"反间"的运用，其实就是这个原因。

事实上，孙武重视"反间"，固然与当时的社会历史条件有关，但更多的目的还是在于搜集敌情。随着时代的变化和科技的发展，"反间"的运用仍然值得重视。第二次世界大战期间英国策反欧文斯和施密特的案例就可以说明，"反间"在现代战争环境下，仍然值得重视。

孙武说"反间不可不厚"，主张对间谍使用厚赏的策略，或者是引导的策略，要么是"因而利之"，要么是"导而舍之"，或者把这两种方法合并，既"因而利之"，同时也"导而舍之"。是不是只有这三种方法呢？也不是，不能绝对化。宋代名将岳飞除掉刘豫，也是巧妙利用对方的间谍，但他其实并没有花费成本，既没有"因而利之"，也没有"导而舍之"。那么，他使用了什么方法，效果如何呢？

提到岳飞，大家都知道他是抗金名将，其实他也是用间高手。与金兵对抗的过程中，他也非常善于用间。当时，金兵为了更好地控制中原局势，在大名府（今河北大名县东南）扶植成立了一个傀儡政权——大齐，宋朝投降官员刘豫做了皇帝。此后，刘豫多次配合金兵南下，成为帮凶。岳飞一直希望除掉刘豫的伪政权，但也苦于机会难寻。

正在此时，宋兵抓到了一名完颜宗弼（金朝皇子）派来的间谍。看到这名间谍，岳飞灵机一动，当即决定假装喝醉酒，利用这名间谍施行反间计。明明是金兵的间谍，岳飞却故意将他错认作是自己派出去的间谍，严厉地呵斥道："你不是我们军中的张斌吗？前些天我派你送信给刘豫，要他设法把完颜宗弼引诱出来。不料你竟然一去不回，我只好又重新派人，好不容易才联系上刘豫。现在刘豫已经答应冬天把完颜宗弼引诱到清河一带，好和我共同发起夹击。你为什么不把信送到，擅自违抗军令呢？"这个间谍非常害怕岳飞会杀死他，听了这些话，只好来个顺水推舟，干脆就以张斌的身份承认了违抗军令的罪过。岳飞看到他已上当，便命令他再去给刘豫送信，商讨夹击金兵的策略。岳飞非常严厉地对间谍说："暂时饶你不死，但这一次，你一定要把这封信按时送到，否则一定被斩首。"

金兵间谍自以为既保住了性命，又意外得到重要情报，内心不禁狂喜。等他逃回金国，立即就将密信献给完颜宗弼。完颜宗弼打开书信，勃然大怒，立即报告金熙宗。完颜宗弼本来就不喜欢刘豫，这次正好找到了杀人借口。很快，刘豫就因为通敌之罪被处死。

错认金兵间谍，利用他巧妙传递伪造的书信，岳飞的这出反间计，固然是灵机一动的即兴发挥，实则也与他长期关注并深入分析战争局势有着直接联系。岳飞的胆大心细和过人胆识，体现得淋漓尽致。他既没有"因而利之"，也没有"导而舍之"，却将反间计运用得炉火纯青。这正是"运用之妙，存乎一心"的道理，也说明运用孙武的用间原理时，一定不能拘泥。

另外还要关注的是，孙武重视"反间"，固然是为了搜集情报，尤其是为了搜集敌方的核心情报。同时，这也会对保护己方军事机密有作用。"反间"在运用过程中，包含了从侦察到欺骗的连贯过程。通过"反间"的运用，可以巧妙地将真实情报与误导性情报混杂在一起提供给敌方，这就可以有效地误导敌方，对粉碎敌方的情报活动也能起到积极作用。如果能提早查明敌方的情报活动，就可以将他们的种种企图扼杀于摇篮之中，及时地启动反制措施。因此，在古代社会，"反间"的运用尤其值得提倡。在科学技术高度发达的今天，这仍然是保护国家核心机密的重要手段之一。

因为重视，孙武对于"反间"的讨论较为充分，并且强调了厚赏的原则。孙武一面说"赏莫厚于间"，一面说"反间不可不厚"，对于"反间"可谓"厚上加厚"。总之，身为将帅或决策者，一定不能吝啬钱财，不能在使用间谍时表现出小家子气。

七、亲近、信任是基础

孙武在各类间谍中，尤其重视"反间"。就"反间"的使用方法，也有明确的总结。为了确保"五间俱起"，为了保证"反间"策略可以顺利实施，孙武还对间谍的领导层，提出了明确而具体的要求，并且提出了切实可行的政策主张。总结起来，就是"三莫"。

孙武说的"三莫"，对间谍活动的组织与实施提出了总的要求。孙武说："故三军之事，莫亲于间，赏莫厚于间，事莫密于间。"意思是说，就军队中的各层关系来看，没有比与间谍更为亲密的；就奖赏来看，没有比赏赐给间谍更为优厚的；就军中各种行动来看，没有比间谍活动更为隐秘的。

这里，孙武用到了三个"莫"字，连接的是三个不同的汉字，所以能够分别代表三种不同的含义。孙武认为，使用间谍时，组织领导者必须要注意这些内容。

第一个"莫"连接的是"亲"字，所谓"莫亲于间"。这里的"亲"，也就是"亲密"或"亲近"的意思。可能是指就领导方法而言，只有亲近，才能减少不必要的中间环节，实现对间谍的垂直领导。这样做，可以保证所搜集到的情报能直接抵达决策层，有效地降低泄密的风险。

我们知道著名的军事家吕牙，被周文王委以重任，潜伏做卧底。周文王和他之间的关系，就是垂直领导。孙武所说的"莫亲于间"，他们是做到了的。但是，即便这样，也还是要尽量地减少中间环节。古代的情报活动，不少时候都是领导亲赴一线，伊尹是这样，吕牙是这样，勾践也是这样。他们都是级别很高的大干部，但是都在间谍这个行当干过。这也许是特定历史时期的产物，却能起到很好的保密作用，也能有助于快速决策。在历史上，很多的间谍活动都强调减少中间环节，无谓的中间环节会带来泄密危险。这大概就是孙武强调"莫亲于间"的意义。

需要注意的是，这个"亲"字，可能也是就领导者的态度而论，指领导者能和部下、间谍亲密相处，打成一片。只有"亲"，才能最大程度地拉近领导者和外派间谍的关系，使得间谍能够更加忠诚地服从组织指挥，更加心甘情愿地听从命令。在受领任务、执行任务的时候，间谍的态度才能更加坚决。在搜集情报时，他们也能更加尽心尽力，能够获得更有价值的情报。

当然，"亲"固然重要，也要注意分寸。关于治军，孙武有一段名言："视卒如婴儿，故可与之赴深谿；视卒如爱子，故可与之俱死。"强调的是对士卒要有足够的关爱。但孙武同时还有针对性的提醒："厚而不能使，爱而不能令，乱而不能治，譬若骄子，不可用也。"可见孙武的仁爱是有限度的。如果超过了限度，就是培养娇生惯养的"骄子"，派不上用场。领导和间谍之间，也是这样。

我们可以举出的一个例子是荆轲，他是战国末期的著名刺客，也可以称为行动性间谍。当时，秦王嬴政坚定了统一天下的决心，像燕国这样的弱国，肯定是招架不住的，只能想办法自救。燕国的太子丹想到了招募刺客刺杀秦王的办法。他费尽心思地找，总算找到了荆轲。

找到这样一个人不容易，太子丹立刻引为知己。他坚信荆轲是可托付之人，便决定把筹码全部押在荆轲身上。为了拉拢荆轲，太子丹对荆轲施以各种恩惠，史料都有记载。据说荆轲曾称赞一位美女的手长得漂亮，太子丹便命人斩了这位美女的手，送给荆轲。可以看出，他对于荆轲的恩宠已经近乎变态。

当然，荆轲刺秦的结果，大家都已经知道：失败了。太子丹极力表示"亲"，想让荆轲有必死的信念，但是做得有点过了。其实，荆轲的技击之术并不精湛，大概就是在读书人中，舞剑还算是不错的。执行刺杀任务之前，本应该刻苦练习武艺才对，结果荆轲还被太子丹所赠的"车骑美色"耽误了。无怪乎事后有人慨叹："惜哉其不讲于刺剑之术也！"①这更能看出太子丹表达"亲"的方式不对，有点过头。这次的间谍活动，貌似精心策划，却只能失败。

第二个"莫"连接的是"厚"字，所谓"赏莫厚于间"。就是说，要舍得给间谍奖励。情报战线，一定要舍得花钱。使用间谍，本身就是花小钱办大事，是努力降低战争成本的做法。在孙武看来，这种投入相对较低，而且值得投入。间谍冒着生命危险去执行任务，要尽量地帮他解决后顾之忧。比如福利待遇等，都要能想到。当然，孙武所说的厚赏之物，除了物质奖励之外，必要时也要给间谍提高行政级别，该提拔的就要提拔。总之，身为将帅，一定不能吝啬。只有舍得投入资财，舍得付出，才能调动各类间谍的积极性，获取真正有价值的情报，进而取得战争的胜利。情感的拉拢，固然可以温暖人心，但人都要养家糊口，家人如何生存，能不能得到很好的保障，都需要间谍考虑。间谍也是人，在人性上也会有弱点。弱点一旦被放大，也会被人利用。如果间谍因为缺钱花而被敌方的小恩小惠拉拢，这就非常危险。

---

① 《史记·刺客列传》。

在孙武看来，发起战争是为了争夺利益，所谓"非利不动"。所以，孙武对人性的考察，也是基于好利的特点。己方间谍，一旦因为得不到必要的福利而被策反，就会带来很大的损失。因此，孙武一方面强调"赏莫厚于间"，另一方面也强调"反间不可不厚"，其中很有深意。这也是充分考虑到人性的基本特点，考虑到情报战线的复杂特点，考虑到间谍所面临的高风险特点。

第三个"莫"连接的是"密"字。所谓"事莫密于间"，这层道理很简单，所有间谍活动都必须高度注意做好保密工作。

孙武一贯重视保密工作，不仅要求做好战争决策阶段的保密工作，还要求在战争计划和战术设计完成之后，严格控制知密范围，甚至不惜采用"愚兵"之术。在《孙子兵法·九地篇》中，孙武说"能愚士卒之耳目，使之无知"就是这层道理。此外，他还强调"形人而我无形"①，一方面要把对方的情报搞到手，这是"形人"；另一方面也要把自己的保密工作做好，这就是"我无形"。这种"形人而我无形"，为敌情搜集提出了原则，同时也为保密工作明确了目标。

至于间谍活动，就更要做好保密工作。在"厚赏"之外，孙武也主张对间谍采取重罚，甚至不惜动用杀戮之法："间事未发，而先闻者，间与所告者皆死。"②间谍活动还没展开，就已经泄露了出去，那么间谍本人和听到这些秘密的人都需要被处死；或者说，所有的知情人员都需要被处死。这自然是极其严厉的处罚。其中既有保密的需要，也可对后来者起到惩戒作用。

考察《孙子兵法·用间篇》，孙武的这种冷峻态度，其实是一以贯之的。孙武提出用间，重视用间，但是也认为用间必用"死间"。包括对泄密事件的严惩，这种看似冷酷的言论，其实都是基于他对间谍与战争关系的深刻认识而得出的。这其实是通过牺牲局部利益保存整体利益，也是一种客观而又务实的精神。正是在这一层意义上，孙武高度强调"密"，主张"事莫密于间"，重视间谍活动的保密工作。

① 《孙子兵法·虚实篇》。
② 《孙子兵法·用间篇》。

需要看到的是，孙武虽就间谍使用提出了"三莫"的原则，既主张"三军之事，莫亲于间"，同时也强调"赏莫厚于间""事莫密于间"，但在实际运作中，有时也很难将这些截然分开。聪明的将帅，一定非常善于掌握其中的关系，把握好尺度，从而在隐蔽战线有所作为。

有个典型的案例，可以说明这层道理。这里需要提到一个人，就是汉代的刘邦。别看他没什么文化，但一定是个智商和情商都很高的人，因此，他才能击败各路诸侯，重新实现了统一中原的目标。

而且，刘邦这个人讲究实用，周围聚集了一帮非常实用的人才，他本人和他的手下，一贯都奉行实用主义的行事之道。在刘邦手下，商贩、屠夫、车夫等，往往都能建立赫赫战功。

就间谍活动的组织实施而言，必须要提到的是谋略出众的陈平。他和刘邦一样，也能高举实用主义旗帜，往往能抓住稍纵即逝的制胜机会，经常使出精彩的谍战计谋，帮助刘邦赚得天下。刘邦和陈平这对君臣密切配合，很好地诠释了孙武的用间之道。

这位陈平，小时候父母就去世了，是哥哥拉扯长大的。生逢乱世，陈平只能四处漂泊。他在投奔项羽之前，也曾在魏王手下听差，因为遇到小人陷害，只好不辞而别。陈平在投奔项羽之后，没想到项羽志大才疏，不仅没本事，甚至还想加害他。所以，陈平只能再次出逃，投奔刘邦。

等陈平拜见刘邦之后，刘邦设宴招待了他一番，然后请他回馆舍休息。没想到的是，陈平果断拒绝："我有话要说，而且必须今天就说。"刘邦还没看到过这架势，只好和陈平继续讨论天下大势。二人谈得非常投机，刘邦随即就任命陈平为都尉。寸功未立，就受到重用，刘邦手下的一帮兄弟当然非常不服气，都开始嘟嘟囔囔起来，但刘邦力排众议，不听他们的，反倒是对陈平更加信任。

此后，陈平经常为刘邦出谋划策。他在项羽手下做过事，了解楚军虚实。在陈平看来，项羽为人缺少宽容之心，容易听信谗言，正是运用反间计的大好时机。项羽的得力手下，能叫得上名的，不过是范增、钟离眜等人。陈平认为，如果舍得投入，给他一笔钱作为筹码，悄悄地离间项羽等人的君臣关系，就一定能够打败项羽。刘邦"乃出黄金四万斤"①，把一大笔钱交给陈平，作为行间的费用。

到了这时候，刘邦周围那些怀疑陈平品行不端的人，又纷纷跳出来说陈平的坏话。对刘邦一掷千金的行为，他们都感到非常不解，都拿出陈平"盗嫂"的绯闻来诽谤陈平。没想到刘邦在了解情况之后，还是选择信任陈平，而且还重重地赏赐陈平，任命其为护军中尉，专门监督大家。这样一来，刘邦手下那些不服气的人，顿时就安静了下来，不敢再说陈平坏话了。不仅如此，此后再有类似谗言，刘邦皆一笑置之，不予理睬，对陈平的花钱方法也不管了："恣所为，不问其出入。"②孙武说"莫亲于间"，刘邦这里是要"亲上加亲"。刘邦的领导才能很高，在领导间谍行动时，同样也游刃有余。既然陈平成为组织间谍行动的领导者，就必须要给予其充分信任。有了足够的经费保障，才能让他死心塌地为自己卖命。所以，孙武强调"亲密关系""厚赏原则"等，都是务实之举。

得到刘邦如此信任，陈平这才能够安心为其效命，放手展开他的一整套行间之术。他首先是费尽心思地在楚营收买奸细，让他们在楚营散布流言：范增、钟离眜这些人，功高却未能封王，因此心生不满，一直很想与汉王联合起来，寻找机会除掉项羽，瓜分他的土地。这些话传到项羽耳中，他决定派遣使者到刘邦大营打探究竟。

陈平一直就在等着这位使者。他先是以非常高的规格接待使者，在和使者一番攀谈之后，又故作惊讶地说道："我以为你是亚父派来的使者，没想到是项王派来的使者！"于是，陈平立即将接待使者的规格降了下来。原先的好酒好菜，马上就撤了。这种做法让使者暗暗感到吃惊，更加相信范增和刘邦暗中勾结的传言。

使者回到大本营，把陈平接待自己的前后经过，都向项羽一五一十地做了汇报。项羽早就听了很多流言蜚语，再加上使者的这一番话，终于产生疑心。范增、钟离眜自此之后被日渐疏远。范增的建议，不管是对或不对，项羽都听不进去。范增大感失望，就非常生气地说："天下大事基本

---

① 《史记·陈丞相世家》。
② 《史记·陈丞相世家》。

已成定局，大王您自己干吧！我请求辞职告老还乡！"不久之后，曾被项羽尊为亚父的范增，在回老家的路上暴病而亡，项羽失去了一位得力谋士。范增都会遭遇如此下场，项羽的那些手下都不免感到惶恐。人心离散，项羽的失败注定不可避免。

就离间项羽与范增的行动而言，刘邦将四万斤黄金交付陈平之后，便任由其自由使用，不问金钱去处，即便知道陈平有挪用，也可以从容接受，对陈平赋予了极大信任。这一案例生动地说明，在间谍活动中，上下级的互相信任非常重要，甚至能直接决定行间的成功与否。这种信任，也保证了间谍行动的秘密推进。"亲""密""厚"，互相之间都有联系，不可截然分开。从这个案例可以看出，孙武对用间过程中这层领导关系的探讨还是很有见地的，"莫亲于间，赏莫厚于间，事莫密于间"，这些行间秘诀，刘邦很好地掌握了，因此能够成功。不知道刘邦有没有学过《孙子兵法》，但他的做法非常符合孙武提出的原则。假如他在流言蜚语中失去主见，陈平能否受到重用都成问题，更谈不上此后离间计的施展了。

八、仁义也能成帮手

孙武主张间谍行动要注意上下级之间的关系，要给予间谍厚赏的同时还要注意做好保密工作。这三个原则加起来，可以简称为"三莫"："莫亲于间，赏莫厚于间，事莫密于间。"在这之外，孙武对于间谍的组织领导，还提出了"三非"的要求。那么，什么是"三非"？这对于使用间谍有着什么样的意义呢？

所谓"三非"，就是这三句话："非圣智不能用间，非仁义不能使间，非微妙不能得间之实。"意思是说，不具备超凡才智的人，不能使用间谍；不以仁爱为怀的人，不能使用间谍；不是深谋远虑、谋略精妙的人，难以正确判断敌情的真伪。

在我看来，"三非"其实是对"三莫"的进一步探讨，而且是各有侧重。"三莫"更多是就间谍活动的组织实施而言，"三非"则更多是就间谍领导者的素质而谈。在《孙子兵法·用间篇》，它们其实也是上下文的关系。

在"三非"中，孙武更明确地提出了用间的将帅需要具备的必要条件，高度推崇聪明智慧和仁义等基本素质，揭示了这些素质要求在间谍活动中的重要作用。这些素质要求概括起来，就是"圣智""仁义""微妙"。如果不具备这些素质，就不能从事组织和指挥工作。这些基本素质，决定着能否高明地动员和驱使间谍不遗余力地执行任务。只有聪明睿智的统帅，才会把用间当作克敌制胜的重要法宝来认真对待；也只有仁慈慷慨、深孚众望的统帅，才能赢得间谍的由衷信赖和热忱拥戴，从而让他们愿意前仆后继，尽最大努力去搜集敌方情报。

关于智力方面的要求，我们曾经说了不少。战争是军事实力的对抗，同时也是智力的对抗。间谍活动更需要智力，当然也更需要"圣智"的组织领导者。杜牧注释说，间谍行动展开之前，需要认真考察间谍的性格特征等，看看他们是不是诚实可靠，是不是富有智慧。完成这样的考察任务，需要圣人那样的智慧，因此他说"非圣人莫能知"。古代注家，比如张预，大多都是这个思路，都强调"圣智则能知人"。"圣智"是从考察间谍领导者的层面提出的，需要考察领导者的素质和能力。

至于"仁义"，我可能还需要多说几句。宋代梅尧臣说："抚之以仁，示之以义，则能使。"从他的语气来看，仁义要施加到间谍身上，通过仁义来感召对方，就容易让间谍为我所用。张预说："仁则不爱爵赏，义则果决无疑。既啖以厚利，又待以至诚，则间者竭力。"在张预看来，仁义之道可以当成"厚赏"的补充，让间谍愿意更加卖力地搜集情报，更好地为我所用。

在我看来，这里的仁义，似乎不仅仅是对领导方法的提示，而且也是对间谍领导者的道德和素质提出了要求。就这一点而言，它确实可以和"厚赏"互为补充。不仅如此，仁义既可以施与己方人员，也可以施与对敌方间谍。

对己方即将派出去的间谍，如果能够施行仁义，可以拉近和他们之间的距离，和"莫亲于间"形成呼应，能让他们更好地为自己效命，更认真地搜集情报。

有一个关于朱温使用间谍的案例。朱温是一个善变之人，正因为善变，他才能在乱世之中成为豪强。还有一点非常重要，他非常了解部下的心态，善于笼络人心。马景就曾受到朱温的感召，甘愿充当其死间，帮助朱温打败劲敌李茂贞。

这个李茂贞同样是一位在乱世之中成长起来的豪杰。同处上升期，李茂贞和朱温两方对峙，发生冲突是在所难免的。

这一次，李茂贞采取的是坚守不出的策略，他命令部队死守山寨，试图拖垮劳师远征的朱温。当时，正好遇到阴雨天气，朱温军中伤病也多，显然经不起这种拖延战术。朱温对此一筹莫展，甚至想撤兵。但是有部下坚决反对撤兵，主张派间谍前往李茂贞大营，诱敌出战。死马当作活马医，朱温对此表示赞同。

这时候，一位名叫马景的下级骑士主动找到朱温，甘愿冒险完成这个任务。在受领任务之后，马景立即明白这次行间必无生还之机，只求朱温能帮自己照料好妻儿。朱温听了这些话，不免感觉"凄然"①，就此劝说马景放弃此次任务。可能正是朱温的这种举动打动了马景，让他觉得朱温是个通情达理、体恤部下的将领。在朱温这一番劝说之后，马景反倒一再坚持，坚决要求冒死执行这次行间任务。很显然，这就是仁义起到了作用。明明非常希望马景执行任务，却一定要摆出一副虚情假意的样子，这就是朱温的高明之处。

接下来，马景装作出逃的样子，来到敌营。起初当然是受到了各种审问。面对李茂贞的盘问，马景从容不迫。他谎称朱温正计划撤军，军中伤员也日益增多，粮草供应也渐渐吃紧。李茂贞认为自己所设计的拖延战术已经奏效，不免有几分得意。根据自己和朱温打交道的经验，李茂贞判断打不赢就跑确实是朱温的一贯作风，于是要求马景为他带路，计划袭击朱温。

朱温这边紧锣密鼓地做着伏击准备，他将大营布置成寂静无人的模样，把战马喂饱，把兵器磨得锋利，悄悄地埋伏下来，等李茂贞来偷袭。李茂贞命令马景为向导，大队人马急匆匆地直扑朱温大营，结果遭到伏击。可怜李茂贞带出来的这些人马，损失非常惨重，很多都被杀死了。经过这次失败，李茂贞元气大伤，领土也被朱温夺去大半，只能投降。

这次作战中冒死前去敌营行间的关键人物马景，按照欧阳修的记载，

---

① 《旧五代史·梁书·太祖纪二》。

是被杀死了。仅以常理推断，马景也会被气急败坏的李茂贞处死，生还的可能性极小。但他是一个关键性人物，明代的赵本学在注解《孙子兵法·用间篇》时，就将马景视为死间的代表。他之所以能把生死置之度外，在很大程度上是朱温用仁义感召的结果。对即将派出执行任务的间谍，如果能施行仁义，确实有作用。

至于对敌方的间谍推行仁义之道，同样非常关键。至少可以在实施反间时有所作为，把对方的间谍拉下水。对于有些间谍，并不能依靠"厚赏"去打动他们，那就只能想想别的办法，比如，施行仁义。

晋代的羊祜非常善于运用反间计，是谍战高手。在统一北方之后，晋武帝便将灭吴之事摆上议事日程。当时，西晋政权内部对于灭吴并不能达成一致意见，羊祜等人积极支持南下灭吴，也努力为晋武帝出谋划策。于是，司马炎任命羊祜为荆州诸军都督，准备随时摧城拔寨，举兵南下。

西晋和东吴的边界线以荆州一线最长，所以羊祜所负责的地带是灭吴战争最为关键的地区。羊祜到任之后，发现荆州的形势并不是非常稳固，军粮也不是十分充足，于是花费很多精力开发土地、兴办农业。羊祜深知情报先行的重要性，于是派出大量间谍，悄悄潜伏到对岸，积极搜集军政情报，为出兵做着积极的准备工作。

羊祜一直是以仁义著称的。每当与吴国发生纠纷时，羊祜都会坦诚相待。对那些前来投降的吴国人，羊祜一般都是先让他们自己决定去留，此举很好地聚集了人气，收买了民心。从他们口中，羊祜也获得了很多有价值的情报。

当时，晋吴之间经常互通使者，有些使者其实是利用公开身份做掩护，悄悄从事间谍工作。羊祜对于这些使者一直都能以礼相待，并力争对其进行拉拢和收买。因为被羊祜的诚意和仁义打动了，有一些间谍被成功策反。通过这些间谍之口，羊祜成功地挖出了那些潜伏得很深的间谍，对吴国的情况有了更为充分的了解。对于羊祜的这些做法，吴国这边的主将陆抗心中非常清楚，所以告诫手下将士说："他们多行仁义，而我们却专门做残暴的事，没有打仗就已经分出胜负了。所以，我们要专心守着边境才行。"作为羊祜的对手，陆抗也在暗中称赞羊祜的德行度量："即使是乐毅、诸葛孔明，也比不上他。"有一次，陆抗生病了，羊祜得到消息之后，马上便派人把药送过来。吴军将领害怕其中有诈，都劝陆抗不要服用。但陆抗认为，羊祜不是这样的小人，立刻服下。由此可见羊祜当时的威望，即便是即将与其展开生死对决的作战对手，都不会对其人品产生怀疑。由于羊祜一直非常用心地收集吴国的情报，为此后顺利灭吴创造了条件。

在灭吴之战前后，羊祜非常重视情报先行，搜集情报的手段多种多样，而且富有成效。其中，以礼相待对方所派出的间谍，借此破坏敌方的间谍行动，显得尤其突出。这种借情感来进行拉拢和收买的方式，反映出羊祜用心深远的一面，至今仍然很有实效性。孙武说："反间，可得而用也。"在成功策反对方间谍之后，就可以通过他再挖出其他那些深潜的间谍。在灭吴之战中，羊祜很好地运用了这种"反间"手法，也很好地诠释了"非仁义不能使间"的道理。"仁义"对"厚赏"形成补充，不仅是指挥者的基本素质，同时也是组织实施间谍活动的一种方法。

还有一个词是"微妙"。这个词，确实非常微妙。它的具体含义不是很好把握。

古代的注家，大多认定其为一种难以言说的判断能力，比如，判断间谍搜集到的情报是真是假。杜牧说："间亦有利于财宝，不得敌之实情，但将虚辞以赴我的，此须用心渊妙，乃能酌其情伪虚实也。"这意思是说，间谍贪图小利，并没有能够得到真实的敌情，只是将虚假情报拿来，以此领赏。在这种情况下，作为领导者，要有那种微妙的甄别能力。梅尧臣和王晳所说意思也相差不多，张预说"须用心渊微精妙，乃能察其真伪"，这也是从领导者的能力考虑的。

"微妙"可能是指领导者的素质，要求领导者具备某种不可言说的高级领导能力，故而孙武将其放在最后一项提出。是否具备这种微妙的能力，往往决定着领导能否睿智地甄别、判断间谍所提供的情报，判断其可靠性和真实程度。间谍所搜集到的情报往往真伪混杂，虚实相间。具备微妙的能力，有火眼金睛，才能够仔细地进行分辨，才能够去伪存真。如果缺乏这一能力，就可能被假情报所耽误，被对手的反间计所暗算。这种判断和鉴别能力，其实不完全是科学所能解释的，但是，一旦判断发生重大失误，必然会造成军事行动的失败。

不仅如此，孙武所说的微妙，可能也指间谍行动中的难以把控性，包括难以掌握的风险等。比如在前面所说的朱温设计诱敌，从而击败对手的间谍战中，马景是一个关键性人物。他面对李茂贞的质疑，能从容应对，显示出良好的心理素质，为朱温打败李茂贞立下了头功。从马景的冒死行间到最后的诱敌深入，都经过了非常严密的设计，并且每一步都非常成功地得到实施。这其实就是孙武所说的"非微妙不能得间之实"。行间过程中，如果任何一个环节出现了问题，都可能会前功尽弃，无法达成预期目标。

因此，微妙是一种难以言说的高层次要求。大概在说完这层要求之后，孙武感觉自己也变得"微妙"起来。对于自己设计的用间之术，孙武非常自得，就此写下了一句感叹："微哉！微哉！无所不用间也。"这些手法非常微妙，掌握了这些微妙之法，就可以自如地使用间谍了。

在《孙子兵法》中，两次出现这种自得的感叹。一处是在《孙子兵法·用间篇》，另一处是在《孙子兵法·虚实篇》。《孙子兵法·虚实篇》中，孙武对自己设计和总结的"避实击虚"的战法非常自得，于是也忍不住发出自得之情："微乎微乎，至于无形，神乎神乎，至于无声，故能为敌之司命。"大家可以想象，能成为敌人命运的主宰者，孙武当然应该自得。

的确，孙武理应为自己设计的作战理论而感到自得，同时也理应为他的这套间谍使用理论而感到自得。在《孙子兵法·用间篇》中，孙武不仅揭示了战争与间谍的关系、战争与情报的关系，还系统地总结了间谍的使用方法等。这些理论对于后世产生了深远影响。

明代茅元仪曾在《武备志·兵诀评》中，对《孙子兵法》做过如下评价：

> 先秦言兵者六家，前《孙武》者，《孙武》不遗，后《孙武》者，不能遗《孙武》。谓五家为《孙武》注疏可也。

在这段话中，茅元仪是将包括《司马法》《六韬》在内的其他五种先秦兵书，都当成《孙子兵法》的注疏文字看待的。早于《孙子兵法》的兵书，《孙子兵法》对其精华进行了充分吸收，晚于《孙子兵法》的兵书，则只能依照《孙子兵法》展开论述，再也无法逃出其藩篱。茅元仪的这些评语是就六种先秦兵书说的，这是前提条件。有意思的是，不少人干脆掐头去尾，只留中间一段话，从而将《孙子兵法》在中国古代兵学史上的位置，一举推到了无以复加的地位。我认为，仅就思想发展层面来说，茅元仪这几句话不失为非常精辟的允当之语。因为我们谈起古典兵学，说来说去最终都免不了会说起《孙子兵法》。考察古代间谍史，我们也不难看出孙武的巨大影响力，同样也存在"前《孙子兵法》者，《孙子兵法》不遗，后《孙子兵法》者，不能遗《孙子兵法》"的现象。从总体上打量，对孙武的用间理论，历史上的军事家大多是忠实继承，当然，间或也会出现一些批评意见。这些批评也多集中在用间得失以及是否符合儒家仁义道德观念上。

比如在宋代，不少人批评孙武不讲仁义。至于用间之术，也被批评为诡诈之术。宋代大文豪苏洵就说过，所谓"五间之用，其归于诈"①。不仅如此，用间术在苏洵眼中，也是有成有败，而且"成则为利，败则为祸"。苏洵对于用间的态度，与他儒者的身份紧密联系。因为是儒者，苏洵对于诡诈之术并不是非常认可，甚至认为，只要守住仁义正道，就一定能够取得战争胜利。在他眼中，用间这种诡诈之术是违背圣人之道的行为，所以成为批评的靶子。

其实，孙武不反对仁义，甚至将仁义视为一种用间手段。孙武主张使用间谍，为的是尽量降低战争成本，其实也充满仁义情怀。既然如此，对于使用间谍也应辩证看待，不能一棒子打死。

与这种批评派相比，更多的则是继承派，他们对孙武的用间理论有忠实的继承，这样的兵书很多。最有名的莫过于清代的朱逢甲。他所撰写的《间书》，被很多人认为是对孙武的《孙子兵法·用间篇》的注解作品。在这本书中，朱逢甲以孙武的"五间"为纲，精心挑选富有新意、具有独创性的案例，进行了精心排列，很好地注解了孙武的用间理论，也由此而被视为古代间谍理论的总结之作，和孙武的《孙子兵法·用间篇》形成了遥远的呼应。《间书》是《孙子兵法·用间篇》在两千多年后收到的遥远回响。

---

① 《权书·用间》。

第五章

制胜之道

《孙子兵法》是一本兵书，从头到尾都在讲如何打仗，如何打败敌人，如何保护自己，通篇都是在探讨战争之法，也就是制胜之法。孙武花了很多力气探讨战争方法和作战原则，其中充满了智慧的光芒。孙武的理论超越常规，历来受到重视，不仅受到军事家的重视，而且让各行各业都非常关注。其中的制胜之道，具有超越军事领域的价值，对于普通人的生活和工作也具有启迪意义。

一、算清楚，别盲动

孙武在十三篇兵法的开篇就指出："兵者，国之大事，死生之地，存亡之道，不可不察也。"战争事关生死，影响国家的存亡，必须要慎重考察，认真研究。只有研究透了，才能决定打或不打。研究对象主要是与自己交战的对手，《孙子兵法》花费了很多笔墨研究敌情。

如果敌我双方实力相差悬殊，比如像大象踩蚂蚁一般，也许不需要研究对手。因为双方不是一个等量级。在这种情况下，指挥员可以托大，想打就打，想停就停，还能变着花样戏要对手。但是，如果面对比自己实力强的对手，或者和自己实力差不多的对手，就必须要充分重视敌情研究。

事实上，敌人的"敌"，本来也含有"对等"的意思。双方实力差不多，那才称得上"敌"。战争中充满变数，孙武重视敌情，同时还要求知道己方情况，要知道自己是几斤，对方是几两。然后进行认真对比，看看究竟是谁强。孙武将这一层意思概括为四个字，就是"知彼知己"。

"知彼知己，百战不殆"是句名言，长久流传。它不仅揭示了情报工作的重要性，而且指出情报不仅需要搜集，还需要进行分析和计算，需要认真进行评估。如果评估的结果是对方比自己强太多，那就不要去招惹人家，因为这是自寻死路，找不痛快。所以，孙武主张积极研究战争，重视情报先行。这一战争展开逻辑，简单概括就是"先计而后战"。"计"在前，"战"在后，一定不能倒过来。

这一层意思，在《孙子兵法·计篇》有集中论述。"先计而后战"是《孙子兵法》的核心内容。"计"是什么意思，计谋吗？不是。《孙子兵法·计篇》的"计"，其实是"计算"的意思。"先计而后战"，就是说等计算好了，把情况都搞清楚了，再去和人家打仗。一旦反过来，比如"先战而后计"，就是打无准备之仗，也注定是一场糊涂仗。除非是遭遇战，一般谁都不希望出现这样的情形，因为这会吃败仗，会耽误大事。

这个问题看似简单，但很多人未必能意识到，即便是高坐庙堂之上的大人物们，也不一定都清楚。有的人会把战争当儿戏，完全意识不到情报工作的重要性，甚至没有耐心去做准备工作。脑袋瓜子一热，就要和别人打起仗来，这样的情形，历史上并不少见。明英宗朱祁镇，就是这样的人，结果酿成了惨案"土木堡之变"，几十万大军灰飞烟灭，自己还当了俘虏。这是怎么一回事呢？

应该看到，明英宗多少也是被一个叫王振的太监给忽悠了。当时，蒙古人的一部叫瓦剌，在也先（瓦剌首领）的率领下，与明朝这边较上劲了。见自己的要求没得到满足，他们就在边境制造事端，以武力威胁，带着军队大举南下。王振善于弄权，但根本不懂军事，对瓦剌的战斗力也不了解，以为对方像个软柿子，可以随意捏。他甚至认为，这是个展示自己"军事才华"的好机会，所以就忽悠明英宗御驾亲征，效仿太祖和太宗，取得赫赫武功，青史留名。

明英宗一直认为打仗是件好玩的事情，如同小孩子玩游戏那般热闹。平时他也听说过明成祖北伐的故事，也曾经幻想着能像曾祖父那样征讨大漠，建立不朽功业。而且他对这个王振一向是言听计从，尊为"王先生"。"王先生"既然认为能打赢，他就认定这是个大显身手的好机会，不但御驾亲征，甚至宣布两天后就立即发兵。

听闻这个消息，朝臣都大吃一惊。很明显，这是把战争当儿戏，风险很大。更主要的是，目前既不知彼也不知己，一定会出大事。大臣们一阵苦劝，没用。明英宗已经打定主意。满朝文武大臣很多，但明英宗不让他们参与军务，一切都交由"王先生"专断。两天之内，王振和明英宗凑齐了二十万大军，号称五十万大军，连武器装备都来不及拼凑整齐，粮草物资也没有配发到位，就匆匆忙忙出发了。北征的队伍中，六部尚书全都到齐了，场面非常壮观、非常热闹。

瓦剌军被吓跑了吗？没有。明军此次出征，不仅准备仓促，而且不逢其时。大军出发不久，就遇到连绵阴雨。随行也带了粮草，但没过几天就吃完了。军中没粮，道路难行，加上连日阴雨，军队士气非常低落，不少随驾官员都有不祥之感，请求打道回府。

但是"王先生"不愿意，明英宗也不答应。他们穿一条裤子，稀里糊涂地将明军往绝路上赶。这时候，前方有情报传来说，也先得知明英宗御驾亲征后，吓得心惊胆战，已经组织大军撤退。明英宗受到鼓舞，催促大军加速前进。他们完全不知道，巨大的凶险就在不远的前方等着他们。

也先的撤退是假装的。听说明英宗率领大军御驾亲征，也先不仅没感到害怕，反而非常兴奋。他佯装撤退，为的是引诱明军深入，再伺机组织伏击。

明军这边顺利地进入大同，这就等于到了前沿阵地。当初，大同守军与瓦剌军有过一番激战，尸横遍野，触目惊心。明英宗和"王先生"立即没了当初的豪迈气概，明军上下都产生了畏战情绪，明英宗急忙下令撤退。这时候还跑得了吗？按理说，还能跑掉，但经过"王先生"的一番折腾，来回改道，走了很多冤枉路，瓦剌军也因此而有了追击的机会。

明军这边的队伍过于臃肿，行动过于滞重，费了很大力气才退到土木堡（今河北怀来县东南）。没想到，到了这里，明军就再也逃不掉了。瓦剌军已将土木堡围得水泄不通。混乱之中，王振不知道被谁打死了，明英宗不幸成了俘虏。随行的重要官员中，很多人都战死沙场，士卒更是死伤无数，还有不少做了俘虏。

损失惨重的"土木堡之变"是明朝转衰的标志。在此之前，明军对于北边的策略是以攻为守，相对处于主动状态。但是在这之后，明军开始遭受北方威胁，基本处于被动的防御状态，就此丧失了主动权。

仅就这次战争而言，明军的失败完全是因为没能做到"知彼知己"，根本没有做好"先计"的工作。明英宗既不知道瓦剌的实力，也不知道自己几斤几两，甚至连军队吃多少粮食都搞不清楚，还将指挥权交给不懂军事的太监。发起战争，只是出于对"王先生"的轻信，成为俘虏也不冤枉。明军的惨败，从反面证明了孙武强调"计"的合理性。

"计"的意思是"计算",不只是计算敌情,也要计算己方情况。《孙子兵法》在讨论敌情时,经常强调先了解己方情况,然后再对敌我双方的情况进行对比。在《孙子兵法·计篇》,孙武主张研讨的内容很多,他将这些内容概括为五大项,总称"五事"。所谓"五事",其实就是道、天、地、将、法。

"道"排第一,是指"政治"。孙武说:"道者,令民与上同意也。"他关心的是民众对于战争的态度,非常在意他们是否愿意为君主而战,是否愿意付出牺牲,是否能做到上下一心。"道"在几个要素中最为重要,所以排第一。

"天"排第二。"天"在这里指的是自然之天,即阴阳变化、寒暑交替、季节轮回等。天候因素,当然也会对战争产生不可忽视的影响。

"地"排第三,指的是作战地点的远和近,地势的平坦与否,作战空间的宽窄程度,海拔的高与低。孙武非常重视作战时的地理条件,因此在十三篇兵法中有很多论述。

"将"排第四。孙武对于"将"有着特别的要求,包括"智、信、仁、勇、严",人们习惯称之为"五德"。"智"是看将帅聪明与否,"信"是指将帅要有信誉,"仁"是指将帅要有仁爱之心。此外,还要求将帅足够勇敢,能严格治理军队。战争是由将帅来负责指挥的,将帅的智谋水平、管理能力、个人品格和精神意志等,自然需要重视。

"法"排第五,包括军队的体制建设、各级军官的设置及职责分工、对部队的约束与管理等。部队是否实现有序管理,是否法纪严明和秩序井然,都会对战争胜负产生重要的影响。

从上面所列举的五大项可以知道,"五事"实则是对影响战争胜负的几个重要因素进行了概括。确立了这几个要素,孙武就可以围绕战争决策进行分析和计算,完成敌我双方的对比分析,看看到底能不能打仗,胜算几何。

接下来,孙武又提出了他的战略运筹思想。第一是"主孰有道",这其实是考察两国君主的贤明程度和治国方略,还要考察统治集团受民众拥护的程度等。古人认为,有道伐无道,无德让有德。第二是"将孰有能",是对交战双方将帅的军事才能进行对比。第三是"天地孰得",是看哪一方占据了天时和地利。第四是"法令孰行"，是对比部队的管理情况。第五是"兵众孰强"，是看看哪一方的武器装备更加精良。有人把"兵"当作"士兵"解释，怕是有误，因为后面一项谈的正是"士卒"。第六是"士卒孰练"，是说看哪一方士兵训练有素。第七是"赏罚孰明"，是看看哪一方能做到公正赏罚、法度井然、将帅更得军心。

这种对比，人们习惯称之为"七计"。"五事"和"七计"加在一起，构成了"庙算"的基本内容。这个过程需要借助算筹进行。什么是算筹呢？就是古人计算用的工具，类似于小木棍，方便计数。评估战争，其实也很简单，就看哪一方得到的算筹多。得到算筹多的一方，更有获胜的把握；得到算筹少的一方，难有获胜机会。孙武管这叫"得算多"和"得算少"。这其实是对敌我双方做基本的情报分析，必须冷静客观，必须多算细算。"庙算"完成了，才能搞清楚双方的实力对比。《孙子兵法·计篇》的核心就在这里，篇名就是这么得来的。计算的目的，就是要最大限度地做到"知彼知己"和"知天知地"，为战争决策找到依据。

孙武设计的这套计算模式非常客观和直观，"庙算"确实是春秋时代战争的经验总结和理论升华，孙武也由此而基本奠定了古代有关战争的计算和分析模式，而且千古流传。其"先计而后战"的战争展开逻辑被广泛继承。时至今日，虽说战争规模和战争样式等都已发生天翻地覆的变化，但这一理论始终不乏启示价值。

楚汉相争时期，韩信与刘邦在汉中的问对，就是基本遵循"庙算"模式的典范。这次问对，被人们称之为"汉中对"。

韩信这个人很有本事，很会用兵。但他在项羽这边默默无闻，在刘邦手下也一度不受重用，直到萧何举荐之后才被拜为大将。这位仁兄的人生经历也令人唏嘘。在项羽这边，他打的是一份"短工"；在刘邦这边，他签了一份"大合同"，想干一番大事，但最终也只能和很多功臣一样，沦为帝王身边的"临时工"。

受到重用后，韩信帮助刘邦客观分析了楚汉之间的实力对比。韩信承认项羽单打独斗的能力很强，但也指出其刚愎自用、排斥异己、任人唯亲等不足，更指出其滥杀无辜、凶残暴戾和背信弃义等缺陷。所以，项羽只有"匹夫之勇"和"妇人之仁"，虽为名义上的霸主，却早早失去了民心。

刘邦虽暂时处于弱势一方，但一直重用人才、重赏功臣、以民为本，能够由此赢得民心。不仅如此，韩信认为，项羽的军队虽在人数和规模上占据优势，但其中有不少秦军降卒，战斗力很弱，而且也很有可能为汉王所用。反观刘邦的军队，成分相对单一，上下团结一心，对比非常强烈。再看看项羽手下的谋士，与刘邦手下的张良、曹参等相比，也有明显差距。所以，从长远来看，项羽的实力必然会不断被削弱，而刘邦的实力则会不断上升，由弱变强。

本来被项羽打得灰头土脸的刘邦，在经过韩信的一番计算和分析之后，变成了"得算多"的一方，由此树立了与项羽决战的信心与决心。后面的历史大家都清楚，刘邦经过努力，终于打败了西楚霸王项羽，逼得项羽兵败垓下，与美人虞姬凄惨告别。刘邦之所以有了决战的信心，是因为韩信从"主孰有道""将孰有能""天地孰得""法令孰行""赏罚孰明"等几个方面，做了认真的对比分析。在这之后，刘邦发现自己是"得算多"的一方，当然就有了信心。这是遵循了孙武"先计而后战"的战争逻辑，对战争走向有总体把握。楚汉相争的局势由此而发生了彻底改变。

为什么韩信能够遵循"庙算"的模式，做出与常人不同的敌情分析，进而帮助刘邦重新拾起信心呢？原因很简单：他曾经在项羽手下有过一段任职经历，也有在刘邦手下听差的经历，所以他能对双方做详细的对比分析，并得出相对客观的结论。

不只是楚汉相争，历史上还有很多次战争，都可以找到孙武"庙算"的影子。比如诸葛亮和刘备在隆中的问对，羊祜为晋朝统一而写就的《平吴疏》，赵普与赵匡胤之间的"雪夜对"等，都基本遵循了"庙算"的模式，分析和决策都遵循了"先计而后战"的战争展开逻辑，因而都对历史进程产生了重要影响。

需要注意的是，无论是"庙算"还是"先计而后战"，其中强调的，其实都是对情报的重视。"庙算"是孙武的战争决策模式，分析的是敌情我情及天地之情，依据就是情报。"先计而后战"的"先计"，其目的是为了求得"先知"，也在强调情报工作。《孙子兵法》对情报工作高度重视，反复予以强调。

二、情报先行，力求先知

孙武围绕战争决策强调的是"先计而后战"，也设计了"庙算"这一分析模式。这些内容是在讲如何进行战略决策，同时也高度强调了情报工作的重要性。"先计而后战"不仅是《孙子兵法·计篇》的主导思想，同时也是《孙子兵法》的主导思想。情报与战争的关系密不可分，战争决策更离不开情报。《孙子兵法》中，有很多篇幅在讲情报工作，包括情报观、情报搜集、情报分析等。其中最重要的，就是"先知"这种情报观，即"先计"。直白地说，就是"情报先行"。

情报先行的重要性，无处不在显现。不只是在战争和军事行动中，包括在我们的日常生活和工作中，都有所显现。甚至我们抓螃蟹，还得先研究一下它用什么样的方式咬人，这样才能保证自己不会受到伤害。

网上曾经流传一个短视频，一个五六岁的小朋友和螃蟹玩"石头剪刀布"的游戏。面对螃蟹，小朋友果断出"石头"，然后就宣布螃蟹输了。这游戏玩下去，螃蟹永远是输，因为它只会出"剪刀"。小朋友轻松战胜螃蟹，靠的是大人教给他的知识，或者是靠自己经过一段时间的观察，掌握了螃蟹的特点。这其实也可视为小朋友对于螃蟹的"情报工作"。小朋友提前做了功课，在他面前，螃蟹只能傻乎乎地一直输下去。

打仗肯定没有玩游戏这么简单。敌我双方进行生死博弈，智商都差不多，军事实力也难分高低，如果不研究对手，不掌握情报，多半会像游戏中的那只螃蟹一样，只能一直输下去。

打仗之前，更要做好情报工作，避免自己受伤。在打败敌人的同时，也要保证自己这边降低损失。今天我们买手机，也要把很多参数搞明白才行，这其实也可算作提前做好情报工作。因为这样才能买到称心如意的手机。买其他东西也一样，需要做一些前期的信息搜集工作。购物这些都还算小事，前期准备工作和战争中的军事情报搜集没办法相提并论，但道理上也有相通之处。战争是头等重要的大事，有足够的情报工作支撑才行。

什么才算情报呢？在孙武看来，要称得上情报，就得"先"字当头。孙武强调"先知"，就是这层道理。在《孙子兵法·用间篇》中，孙武指出："故明君贤将，所以动而胜人，成功出于众者，先知也。"明君贤将，之所以能打败对手，取得重大成功，靠的就是"先知"。所以说，"先知"非常重要，是取胜的保证，一定要做到情报先行。《孙子兵法·计篇》是十三篇兵法的第一篇，强调了情报先行。《孙子兵法·用间篇》是最后一篇，还是在强调情报先行。这说明情报先行的理念，贯穿于十三篇兵法的始终。如果无法做到"先知"，就很有可能血本无归，就很有可能输掉家底，而且没有机会挽回。

影响第二次世界大战进程的偷袭珍珠港事件，想必大家非常熟悉。它发生在二十世纪四十年代，美国人在世纪之交时把它拍成了大片，票房也很好，想必不少朋友都看过。

日军的此次偷袭给了美军以沉重打击，美国太平洋海军基地损失惨重。除了几艘航空母舰部队因为出港而侥幸逃脱之外，在珍珠港内的美军舰只遭受了灭顶之灾，几乎全军覆灭。美军将士伤亡三千多人，失踪数百人，战列舰损失十二艘，飞机损失数百架。因为损失惨重，美国人始终将其视为奇耻大辱。遇袭后的第二天，美国便对日本宣战，规模空前的太平洋战场也由此而正式拉开大幕。

日军这一次的成功偷袭，被很多人视为军事奇迹、战争史上的奇迹。美国人对此也是百思不得其解。围绕此次事件，美国人曾进行了大量调查。有不少人相信，是罗斯福政府故意牺牲太平洋舰队，好把美国拖入第二次世界大战。"罗斯福阴谋论"一度甚嚣尘上。但是，这一推测其实是站不住脚的。太平洋舰队之所以会遭遇到重创，其实就是美军在情报方面出了问题，尤其是决策者和情报机构出现了错误判断，没有能做到孙武所说的"先知"。

日军的偷袭准备工作，其实早就悄悄展开了，而且也已露出一些苗头，美国人多少有所察觉。后来，日本有人写过一本书，叫《偷袭珍珠港前的365天》，对其中的细节有不少披露，也能看出这一情况。而且，美国其实也十分了解日本的战争意图，知道日美之间的利益冲突已经难以避免，只能通过战争解决，并且免不了会发生大规模的战争。但是，因为情报方面的失误及决策时的犹豫不决，包括思想上的麻痹大意，最终导致其太平洋舰队吞下这一灾难性苦果。

日军这边有哪些蛛丝马迹暴露出来了呢？能数得到的，至少有这样一些：比如日本近卫内阁忽然之间集体辞职，东条英机已经无限接近实权，日本海军悄悄地更换无线电呼号，日本大使馆开始加紧焚毁文件，等等。尤其是在谈判桌上，日美谈判陷入僵局，关系随时都会破裂。可是美军这边的情报工作却失误连连，接连出现误判，错过了时机。

美军首先是押宝押错了方向。在分析日军的进攻方向时，他们相信日军会首先配合德军，优先考虑进攻西伯利亚。加上当时希特勒确实正在不断地对日军施压，要求他们尽快在东线发起对苏战争。美军当时毕竟还没有卷入战争，而且还有几十万日军深陷中国战场，美军根据这些现象判断，认为日军没有能力和胆量开辟第二战场，最多也只是推进南下战略，无外乎向关岛、中途岛、菲律宾方向推进。

其实日军已经悄悄地更换了无线电密码，导致美军没能及时破译日本的海军密码，海军通信部也只能靠着无线电测向和一些监听设备来分析、研判日军舰队的动向，以至于把日军的航空母舰都给跟丢了。偷袭前夜，美军这边关于日军航空母舰的情报，几乎是一片空白。美军还发现法属印度支那海岸有日本海军的行动踪迹，对日军进攻方向没有摸清。很显然，日军这边通过更换密码、释放烟幕弹等行动，已经成功地欺骗了美军。等到日军舰队悄悄靠近珍珠港时，珍珠港基地这边自身的侦察能力非常有限，仍然没能及时发出预警。

不仅如此，美军对日军的远洋攻击能力也疏于考察，严重低估了日本海军的远洋投送能力和远程打击能力。传统的海战思维，让他们忽视了航空母舰的战斗力，也就此直接影响到美军情报人员和决策人员的判断。美军之所以会判断日军将进攻东南亚地区，认为夏威夷是安全的，不可能遭到攻击，也是因为对日本海军的发展、日军越洋远征的能力提升等一无所知。太平洋舰队司令官金梅尔在国会听证会上说："我知道渡洋远征是有困难的。我知道日本航空母舰续航的限度。我对日本的攻击计划和执行计划的能力有很多疑问……"①太平洋舰队作战参谋麦克利斯也认为，由于

① ［日］实松让：《偷袭珍珠港前的365天》，史人译，上海译文出版社1980年版，第98页。

日本离珍珠港很远，补给上有困难，令他们大大低估了其攻击珍珠港的可能性。包括对日军浅海鱼雷的攻击能力，美军同样缺少考察。美军认为，日军研制不出适合于攻击珍珠港的浅海鱼雷。

总之，美军没能做到"先知"，情报来源单一，而且对已经获得的情报没能进行及时有效的分析，甚至连情报的分发和使用等都出现了失误，袭击事件居然由此而变得不可避免。从偷袭珍珠港的事件可以看出，美军因为没能做到"先知"，因为"不知彼不知己"而栽了大跟头。

值得玩味的是，日军虽说在珍珠港取得了胜利，花了很小的代价，几乎摧毁了美军太平洋舰队的主力，但是他们在第二次世界大战中，也在情报方面犯下了低级失误。他们低估了美军的作战能力和作战决心，对美军迅速投入战场、迅速恢复海军打击能力等，都缺少充分了解。对中国广大军民誓死抗争的决心和能力等，也没有完全搞清楚，所以日军这边其实也没有真正做到"知彼知己"。没能做好"先知"，接着就出现战线太长的窘境，支撑不下去。一口吞下一个胖子，是不可能的。日军由此而走向困境，直至无条件投降。美军积累了很雄厚的战争潜力，忽然迸发出来，令日军头疼不已。这也是日军没有做好"先知"的教训。古往今来的战争都要讲究"情报先行"。

需要注意的是，"情报先行"的"先"非常重要。有了这个"先"，才能指导我们先行一步，抢在对手前面。还要注意核心内容的保密，如果放在朋友圈，大家都去转发，就没有价值了。"先行"是为了求得"先知"，早一步知晓敌情，悄悄地进行准备，这对战争决策而言，具有非同寻常的意义。

通读《孙子兵法》，我们不难看出，孙武非常看重"知"，其出现频率非常高。"战"也是高频字。这两个字连用，就是"知战"。这两个字之间，有着很强的逻辑联系，是"先知而后战"。抓住这两个字，就可以对孙武兵学的主体内容有一个大致了解。

我的老师黄朴民先生总结《孙子兵法》有二字箴言，其一为"算"，其二为"骗"。依照我的理解，他所说的"算"，大约相当于"计"或"知"，"骗"则是战争之法。需要注意的是，一定是"算"好了再"骗"。不能像那些电信诈骗一样，四处撒网。"算"和"骗"这二字箴言和"先计而后战"，道理其实是相通的。对情报工作和作战方法的讨论，是孙武兵学中两个最基本和最重要的内容。

孙武格外重视情报工作，重视情报先行，"先知"其实是为了求得"先胜"。既然由"先知"出发，就可以实现，或是部分地实现"先胜"。在战争中，指挥员如果遵循孙武"情报先行"的原则，认真做好情报工作，就会很自然地成为受益方，更容易赢得战争的胜利。所以，孙武主张"胜兵先胜而后求战，败兵先战而后求胜"。所谓"先胜"，就是说战前就能预见胜负，其实就是胜券在握。反之，盲目求战、摸着石头过河，没有很多胜算，等到身陷泥潭之时，就会悔之晚矣。

就"情报先行"而言，西方军事家也有着与孙武非常相似的认识。法国的拿破仑就曾说过，每一个将军，若是他不能充分了解自己的敌人，那他就不精通自己的业务。①著名军事理论家卡尔·冯·克劳塞维茨也非常重视情报的作用，认为将帅需要具备非凡的洞察力，需要"根据对方的特点、组织和设施、状况以及各种关系，按盖然性的规律推断出对方的行动，从而确定自己的行动。"②这也是强调"情报先行"，其中同样体现的是"先知而后战"的思想，和孙武的主张完全一致。

在古往今来的很多战争中，"情报先行"的原则都已经得到广泛的证明。在战争之外，"情报先行"有没有启示意义呢？

我们不妨用商战进行说明。长期以来，人们一直视商战如同兵战，是因为商战同样充满了竞争。当然，商战追求买卖双方的双赢局面，不只是单方面谋利。但商战同样充满了谋略和智慧的较量，孙武的谋略与智慧也可以在商战中大显身手。尤其是"情报先行""慎重决策"等原则，商战都可以借用。

最早成功借鉴孙武兵学思想来经商的，要数战国时期的白圭。那个时候，魏文侯在位，白圭喜欢观察市场行情，注意认真考察行情变化。所以，当货物出现过剩而低价抛售时，他就大量地收购；当货物出现不足而被高价索求时，他就大量进行抛售。他能准确预判年景的好与坏，靠的就

---

① ［苏］E. 契尔尼亚克：《秘密战五百年》，傅师译，群众出版社1980年版，第395页。

② ［德］克劳塞维茨：《战争论》（第一卷），商务印书馆1978年版，第33页。

是情报。因此，他才能知道适时地囤积货物，知道根据市场行情及时抛售和去库存。去库存，也需要事先做好情报工作。白圭就是这样，非常善于捕捉赚钱时机，像猛兽捕捉食物那样迅捷。在介绍经商经验时，他曾这样说："我经商，就像伊尹、吕牙筹划谋略，孙武、吴起用兵打仗，商鞅推行变法那样。"根据《史记》的记载，白圭坦陈自己的经商之术部分取自"孙、吴用兵"。"孙"在"吴"前，显然是指孙武，而非孙膑，他的经商之术，是取自《孙子兵法》，而不是《孙膑兵法》。可以说，善于观察、情报先行，是帮助白圭赚钱的主要法宝。

在清代的山西太谷县，有一位曹姓商人，也是因为遵循了"情报先行"的原则而受益。有一年，他看到田地里的高粱长得异常大，非常茂盛，却也带着一丝异样，就决定折断几根看看，结果发现高粱的杆子里面有不少害虫。根据这个情况，他对当年的高粱收成就有了比较明确的预判，知道高粱会歉收，于是连夜安排人手大量收购高粱。其他人都没有做这样的情报工作，普遍认为高粱丰收在望，于是大量出售库存高粱。不久之后，地里的高粱在即将成熟之际，被害虫成批成批地咬死。虽说当地的高粱严重歉收，但这位曹姓商人因为事先囤积了大量高粱而赚得盆满钵满。不管他有没有认真研读《孙子兵法》，其成功足可证明情报先行的价值。

情报的重要，是不言而喻的。战争如果没有情报作为先导，就像人走路时眼睛被蒙住了一样。重视"情报先行"，重视"先知"，是孙武兵学的重要特征和可贵品质。无数的案例都可证明，情报工作可以帮助提升战斗力。

三、多侦察，细分析

孙武重视情报先行，对于情报格外重视。情报从哪里来？无外乎是使用间谍或侦察兵来打探，从而为战争决策提供依据。重视"先知"的孙武，同时也非常重视"知彼知己"。与此同时，他也非常重视"知天知地"，但这其中也有侧重。就"知己"和"知彼"来说，孙武侧重于"知彼"。"知彼"重要，相对更难，所以孙武花费了更多的笔墨进行探讨。就"知天"和"知地"而言，"知地"是更加基本的要求，所以孙武同样也花费了不少笔墨。

使用间谍和侦察兵，都可视为"知彼"，即努力地探知对方的情报。对于如何侦察敌情，《孙子兵法·行军篇》中有很多的总结，可以总称为"相敌之法"，有人称为"相敌三十二法"。因为版本不同，在具体的条目数字上会有所差别。

孙武所总结的"相敌之法"，主要集中在下面一段文字：

> 敌近而静者，恃其险也；远而挑战者，欲人之进也；其所居易者，利也。众树动者，来也；众草多障者，疑也；鸟起者，伏也；兽骇者，覆也；尘高而锐者，车来也；卑而广者，徒来也……见利而不进者，劳也；鸟集者，虚也；夜呼者，恐也；军扰者，将不重也；旌旗动者，乱也；吏怒者，倦也；粟马肉食，军无悬缶，不返其舍者，穷寇也；谆谆翕翕，徐与人言者，失众也；数赏者，窘也；数罚者，困也……

孙武对他所能想到的各种侦察敌情的方法进行了罗列，所有这些，可以统称为"相敌之法"。放在今天打量，它们基本都属于战场侦察之法，主要目的是侦察敌情，为指挥员正确判断战场情况、下定作战决心等提供基本依据。而且是一边侦察，一边研判。

"众树动者，来也"，是说树林中林木摇动，因为敌人在隐蔽，将要袭击我们了；"鸟起者，伏也"，是说鸟雀突然飞起，因为藏有伏兵；"尘高而锐者，车来也"，是说尘土高起而尖锐，因为敌人开动战车奔驰而来；"卑而广者，徒来也"，是说尘土低矮而又广阔，因为敌人的步卒正在向我方袭来……总之，孙武对侦察敌情的方法进行了不厌其烦的总结。

孙武是从哪些地方得到这些经验的呢，是他在战场上亲身经历的吗？恐怕不是。在撰写兵书之前，孙武可能没打过仗。即便是亲历战场，怕是也没有办法罗列这么多条。其中不少，应该是他阅读和学习的结果，从以前的战场实践中得来。

没有亲身经历，并不代表他的总结没有用处。就像是医生给病人看病，不用把各种病都得一遍。那样的话，这世界上就很难找到医生了。从书本中学来的治病方法，也是可用之法。孙武对战场侦察之法的总结，也是这个道理。

比如，"相敌之法"中有"鸟集者，虚也"，这可以在《左传》中找到原型，而且不止一处。

有一年秋天，楚国的令尹子元带领六百辆战车进攻郑国，结果其他诸侯都赶来救援郑国，楚军只得连夜溜走。郑国这边其实也非常心虚，不敢和楚国开战，于是也准备逃跑。就在这时，派出去的间谍回来报告说"楚幕有乌"，就是说发现楚军的帐篷上有乌鸦。这表示楚军已经撤退了，而且撤退也有一段时间了，郑国于是就此停止了逃跑的脚步。

"楚幕有乌"，其实就是"鸟集者，虚也"。间谍发现楚军的帐篷上有乌鸦，因此判断楚军大营空虚，无人守备。

有意思的是，公元前555年，在战争中乌鸦又出现了。在中国，喜鹊的出现代表有喜庆之事要发生。打仗不是好事，所以乌鸦总爱来凑热闹。

这一次是在冬天，鲁国和晋国等一起进攻齐国。齐灵公率领军队抵抗，很多士卒战死。在这时候，齐灵公又听说诸侯国还有更多的军队将要打过来，感到十分恐惧，于是登上巫山亲自侦察敌情。晋军这边树起很多的旗帜，战车左边坐的是真人，右边则放着假人，虚张声势，搞出声势浩大的样子。晋军在战车的后面，捆上木柴，营造出尘土飞扬的样子，气势逼人。齐灵公看到后，判断晋军士兵很多，队伍很有气势，就想撤回了。于是，齐军趁着黑夜逃走了。师旷是懂音乐的高人，他听到乌鸦的叫声，告诉晋平公说："乌鸦的叫声透露出愉悦，齐军恐怕是逃走了。"

接下来，叔向出场了，他是个懂政治的高人。别人家没有存款，家徒四壁，他却来祝贺人家。这就是"叔向贺贫"的故事。这一次，叔向基于情报视角，依据侦察和分析的经验，帮助晋平公分析敌情。他告诉晋平公说："城上有乌鸦，齐军恐怕是逃走了。"

这里的"城上有乌"，其实也是"鸟集者，虚也"，因此，叔向才能由此而判断齐军已经撤走了。

由此可见，孙武总结的这些"相敌之法"，并不是无源之水，而是对既往战争经验的总结，不是凭空想象得来的。

再看"旌旗动者，乱也"这一句，其实也可以在春秋时期的长勺之战中找到源头。当时，齐国军队进攻鲁国，曹刿去见鲁庄公，问他有什么本钱去和齐国军队作战。鲁庄公说了几条理由，都没被认可。后来，鲁庄公认为自己在司法方面能尽量做到合情、公平，曹刿这才认为鲁国可以一战，他还请求鲁庄公批准他随行督战。在这之后，长勺之战就发生了。

曹刿确实很懂打仗。上海博物馆收藏的楚竹书《曹沫之阵》是一本兵书，有的专家就认为是他写的，因为主人公姓曹。到底是不是这样，怕是不好说。

仅从长勺之战可以看出，曹刿确实很懂军事。鲁庄公几次都按捺不住，想要发起冲击，准备擂鼓下达作战命令，都被曹刿劝住了。曹刿指出：“夫战，勇气也。一鼓作气，再而衰，三而竭。”①曹刿执意等齐国军队士气低落时再发起攻击，果真取得了胜利。齐国军队逃跑，鲁庄公急着追赶，也被劝住了。曹刿仔细观察了齐国军队战车的车轮所留下的痕迹，又登高向远处望了望，然后才决定追击。他的根据是：“视其辙乱，望其旗靡。”意思是说，看见对手的车辙杂乱无章，旗帜尤其混乱，所以才能发起追击。

旗子乱了，说明齐国军队确实乱了阵脚，军心涣散，所以不会设有埋伏，曹刿据此而果断指挥军队出击。这就是“旌旗动者，乱也”的道理。这一例证也可以说明，孙武的这些“相敌之法”，反映了古代战争的一些实际情形，同时也能对当时的战争实践起到指导作用。

孙武所总结的“相敌之法”大致可以分为两类。第一类是根据敌人的言辞和行动来判断其行动。比如“辞卑而益备者，进也”，是说敌人在措辞上非常谦卑而又恭顺，但是同时又在不停地加强战备，这表示敌人是准备进犯，有大规模的军事行动在后面。正如宋代梅尧臣所说的那样：“欲进者，外则卑辞，内则益备。”就是说对方越是想攻打你，就越是要保持着谦卑的样子，为的就是麻痹你，好趁你松懈的时候发起攻击。

战国时期的即墨之战，非常典型地说明了这层道理。当时，燕国和齐国结下了梁子。先是齐国把燕国给收拾了，后来，燕国想复仇，就在名将乐毅的带领下，把齐国给收拾了。齐国虽然强大，但是这一次被收拾得有点惨，只剩下即墨和莒两座城池，作困兽斗。

---

① 《左传·庄公十年》。

为了守住即墨，齐国大将田单把能想的办法都想出来了，甚至连自己的妻妾都加入守城队伍之中。他还把浸满油脂的芦苇绑在牛尾上，并点燃其末端，设计出了"火牛阵"。田单一面紧锣密鼓地布置反攻，一面麻痹对手，派人出去和燕军商谈投降的事情。城墙之上，安排了一些老弱病残在守卫。为了更好地麻痹燕军，田单派人给燕军将领写信，恳请对方不要伤害到自己的妻妾。燕军这边，上上下下都更加松懈。这时候，田单指挥大军发起反攻，在"火牛"的带领之下，把燕军打得大败，总算给齐国争取到了起死回生的机会。田单之所以能成功，因为他表面上做的都是"辞卑"，背地里做的却都是"益备"，所以很好地麻痹了对手，取得了空前的成功。

如果反过来，比如对方措辞强硬，而且摆出了进攻的架势，这在孙武看来，是想撤退的表现："辞强而进驱者，退也。"这其实是心虚的表现，说明对方准备后撤。

再如"见利而不进者，劳也"，明明有利可图，却不前进，这说明敌人已经疲劳不堪。"无约而请和者，谋也"，敌人尚未受到任何挫折，却忽然主动前来讲和，必定另有阴谋，背后一定有着不可告人的目的。这里的"约"，是受困或受制的意思。

第二类是根据鸟兽、草木及尘土情况，来判断敌军的动向。比如"鸟起者，伏也""尘高而锐者，车来也"等。孙武的观察非常仔细，分析非常独到。针对道路上扬起的尘土，孙武进行了各种区分：如果道路上的尘土扬得很高，而且是直蹿天空，那就是敌人的车兵来了；如果尘土低沉而且面积很大，那就代表敌人的步兵正在往前开进。

事实上，第二类也可归为第一类。因为鸟兽、尘土等情况，说到底其实都是因为敌人的行动而引起的。因为"相敌之法"，其关注的对象本来就是"敌情"，所以，我们看到不少研究孙武的专家都试图对三十余种"相敌之法"做各种分类，这当然是为了研究和介绍的方便，但总体上都不是非常成功，各个类目的子项都难免会出现交叉重复的现象。出现这种现象，当然不能完全归罪于孙武，也需要在我们自己身上找原因。比如，是不是我们带着"以今律古"的心态，对孙武的要求过于苛刻。孙武在总结和探讨这些"相敌之法"时，本来就没有事先预定一个合理的逻辑顺序。即便有，也不一定符合今天的逻辑。

也许正是因为带着"以今律古"的心态，有些人会说孙武总结的这些侦察和分析敌情的方法，都已经过时了。原因很简单，这些都是冷兵器时代的产物，是两千多年前的战场侦察之术。现在早已跨过冷兵器时代，迈入信息时代了，这些方法当然会过时。

是不是这样呢？我认为不是。孙武所总结的那些方法，固然有一些过时了，但也有一些并没过时。

哪些过时了？比如那些讲战车的，像"尘高而锐者，车来也"等，今天用的是装甲车，情况不一样了，孙武的总结怕是不再适用。

哪些没过时？很多都没过时。孙武总结的这些"相敌之法"，虽说是冷兵器时代的战场侦察之术，但其中很多，并不会随着时代变迁而失去运用价值。

日本的战国时期有一位著名军事家，说孙武救了他一命。他在带兵前进的时候，忽然发现前方树林里面很多鸟"哗啦啦"地飞了起来。由于学习过《孙子兵法》，他马上想起孙武说过"鸟起者，伏也"，判断前方有伏兵，随即布置大军撤退。后来他打听到，确实是有伏兵在前方等着他们。如果不是因为想起孙武的教导，他们就会遭到伏击。正是孙武侦察敌情和研判敌情的方法，救了他一命。

注意，这是日本的战国时代，不是中国的战国时代。日本的战国时代，距离孙武的时代，已经差了将近两千年。但孙武这些研判敌情的方法仍没有过时。日本人还要不远千里地跨越时空，来向孙武表示感谢。

即便是在现代战争中，我们已经掌握和拥有了大量新型高技术侦察装备，但孙武的这些"相敌之法"也没有完全失去意义。在前沿阵地，怕是仍然免不了会有抵近侦察的行动。对方在侦察行动中，同样会遇到诸如"鸟集""扬尘"等现象。根据这些现象判断敌情，虽说非常原始，但仍非常实用。包括雷达在内的现代侦察设备，固然架设更加便利，携行作战能力很强，但是，万一它们摔坏了，不还是需要依靠这些原始的侦察手段吗？

尤其重要的是，孙武的"相敌之法"蕴含了丰富的哲理和思想方法，如"去粗取精、去伪存真、由此及彼、由表及里"等，折射的是"透过现象看本质"的思想方法。这些对于今天的军事斗争，仍有指导意义。

现代条件下，如何做好情报侦察和情报分析，如何做好评估与预测，仍需要通过发现事物之间的内部联系才行。毛泽东对此有非常精辟的总结，他说："指挥员使用一切可能的和必要的侦察手段，将侦察得来的敌方情况的各种材料加以去粗取精、去伪存真、由此及彼、由表及里的思索，然后将自己方面的情况加上去，研究双方的对比和相互的关系，因而构成判断。"①对于这一过程，我们或许还可以借鉴毛泽东的总结，简单地概括为"实事求是"四个字，其中所透露的，仍然是透过现象看本质的思想方法，即便面对更为纷繁复杂的场景，也一定要洞察其本质，这才能发挥预测和预警作用。孙武的总结，也蕴含着这些道理。

再退一步看，今天的军队也会面对"数赏者，窘也"或"数罚者，困也"等情况。接连不断地犒赏士卒，表明敌人已经无计可施，只能通过一再的奖赏来挽回局面。反复地处罚部下，表明敌人的处境非常困难，可以趁机发起攻击。孙武所揭示的这些侦察敌情的道理和方法，即便放在今天，也没有过时。

四、争胜地，避险地

孙武主张对于敌情要多侦察、细分析，从而为战争决策提供依据。围绕情报，孙武追求的是"先知"，同时也强调"知彼知己"和"知天知地"。就"知己"和"知彼"而言，孙武花费了更多的笔墨讨论"知彼"。就"知天"和"知地"而言，孙武则花费更多的笔墨讨论"知地"。孙武为何如此重视"知地"？地形条件对于战争决策和战胜敌军起到什么样的作用呢？

我们不妨先从一个经典战例说起。这就是解放战争期间，发生在山东战场上的孟良崮战役。这场战役在 1947 年 5 月 13 日开始，到 16 日已经结束，前后持续仅几天时间。就在这几天时间之内，中国人民解放军华东野战军在陈毅和粟裕的指挥之下，一举消灭国民党军的"五大主力"

---

① 《毛泽东选集》（第一卷），人民出版社 1964 年版，第 163 页。

之一——国民革命军整编第七十四师。不仅彻底粉碎了国民党军对山东根据地的重点进攻计划，而且就此扭转了山东战局，同时也对解放战争的进程产生了不可估量的影响。

中国人民解放军之所以能够取得这场大胜，当然首先归功于党中央的英明决策，归功于陈毅和粟裕的出色指挥，归功于华东野战军殊死奋战的全体将士。国民党军内部不和，也给了华东野战军打歼灭战的机会。在这之外，地理因素其实也对战争结果产生了重要影响。陈毅和粟裕的战略战术设计，其实也都免不了要考虑自然环境因素，需要根据地理条件展开。孙武说，"地形者，兵之助也"，孟良崮战役也充分考虑了这一因素。

针对蒋介石"密集靠拢、加强维系、稳扎稳打、逐步推进"的战法，华东野战军始终在努力寻找分割歼敌的机会。终于，他们利用张灵甫冒进的机会，把第七十四师从国民党军的重兵集团中给挖了出来。但是，接下来如何将对方一举全歼，也很费周折。很显然，孟良崮一带的地形条件，为华东野战军达成这一目标创造了条件。

在山势绵延、河道纵横的复杂地形条件下，第七十四师的美式装备完全失去了用武之地，需要卡车等为牵引的重型武器，反倒变成了沉重的包袱。为此，张灵甫不得不紧急下令临时修路。一边修路，一边前行，机动能力大打折扣。反观我华东野战军，长期在山区活动，对山地行军和山地作战都非常熟悉。在特殊的地形条件下，重型武器无法施展拳脚，第七十四师的装备优势大打折扣。这时候比拼的，实则是轻型武器。在轻型武器的火力配置上，华东野战军实则与第七十四师相差不多。既然如此，对地形的熟悉与否、战法得当与否等，逐渐成为影响战争胜负的主要因素。

在大军被围之后，张灵甫其实对孟良崮的地形也有所研究，但是，独特的地理条件，还是对他们形成了很大制约。因为存在射击死角，使得国民党军的轻重机枪无法充分发扬火力，火炮受到的影响更大，无法对山脚下的华东野战军将士形成有效打击。既然无法形成有效的火力压制，便无法达到固守的目标。不仅如此，由于孟良崮顶部平面面积太小，国民党军想对第七十四师完成饮水和粮食的空投补给也非常困难。

独特的地形条件，为华东野战军整体歼灭国民党的这支王牌军创造了条件。当国民党军试图增援时，华东野战军也充分利用孟良崮地区复杂的地形条件，很好地完成了阻击任务。加上国民党内部派系斗争，友军的救援行动非常迟缓等，这些都为华东野战军实现最后的聚歼敌军赢得了时间。

总之，在孟良崮战役中，华东野战军大获全胜，第七十四师遭到覆灭。将士拼死奋战、指挥员出色的临场指挥等，是华东野战军取胜的主要原因。孟良崮独特的地形条件对国民党军战斗力构成各种限制，也是不可忽视的重要因素。

张灵甫进入绝境，其实也是咎由自取。因为狂妄自大，他对华东野战军围歼的决心严重估计不足，对作战地点的地形特点等，也完全失察。孙武说的"知彼"和"知地"，他都没能做到。他希望友军及时出手，来个"中心开花"战术，殊不知遇到的是一群见死不救的"猪队友"，这其实是不知己，其妄图对华东野战军实施内外夹攻的作战计划遂遭到彻底破产。

在《孙子兵法·地形篇》中，孙武指出："知彼知己，胜乃不殆；知天知地，胜乃不穷。"其实，"天"和"地"也都是需要关注和搜集的情报。但由于古代科技水平有限，所以当时的人们只能对"知地"进行一些探讨。十三篇兵法中，较少对如何"知天"进行探讨，应该是受到了特殊历史条件的限制。那个时候，还是冷兵器时代，战争多发生在陆地，没有海战和空战，更需要做好"知地"。

正是因为对"知地"的重视，孙武在《孙子兵法·九变篇》和《孙子兵法·行军篇》，乃至《孙子兵法·地形篇》和《孙子兵法·九地篇》中，都花费了不少笔墨探讨"知地"，研究各种地形条件下的战法。"地"与战法设计和战术执行等，都密切相关。孙武指出，"知此而用战者必胜，不知此而用战者必败"①，对于"知地"的重视可谓溢于言表。兵要地理是十三篇兵法的重要内容之一，是孙武兵学思想体系的重要组成部分。从《孙子兵法·行军篇》到《孙子兵法·地形篇》，再到《孙子兵法·九地篇》，孙武对这一论题的探讨逐渐深入，用墨越来越重。对地形有充分了解，就能有效地避开险地和争夺胜地。

如果预先知道地形情况，就可以很好地驻军。驻扎军队，必然先要考

---

① 《孙子兵法·地形篇》。

虑到地理因素。孙武称之为"处军之法"。根据不同的地理条件，孙武总结了四种驻扎军队的方案，分别为"处山之军""处水上之军""处斥泽之军""处平陆之军"，都写在《孙子兵法·行军篇》中。

"处山之军"说的是在山岭地带的驻军方法。孙武认为，这时候必须要靠近有水草的溪谷，驻扎在向阳的高地。而且，如果敌军居高临下，就应该避免对其仰攻，这就是"战隆无登"。"战隆"，简本作"战降"。在冷兵器时代，占据高地确有优势，弓箭的射程都会远一些，石头也可以拿来做杀人武器。但在现代战争中，这种优势就大打折扣。在孟良崮战役中，张灵甫虽然占据了高地，但还是被华东野战军击败。

"处水上之军"则是总结了准备渡河时军队驻扎的若干注意事项，其核心要求是"远水"。很显然，这是就驻扎军队而言，否则就于理不通。既然是要渡江渡河，为何还要远离江河？所以，孙武的本意是，大军渡河之前，在安营扎寨时一定要远离江河，防止被河水所伤。就迎战来犯之敌而言，还要注意半渡击敌。也就是说，当敌军渡河到了一半的时候，就要趁机发起袭击。不能学宋襄公，在宋楚泓水之战中，宋襄公因为拘泥于古军礼，施行仁义，非得等楚军完全渡河之后才发起攻击，结果被楚军打败。与此同时，也要注意不要靠近水域迎敌作战，即"无附于水"，避免因为无路可退而导致全军覆灭。

"处斥泽之军"是指如果军队处于沼泽地带，就必须迅速地离开，不可久留。这种地形对于交战双方而言都非常不利，进退都非常困难，更别说打仗。在孙武看来，大概只有一种方法相对可行："依水草而背众树。"因为这种地方，地质相对较硬，军队可以稍做伸展，便于机动。

"处平陆之军"是指平原地带的驻军方法。在这种地方，车马易行，应选择视野开阔之地，便于军队机动。而且，要注意将主力驻扎在地势较高之处，即"右背高"。这里的"右"，应遵从吴如嵩、钮先钟等学者，解释为"主要侧翼"。

对于自己所总结的四种"处军之法"，孙武非常自得，认为有作战上的便利。但在具体运用时，也不能拘泥。比如孙武所说的"无附于水"，韩信就没有拘泥于斯，他参与的井陉之战是历史上的经典战例。韩信通过此战，一举切断西楚霸王项羽的臂膀。此战成为决定楚汉相争历史命运的关键战役之一，也是"战神"韩信卓越军事指挥才能的集中体现。

这一战，发生在公元前205年。韩信奉刘邦之命，率领着刚刚招募来的数万士兵，进攻赵国。当时，赵王和赵军主帅陈余都已得到消息，于是集中了二十万大军把守井陉口。他们构筑了坚固的堡垒，希望能据险固守，以逸待劳，打退韩信的进攻。如果战争真的这么进行下去，估计韩信难赢。

使得战争结局出人意料，有陈余的因素。刚愎自用的陈余，自恃兵多将广，拒绝采纳李左车的正确建议。他认为韩信的军队非常疲惫，而且在数量上处于绝对劣势，所以决定主动出击，寻求速战速决。

韩信很清楚自己一方兵力较少，而且深入重地，并不占据主动地位。于是，他决定利用赵军主帅陈余的轻敌情绪，以及他希望速战速决的急躁心理，把队伍改成背水列阵。此后，韩信指挥部队前进到距井陉口三十里的地方驻扎下来，趁着夜黑，率领部队继续抵近。同时，他挑选了两千名骑兵，让他们每人手持一面汉军的红色旗帜，从山坡上的小路前进，迂回到赵军大营侧后的山上隐藏。接着，韩信又派出一万名士兵到绵蔓水东岸，背靠河水摆出阵势，用来迷惑和引诱赵军。赵军这边看到韩信这么布阵，都耻笑他不懂兵法，连一点军事常识都不懂，于是变得更加轻敌。

无端地嘲笑别人，一般都要付出代价。陈余和赵军，都曾无知地嘲笑过韩信，也因此而付出代价，损失非常惨重。

第二天清晨，韩信立即展开行动。他命令全体将士饱餐一顿，然后就亲自率领主力，浩浩荡荡地向井陉口进发。赵军看到立功机会来了，于是抢着出营迎战。双方一经接触，韩信立即引兵撤退，与事先背水列阵的汉军会合。陈余以为汉军真的败了，认为这是活捉韩信的大好时机，于是立即率军追击。汉军后退无路，有大河挡着，只好拼死抵抗，越战越勇，陈余只得下令撤回。这时，夜间潜伏于赵军侧后方的汉军出现了，他们迅速抢占了赵军大营，在敌营插满了汉军旗帜。陈余忽然发现自己的大本营没了，大惊失色，手下的士卒也受到惊吓，四处逃散。韩信率领主力趁机反击，就此全歼赵军。

韩信在这一战，制定的是"陷众于害"的策略。"陷众于害"其实就是"投之亡地然后存，陷之死地然后生"①。这正是孙武提出来的作战方法。虽说是靠近大河，充满危险，违背了孙武"无附于水"的警告，却也基本符合"陷之死地然后生"的作战原则。

孙武的兵法，向来要求会变通，包括他说的"无附于水"，都不能太过拘泥。韩信之所以能够获胜，就在于他学到了孙武用兵的真谛。这一次，他运用的是"陷之死地然后生"，所以不会受到"无附于水"的束缚，改成背水列阵，用的是险招，但战术运用非常高明。

所谓"无附于水"，其实就是指避开险地。孙武在《孙子兵法·行军篇》还有更进一步的总结，称为"六害"。孙武说："凡地有绝涧、天井、天牢、天罗、天陷、天隙，必亟去之，勿近也。"诸如绝涧、天井、天牢这些，一看名字就知道不是什么好地方，都非常不利于军队的驻扎。

绝涧，就是指溪谷非常深，还有水流其间。天井，就是指四周很高，中间低洼。天牢，就是指高山环绕，易进难出，像一座牢房一样。天罗，就是指草深林密，如同罗网，难以摆脱。天陷，就是指陷阱，即地势低洼、道路泥泞。天隙，就是指两山相向，而且山涧之道非常狭窄而又局促。

这些地方，即便是行军路过，也容易被敌军包围而陷入绝境，因此必须组织部队迅速撤离或绕道而行。反过来看，这种地方既然对我方不利，对敌方也不利，那么高明的指挥员可以设法将敌军逼向这一地带，争取主动权。这就是"吾远之，敌近之"的战法。

关于地形，孙武在《孙子兵法·地形篇》还有进一步的总结和探讨。他将不同的地形总称为"六地"，并分别就对应的作战方法进行了探讨。

何为"六地"？即通、挂、支、隘、险、远。所谓"通形"，是指"我可以往，彼可以来"，即道路四通八达，敌我双方都可以自由来往。在这种地方，一定要占据地势较高之处。居高临下，视野开阔，容易占据主动权。所谓"挂形"，是指"可以往，难以返"。这种地方固然可以进入，但难以返回，所以要认真观察，切不可贸然出击，否则就很容易把命丢掉。所谓"支形"，是指"我出而不利，彼出而不利"。这种地方是"相

---

① 《孙子兵法·九地篇》。

持之形"，要注意不受敌军引诱，始终保持定力。所谓"隘形"，是指咽喉之地。这是大军出入的要道，如果能抢先占领，就一定要派出重兵把守。一旦被敌军占据，也不要贸然前去攻打。所谓"险形"，顾名思义，是指险要地形。在这种地方，一定要抢先占据视野开阔的高地。如被敌军占领，就应立即撤离。所谓"远形"，是指"势均"之地。因为距离较远，所以不利于兵力投送，补给也非常困难。在这种地方，如果劳师远征，必然地会造成兵马疲惫，非常难以取胜。

在分述"六地"之后，孙武总结道，考察地形情况，是"将之至任"，将帅必须要慎重考察，按照地形条件灵活用兵。这是对将帅的基本要求，提出这一要求，显然是非常务实之举。两军交战，谁胜谁败，与地形条件始终息息相关。

结合"知地"，孙武还对"战道"进行了总结。在孙武看来，发动战争与否，主要依据"战道"。"战道"，是进行战争决策的重要依据。孙武说："故战道必胜，主曰无战，必战可也；战道不胜，主曰必战，无战可也。"在将国君的命令与"战道"进行衡量之后，孙武认为后者更为重要，更应将其作为将帅是否发起战争的主要依据，这是尊重战争规律的表现。孙武在《孙子兵法·地形篇》提出了这一问题，其实也是基于地理环境和地形条件对于战争胜负的影响而做出的思考。受科技条件限制，国君和战场距离较远，如果在不知敌情的情况下还要保持对战场的遥控指挥，便会带来各种问题，乃至吃败仗。损兵折将，便是必然，这也会给军队和国家带来难以估量的影响。因此，遵从"战道"，从打赢战争的角度出发，深度思考用兵问题和决策问题，也是一种务实之举。

既然如此，还有一个问题：研究地理问题是什么层次的问题，是战略层面还是战术层面的问题？在我看来，都有。前面总结的"六地"，基本都是结合具体战法展开，因而多为战术层面。但是，到了《孙子兵法·九地篇》，孙武所说的"地"，大多进入战略层面。从《孙子兵法·行军篇》到《孙子兵法·地形篇》，再到《孙子兵法·九地篇》，孙武对于军事地理的论述，越来越深入。《孙子兵法·九地篇》论"地"，可称之为兵要地理，属于战略地理学或地缘政治学。因此，考察孙武的地理论，不能只盯着《孙子兵法·地形篇》，而是一定要将《孙子兵法·行军篇》《孙子兵法·地形篇》《孙子兵法·九地篇》放在一起考察。尤其是要对《孙子兵法·九地篇》所讨论的"九地"给予高度关注。

那么，什么叫"九地"，为什么说这是战略层面的地理论呢？

五、地理与战略

在《孙子兵法·九地篇》中，孙武基于作战态势的不同，对地理环境进行了多种划分，而且分别提出了具有针对性的建议。这些内容，我们可以称之为"兵要地理"，讨论的是战略地理或地缘政治等。现代战略地理学从战略的高度研究与军事有关的地理环境，考察地理环境对于军事战略的影响，进而为决策者进行安全环境的分析，包括选择战略目标、拟定战略方针，以及制定部队建设规划，等等。[①] 对照这一说法，孙武在《孙子兵法·九地篇》所谈到的兵要地理，完全符合现代战略地理学的基本内容。孙武通过这些内容提示人们，在进行战争决策时，必须要根据不同的战略地理条件展开，找到最为合理的作战方针，从而牢牢地掌握战争的主动权。

在孙武所说的"九地"中，有一种叫衢地："四达者，衢地也。"道路四通八达的，就是衢地。除此之外，孙武还有更进一步的描述，就是"诸侯之地三属"。在中国古代，"三"和"九"都可以泛指"多"。"三属"，就是指与多个诸侯国毗邻。衢地还有一个重要特点，就是"先至而得天下之众"。即谁先到达衢地，谁就容易得到四周诸侯的援助。

身处衢地，也有不好的地方。因为衢地交通便利、四通八达，往往变成了兵家必争之地。春秋时期的郑国和宋国就是处于这种地带，很容易成为战场，从而饱受战争之苦。这就是特定的地缘战略决定的。

在春秋时期，晋、楚两国长期争霸。对于晋、楚这两个超级大国来说，郑国和宋国就是衢地，是他们争取拉拢的对象。郑国和宋国，起初还承担着抵御楚国北上的任务。当时，北方国家大多团结在晋国周围，楚国则被视为蛮夷，受到了轻视。当然，郑国和宋国，也经常被其他国家看不

---

① 雷杰：《战略地理学概论》，解放军出版社 1990 年版，第 2 页。

起。"郑人买履"这个成语就是讽刺郑国人的,"揠苗助长"这个成语就是嘲笑宋国人的。

刨去这些不说,郑国和宋国因为身处衢地,不得不在晋、楚两国争霸期间沦为大国争霸的角斗场,惶惶不可终日。等到后来,当楚国前来攻打时,他们放弃了立场,改而选择"与其来者"的方针。就是说,唯来犯者是从。晋国和楚国,既然谁都得罪不起,那就干脆选择"墙头草,两边倒"的策略。如果晋国打过来,就倒向晋国;如果楚国打过来,就倒向楚国。这确实也是一种无奈之举。既然晋国和楚国允许他们采用这种方式,那么也反映出他们对于衢地的重视,即不仅要设法拉拢,而且要努力巩固。

对于衢地,孙武也提出了办法。他说:"衢地则合交。"合交,意思就是结交。一旦到了衢地,就需要加强外交活动,多结交诸侯,多找一些盟友。不仅如此,还要"固其结"。孙武又说:"衢地,吾将固其结。"光是结交盟友还不行,还需要不断地巩固这些关系。

身处衢地,应该如何避免受伤害呢?郑国选择"与其来者"的策略,看到的是大国试图拉拢和结交的心态,并且能很好地加以利用。至于宋国,就更厉害了。宋国在晋楚争霸的过程中,受到的损失并不比郑国小,也在不停地想办法找出路。最后,宋国把那些爱打仗的"好斗分子"都拉到一张桌子旁坐下,好吃好喝地伺候,然后说服他们签订停战条约。这就是开和平大会。宋国真的成功了,而且不止一次。公元前579年,宋国大夫华元就通过斡旋,促成了晋、楚两国的和解,史称"华元弭兵"。公元前546年,在向戍的积极斡旋之下,各诸侯国又一次开了弭兵大会,缔结了和平条约。宋国不但因此能在夹缝中苟且生存,还提高了自己的地位。

针对衢地的地理特征,孙武提出的办法,并非没有道理。他对衢地的处置办法,与西方一度兴起的地缘政治学不无相似之处,二者都注意基于地理因素考虑安全政策,制定战略规划。为避免本国利益受损,在注意结交邻国、寻找战略支援等手法上,二者多有相通之处。

虽说过去了两千多年,孙武关于衢地的探讨并不过时。第二次世界大战前后,各方都重视对新加坡一带的争夺。虽说这里土地面积不大,但是地靠马六甲海峡,而且一只脚踩着马来半岛,另一只脚能够到印度尼西亚，显然就是战略地理中的衢地。尤其是这个马六甲海峡，要想在海洋称霸，就一定要对其给予特别关注。英国很早就看到了这一点，早在十九世纪前期，就开始占领并管辖该地，使其成为英国的殖民地。在第一次世界大战结束后，英国斥巨资在此修建海军基地，军情五处也在这里设点。第二次世界大战期间，日本当然也非常清楚新加坡作为衢地的重要性，因此一直在周密计划，试图占为己有。当他们决定推行南进战略之后，立即对新加坡全力加以抢占，试图把英国势力赶走。他们非常清楚新加坡对于控制东南亚的重要意义。

第二次世界大战之后，大国争夺衢地，集中体现在对于日本的控制。大家都知道，日本是第二次世界大战中的战败国，但是，区区一个岛国居然在世界上掀起一番大风大浪，使各国人民都饱受战争之苦，不能不让人刮目相看。作为战胜一方，美国对于这个昔日的手下败将格外重视，这不仅因为它确实是一个难缠的对手，而且也因为它是一处战略要地，可以对抗苏联、遏制中国的崛起，还可以借此加强对东亚地区的掌控。控制住日本，不仅可以掐住从日本海进入太平洋的通道，还可以对地处海参崴（现符拉迪沃斯托克）的海军基地完成监视。反观苏联，包括今天的俄罗斯，都力图通过控制南千岛群岛而对日本这个战略衢地保持影响力。因为他们充分认识到这一地带的战略价值，因此丝毫不会做出让步。

当然，肯定也有不少朋友都会注意到地中海一带。这里的确也是具有战略意义的衢地。不说别的，直布罗陀海峡、达达尼尔海峡以及苏伊士运河，就已经足以显示出其地理位置的独特性，何况环地中海还有那么多宗教信仰各异的国家。尤其是中东地区，储备着大量的石油，关系到各国的经济命脉和军事命脉。因为独特的衢地特征和重要的战略价值，环地中海地区一直都是风雨不断，一些大国都想最大限度地控制这一地区。

历史和现实都能证明，孙武有关兵要地理的论述，其启迪价值长久存在。

在孙武看来，战略地理环境一共可分为九种，分别为散地、轻地、争地、交地、衢地、重地、圮地、围地和死地。"九地"，其实就是九种战略地理环境。既然如此，就有九种决策方法和制胜方法。孙武替战争决策者想好了策略。

为什么是九种，而不是八种或者十种？我猜测这可能和中国人素有的数字崇拜有关。中国人对"九"这个数字情有独钟，理由是它为阳之尊、数之极。此外，"九"是大数，表示"多"。"九地"，代表各种各样的"地"。

还有一个问题，孙武划分"九地"又是依据什么标准呢？在我们看来，其所依据的标准，有的是看与己方大本营的距离远近，有的是看作战条件对己方有利与否，这些都需要考察对己方作战士气有利与否，或是构成了多大影响。"死地"放在最后来写，是为了突出和强调。《孙子兵法·九地篇》重点论述的就是死地作战，是长途奔袭的"为客之道"，是战略进攻。

我们先看作战条件对己方有利与否，前面说的"衢地"就是这样，"争地"和"交地"也是这样。它们的内涵，与"衢地"也有相似之处。"争地"，就是看敌我双方谁先占领，就对谁有利，因为"争地"具有特殊的战略价值，是双方必争之地。"争地"既有战略层面的意义，也有战术层面的意义。就战略层面来看，诸如政治中心、经济中心及各种要害地区等，都是争地；就战术层面而言，诸如交通要道、险要的关隘等，也是争地。"交地"，则和"衢地"更为接近，是指敌我双方都可以自由出入之地。这里的"交"，有人说是指两地交界处，有人说是指交通发达，总之是指出行比较便利的地方。敌我双方都可自由出入，因此这种地方在布置防守时要谨慎。孙武说"交地，吾将谨其守"，就是这个意思。

"圮地"，是指山高水险、林木茂密、水网纵横之地。这些地段，因为道路毁坏而难以通行，军队进退维艰，所以很容易遭到对手的沉重打击。因此，一旦遇到这样的地方，就要迅速通过。孙武说，"圮地，吾将进其途"，告诫人们切不可在这里停留。

与前几种地形相比，"散地""轻地""重地"等，在距离上存在着远近之分。

"散地"，是指在本国境内与敌人作战。"散"是离散或逃散的意思，主要是指军心涣散。在家门口作战，将士们都容易分神，容易产生畏战情绪，故称"散地"。家里的妻儿怎么样，父母是否安好，打败后可以躲到哪里去……诸如这些问题，都很容易让将士分神，从而影响到作战士气。

遇到"散地"该如何处理呢？孙武指出，"散地，吾将一其志"。最重要的事情，就是统一全军的意志。

"轻地"，是指虽进入敌境作战，但还是在浅近地区，距离己方大本营不远，士卒可进可退，因此军心也不够专一。"轻"，既可以视为士卒战斗之志并不坚定，也可视为距离本国的国境线尚且不远。二者之间有因果关系。身处"轻地"，孙武认为，"轻地，吾将使之属"，意思是要使军队部署相互连接。这其实还是在强调队伍的整体性，要保持旺盛的士气。

"重地"，是指军队已经深入敌境，背靠的城邑很多。如果和"轻地"进行对比，可以不难对"重地"有所体察。这种地方，士气问题可能已经不是非常突出，但一定要保证军队的补给。孙武说："重地，吾将继其食。"在重地，最重要的就是保障军粮的供给。

"围地"，是指前进的道路非常狭窄，与此同时，退路难寻。在这种地方，敌军很容易实现以少击众，我方则很容易被对方包围，处境危险。那么，如何化解这种危机呢？孙武指出，"围地，吾将塞其阙。"既然已经陷入围地，就干脆堵塞缺口，迫使全体将士不得不拼死作战。之所以要堵塞缺口，无非是为了激发士卒的斗志。对此，曹操和李筌都注解说："以一士心也。"要让大家士气专一、斗志旺盛，然后拼死作战。这并不是说要把士兵往死路逼，而是充分激发其作战潜能，从而打败对手。

"围地"还不是最危险的，"死地"才是濒临绝境。身处"死地"，全体将士只有疾速奋战，才可以存活。求生的手段只有一种：拼尽力气，向死求生。孙武也说："死地，吾将示之以不活。"到了"死地"，只有依靠将士们的决一死战才能求生存，转危为安。这就是孙武总结的"陷之死地然后生"的战法。

因此，所谓"九地"，最精彩和最受重视的，正是"死地"。从"散地"到"轻地"，再到"死地"，孙武基于不同战场环境，考察了士兵的心理变化，又由此出发制定出不同的策略。这些问题固然是在讨论兵要地理，但是我们也可以由此而夸赞孙武是军事心理学的大师。孙武亲自指导的战争，比如伐楚之战，吴军五战五胜，进入郢都，在楚国的地盘上，打败了强大的楚国，与这种死地作战的高明指导密不可分。

孙武"死地求生"的战法，貌似是险中求胜，但也有其科学性和合理性，因此在历史上，也经常有效仿者，而且也都取得了不错的效果。唐代的李愬，依靠偷袭，利用一个风雪之夜，神不知鬼不觉地夺占蔡州，擒获叛贼吴元济。这也是长途奔袭、死地求生的典型战例。

晚唐时期，唐宪宗志在削藩，讨伐吴元济便提到议事日程上来。吴元济不是个善茬，他依靠父辈的多年经营，长期盘踞在蔡州一带，实力不容小觑。唐宪宗先后派几位干将去讨伐吴元济，都失败了。在这种情况下，李愬主动请求出战，随后便受命出任节度使。

李愬上任之后，并不急着用兵，管理部队也比较松散，其实这些都是用来麻痹对手的。蔡州那边，一直在打胜仗，对于这个素来没有什么声望的李愬，并没有放在眼里，没有真的当回事。李愬用兵非常沉稳，对手下士卒也十分坦诚，所以能够感召他们。

但是，光靠这些远远不够，不足以打败叛军。攻打蔡州的时候，李愬还是费了一番心思，用的是长途奔袭的战法。李愬因为事先获得情报，知道吴元济将精锐部队派出去了，便指挥大军在夜里展开长途奔袭。大军刚出发时，有官兵询问前进方向，李愬不予理会。后面，雪越下越大，还有人陆续来问。李愬告诉他们说："我们是到蔡州去捉拿吴元济！"手下诸将都大惊失色，但也只能朝着既定方向急速前进。当天夜里，风雪交加，旗子都被吹破冻裂了，人马也有不少被冻死了。到了别人的地盘，人生地不熟的，大家自以为是来找死的，而且必死无疑。但是，军令如山，只能继续前进。终于，冒着风雪行军几十公里之后，他们抵达蔡州。

唐军已有三十多年没有机会来到蔡州城下，加上大风大雪，蔡州守军毫无戒备。李愬指挥军队继续前进，大家知道身处死地，叛军就在眼前，只能冒死前进。战争进程却异乎寻常地顺利。守门士卒还在熟睡之中，当然轻松就被杀死。等到唐军攻入外宅时，吴元济还不相信有唐军进攻，结果可想而知。经过一番战斗，吴元济只得投降。

李愬能够取得奇袭的成功，可以充分证明孙武"死地求生"的战法是可行的，具有内在的科学性。为了麻痹敌人，行军路线和进攻方向等信息，自己人都不知道。趁着雪夜，孤军深入，而且是一直深入敌军腹地，这其实就是置全军于死地。这场胜利的得来，其实就是对《孙子兵法·九地篇》有关理论的运用。

由此可见，孙武的总结是有道理的。正确认识兵要地理，正确运用军事心理学知识，对于激励士气、充分发挥部队战斗力，乃至夺取最终的战争胜利，都有特别重要的意义。

六、谋与力

就打赢战争而言，孙武开出了两服"灵丹妙药"，第一服是谋略，第二服是实力。而且，这两服药得掺和在一起，才能发挥作用。谋略和实力，相当于鸟的一对翅膀，起码要保证基本的平衡才行，这样才能飞起来、飞得远。如果只抓住其一，就没办法保证顺利飞翔。飞着飞着，就很可能会摔下来。所以，《孙子兵法》对于谋略和实力都很重视。在这本兵书中，谋略和实力实现了完美的统一。

《孙子兵法》被很多人视为谋略之书。孙武重视谋略，已成为人们的共识，十三篇兵法中有大量内容探讨战争谋略。

在《孙子兵法·计篇》中，孙武就已经旗帜鲜明地指出"兵者，诡道也"，接下来就抛出了他的撒手锏"诡道十二法"，就是"能而示之不能，用而示之不用，近而示之远，远而示之近"等。总之，一定要做到"攻其无备，出其不意"。这十二条用兵之法，是孙武谋略思想的集中展示，受到历代军事家的青睐。正是出于对谋略的重视，孙武认为，考察将帅素质时必须要将"智"放在第一位，其次则为"信、仁、勇、严"。孙武还有一句名言叫"上兵伐谋"，想必很多人都知道。在他看来，高明的将帅一定要学会运用谋略战胜敌人，力争达成"不战而屈人之兵"①。即一定力争达成全胜，用最小的投入换取最大的战果。

不仅如此，十三篇兵法对谋略思想有很多探讨，可谓俯拾皆是。从《孙子兵法·计篇》开始，"能而示之不能，用而示之不用"就充满谋略和欺骗之术。《孙子兵法·虚实篇》讨论了很多"虚实之法"，虚虚实实的，最终要达到"避实击虚"，用自己的强点，去攻击人家的弱点。《孙子兵法·九变篇》总结的"九变之术"，专门讨论战争的变法。这是对战争常

---

① 《孙子兵法·谋攻篇》。

法的一种突破。最后一篇总结的"用间之术"，讨论如何使用间谍，同样充满谋略。所以，谋略构成十三篇兵法的主体内容，集中体现了孙武出色的战争智慧。这些战争谋略，一直被军事家们奉为圭臬，历代都有人加以研究，大量借鉴。因为这个原因，人们谈起孙武的兵学，都会留下重视谋略这样的鲜明记忆。《孙子兵法》之所以能成为论兵经典，与这些出色的战争谋略也有着直接联系。

宋代学者郑友贤在评价《孙子兵法》时说："谋者见之谓之谋，巧者见之谓之巧。""谋"与"巧"，确实是《孙子兵法》留给我们最为突出的印象。但是，如果认为这些是孙武兵学的全部，就一定是误解。

我们不妨把《孙子兵法》和其他几本兵书做一个对比。中国古代诞生了很多兵书，但在这里我只想比较两本。一本是《司马法》，另一本是《三十六计》。这三本兵书都非常具有代表性。

《司马法》可以称为"君子的兵法"。因为古代那种重视"古军礼"之类的战法，都在这本兵书中明明白白地写着。既然《司马法》打着"以仁为本"的旗帜，我们就可以认为它集中保存了古代的军事和文化特色。有人说这本兵书是战国时期诞生的，怕是未必。它的写作年代可能要比《孙子兵法》更早，只是在战国时期经过整理而已。从思想内容考察，这本兵书要比《孙子兵法》诞生得早。因为它是"君子"的兵法。打仗之前，双方还要商量商量，约定好了再打，不会搞突袭，不会不宣而战。只是到后来，"大道废，有仁义"，虽然人人都在讲仁义道德，内心却都丢了仁义道德，逐渐变得人心不古。于是，《孙子兵法》这样鼓吹诡诈和谋略的著作出现了。

当然，《孙子兵法》还是继承了古代部分的仁义观点。孙武也讲"仁"。比如，他认为将领应具备五个方面的素质，其中就有"仁"。孙武在《孙子兵法·用间篇》还提出，如果舍不得花钱使用间谍，不去搜集情报，为此而付出了更大的代价，有更多的财物和人命损失，就是最大的"不仁"。这里说了什么是"不仁"，也就等于告诉了我们什么是"仁"。孙武主张"上兵伐谋"，要将战争的损失降到最低，这也是"仁"的体现。

当然，孙武也强调"诡道"，这是很多人的共识。这说明《孙子兵法》在《司马法》的基础上，有了突破和发展。但是孙武在讲"诡诈"的同时，也重视"仁义"，说明他还是个老实人，《孙子兵法》也是老实人的兵法。

《三十六计》在《孙子兵法》的基础上进一步发展。这部兵书的特点是"以易演兵"，作者好像很有理论水平。《三十六计》这本书，可以算是"小人的兵法"，因为它把《孙子兵法》的诡诈之术发展到了极致。

这一特点，看"计名"就可以知道。比如"上屋抽梯"，等别人爬到高处了，就把梯子拿走，让别人没有回头路。比如"笑里藏刀"，走在大街上，如果有人莫名其妙地对着你笑，你会认为他不怀好意。如果他身上真的藏着一把刀，那就更可怕了。再如"美人计"，更让人防不胜防，多少英雄好汉倒在这里。本来以为是美好的姻缘，却不幸中招。

据专家研究，直到民国时期，《三十六计》才出现在某个地摊上。这么论说起来，它还是"地摊文学"的代表。这本小册子把一些阴损的招数，发展到了极致，说它是"小人的兵法"，怕是要得罪一些它的拥护者。但是，这不代表我们不能学不能看。至少我们可以用来防身，可以见招拆招："你想套路我吗？没门儿，这些内容我学过。"

我们也可以从《孙子兵法》中找到《三十六计》的影子，比如"走为上"和"不若则能逃之"很接近。《三十六计》中还有一些诡诈的计谋，都是在《孙子兵法》的基础上发展而来的。二者虽说有联系，但也有区别，《三十六计》是"小人的兵法"，《孙子兵法》则是"老实人的兵法"。《三十六计》玩的是"空手道"，《孙子兵法》在重视谋略的同时，也重视实力。比较起来，无论是著作时间，还是思想内容，二者都存在差别。

《孙子兵法》中大量论述"谋"和"巧"，谋略思想出众。也正是靠着这一点，它才能在众多兵学著作中脱颖而出，赢得青睐。但是谋略并非孙武兵学的全部。十三篇兵法中，有关培植实力和力量运用的论述，可谓比比皆是。

孙武的"庙算"，说的是在庙堂上研判和分析战争局势，主要是就双方军事实力等情况进行认真对比。这其中体现的也是"以力胜人"的思想。孙武所说的"五事"，分别为"道、天、地、将、法"，涵盖了政治因素、自然环境、统帅指挥能力、军队纪律情况等多方面因素。这与西方军事理论家们所提倡的"总体战"或"大战略",存在某种程度的吻合。美国学者罗伯特·克拉克也研究《孙子兵法》。他指出,孙武所说的"道、天、地、将、法",是指找到影响战争局势的各关键要素,涉及社会环境、地理空间、组织领导等多方面因素。应该承认,这一看法很有道理。孙武研究战争,决定打或不打,主要是基于双方实力的考量,并非完全仰仗谋略胜人。

在《孙子兵法·作战篇》中,孙武继续强调战前的后勤工作,即就人、财、物等,做好准备工作。这些内容其实是"庙算"的延续,同样是重视实力的表现。因为人、财、物等,是靠实力来完成准备工作的,其中既有军事实力,也有经济实力。在《孙子兵法·谋攻篇》中,孙武指出,如果能够对敌形成十倍或五倍的优势,才能考虑包围或攻击:"十则围之,五则攻之。"这同样是注重战争实力的原因。《孙子兵法·形篇》则论证了实力营建,也将实力视为制胜之本,故而才会说"胜兵若以镒称铢,败兵若以铢称镒"。镒和铢是非常悬殊的重量单位。孙武认为,要想击败敌人,就一定要达成实力上的优势,就像是"以镒称铢"。反过来,如果是"以铢称镒",就注定会失败。至于《孙子兵法·势篇》《孙子兵法·虚实篇》等,也都是基于实力的探讨。孙武主张的"以十攻一""以众击寡""避实击虚"等,都可以说是"以力胜人"的证据。

所以,孙武既重"谋",也重"力",实现了"谋"与"力"的完美结合。有些朋友或许是对孙武重"谋"的一面,印象更加深刻,但如果认为他不重"力"只重"谋",一定是对他的误解。如果非得坚持这种误读和误解,只能说是"歪嘴和尚念经,把经给念歪了"。不少人判定我国古典兵学的总体特征是"重谋轻力",多少也与这种误读有关。

孙武重视实力的特点,落实在战争中,就是强调依靠基本的实力作为保障,始终以实力说话。就这一点来说,汉武帝反击匈奴的战争就非常具有代表性。

在战国七雄打得不可开交之际,匈奴在北方崛起,此后便长期成为汉朝最大的安全隐患。匈奴行踪无定,擅长骑射,如果南下袭扰,就会让人感到非常头疼。有一段时间,汉朝只能以和亲等作为条件,换得片刻安宁。这种局面,直到汉武帝组织发起大规模的反击作战时,才算彻底扭转。

汉武帝有资本展开反击作战，因为汉文帝、汉景帝长期注意与民生息，让老百姓休养生息，发展生产，留下了较为厚实的家底。与此同时，汉朝也注意调整兵种结构，大力发展骑兵部队。要想发展骑兵，就必须养马，必须多养良种马。汉文帝时，朝廷出台了规定，强令每个农户都要养一匹马。这些措施，显然增添了汉朝与匈奴作战的本钱。等到汉武帝登基后，决心彻底改变被动局面，于是积极做好反击匈奴的各种准备。他继续强化骑兵部队的建设，做好军事要道等的修建工作，与此同时，也着力增加战争物资的储备，为全面反击匈奴创造条件。

汉武帝下令在全社会营造尚武风气，不仅要求军人熟练掌握各种武艺，同时鼓励文官练习骑射和剑术。为了扩充兵力，他通过多种途径来补充兵员，并致力于努力调整兵员结构，竭力弥补汉军不擅骑射的缺陷，也注意改善武器装备，补充大量精良的兵器，大幅度提高了骑兵的战斗力。做了这些工作之后，加上对情报和外交联络的重视，汉武帝更有了击败匈奴的资本。此后，卫青和霍去病轮番对匈奴实施反击，其中又以漠北之战规模最大，最为艰巨。汉军消灭了匈奴九万余人，取得了决定性胜利。此后，匈奴再也无力南下，史书说"匈奴远遁，而幕南无王庭"①。当然，汉军也付出了惨重代价，马匹和步卒死伤无数，国力损耗巨大。但不管如何，匈奴的威胁暂时得到了缓解。

汉武帝反击匈奴之战，之所以能取得成功，根本原因就在于军事实力的提升，尤其是骑兵部队的快速发展，为胜利创造了条件。说到底，战争还是军事实力的比拼。有文景之治的积累，有汉武帝的长期准备，有实力上的跃升，打败匈奴便水到渠成。

战争决策，需要首先考虑军事实力。工作中、生活中，在做重大决策时，同样也需要遵循这一思路。有所不同的是，还需要基于其他层面的实力来进行科学决策。比如，就装修房子而言，谁不想把家里装修得更气派一些？选择家具时，谁不想置办高档的红木家具？但是，家里有足够的资本吗？没有的话，就要立足于自身实力，不要老想着实现不了的事情。学

---

①　《汉书·匈奴传》。

会科学而又理性地消费，这也是"看菜吃饭"的道理。

孙武重视发展实力，对于个人而言也有启示意义。如果通俗地说就是，在该奋斗的时候，还是要努力奋斗。不付出一番辛苦，怎么可能会有收获？

人生要经过一段漫长的岁月，但在任何时候都不能忘记加强学习和努力提升自己。比如，提升专业能力，这往往能在关键时候改变自己的命运。没有实力，同事会看扁你，也不会有用人单位接纳你。

也许有人会说，历史上也有很多以弱胜强的战争。是的，也有一些，但这不是常态。大家记住了这些战争，也许正是因为胜利来得艰辛。大人打败小孩，没有人会记住。比如曹操统一北方，大家都记住了官渡之战，因为这是曹操以弱胜强。但是，曹操对别人还有很多次碾压式胜利，没有多少人记得。实际上，这些碾压式的战争才是常态，更加常见。

或许有朋友会觉得，光靠实力碾压对手，是没有灵魂的打法，没有技术含量。我们要的是那种有深度和内涵的胜利，就是要以弱胜强。就战争而言，这是选错了方向。在战争面前，执着于所谓的内涵和深度，肯定要出大事。以弱胜强，不仅需要机遇，还需要积极谋划才行。孙武认为，实力+谋略，才有更可靠的保证，这是打有准备之仗。

七、速战速决，久拖成害

《孙子兵法》不只重视谋略，同样也重视实力。有了实力作为基础，就需要积极运用战争谋略，在战场上打败对手。孙武一贯反对拖泥带水，反对久拖不决，极力主张的是速决战。

速决战思想集中体现在《孙子兵法·作战篇》。这里的"作战"，与我们今天所说的"作战"含义并不相同。今天所说的"作战"，是两军对垒。孙武所说的"作战"，是"战争准备"。这里的"作"，同"乍"，是"开始"的意思。而且，这个"开始"，并不是指开战之后的初始阶段，而是指战争之前的筹划和准备。在准备期间，还要衡量战争得失和战争的危害性。

既然立足于打仗，就需要计算成本，对很多细节问题都要有所考虑，力争做最周密的准备。通观《孙子兵法·作战篇》，核心思想是"速决战"。围绕这个"速决战"，孙武主要讲了这样三层意思：第一层意思，战争开始之前必须要做好充分的物资准备；第二层意思，如果战争久拖不决，则会消耗巨大，会给国家带来不利影响。第三层意思，尽量降低战争损失，趋利避害，最好是速战速决。在孙武看来，要想做到趋利避害，降低战争成本，除了"因粮于敌"，即在对方家中找到吃的用的，还应力求速战速决。

战争准备有哪些要求？在孙武看来，各个方面都要有所考虑，必须想得充分而又细致。具体内容在《孙子兵法·作战篇》的开篇就有提及："驰车千驷，革车千乘，带甲十万，千里馈粮，则内外之费，宾客之用，胶漆之材，车甲之奉，日费千金，然后十万之师举矣。"这段话，总结了用兵的各种费用，也对战争准备的内容和重点进行了梳理。这其中，重点是粮食。古语说"民以食为天"，从古至今，人们一直在强调粮食生产的重要性。军队是由一个个士兵组成的，士兵也是人，同样需要吃饭。所以，上述古语也可改成"兵以食为天"。在孙武看来，必须将各个环节都准备充分，然后才能出动大军，和敌军作战。

在军费开支中，孙武提出了一项特别的开支，就是"千里馈粮"。这说的就是长途运输。无论是粮草，还是军用物资，既然是长途运输，必然牵扯到巨额开支。那时候，虽说还没有过路费、过桥费这些，但是人力物力等，也会产生巨大消耗。孙武提出的"因粮于敌"和速决战的主张，大概都是出于这方面的考虑。

孙武计算了战争与经济的关系，就战争物资准备而言，他得出的结论是："日费千金。""千金"，按照唐代李筌的解释："言多费也。"表示消耗巨大。毕竟孙武没有电子计算器，只给了一个约数，但这个约数已简洁明了地表达出战争的巨大消耗。

战争准备，项目繁多；战争发起，耗费巨大。由于战争必然产生很大的耗费，所以存在"用兵之害"。孙武指出"不尽知用兵之害者，则不能尽知用兵之利"，在这之后，他便进一步提出著名的速决战主张："其用战也，胜久则钝兵挫锐……"

此处的"胜"，不能简单解释为"胜利"，而应解释为"速"，与

"久"相对应。"胜""速"双声,按照古代的文法,也可以做通假字使用,朱墉的《武经七书汇解》中记载了前人的注语说"贵胜即贵速"。

之所以"贵速",主要还是考虑到了战争的危害性。除了前面说的战争会产生巨大的损耗之外,孙武还看到了战争的另外一重危害。他认为,一旦战争被拖入僵持阶段,战事久拖不决,就会给人以趁虚而入的机会。

孙武总结久拖不决的危害有:"久则钝兵挫锐,攻城则力屈,久暴师则国用不足。夫钝兵挫锐,屈力殚货,则诸侯乘其弊而起,虽有智者,不能善其后矣。"战争一旦久拖不决,除了给己方士气带来损伤之外,还会因为"长途运输"问题而大量消耗财物,这就会造成"近师者贵卖"的局面。即人为地造成物价上涨,导致市场发生动荡,国家财政会就此陷入危机。如果国家财政紧张,政府为摆脱危机,就会把战争危害转嫁到老百姓身上,在老百姓身上极力搜刮财物。这只能加剧社会动荡,各种深层危机也会因此而显露。在列国分治、诸侯争霸的局面之下,各路诸侯都在伺机称雄。如果看到别国出现乱局,一定不会轻易放过。他们会立刻抓住时机,趁虚而入。由此一来,国家就会因为战事久拖不决而陷入困境,甚至会走向灭亡。

孙武所论,绝非危言耸听,而是非常务实的智者之言,非常冷峻而又客观。之所以能看到这些危险,是因为孙武能够"杂于利害"地思考问题。"杂于利害"的意思,就是指既看到好处,也看到坏处。这是非常务实的,与那些穷兵黩武的战争狂,不可同日而语。孙武认为,如果战争久拖不决,不仅会造成军队疲惫、士气受挫,也会带来粮食补给的问题。

速决战有存在的道理,持久战确实会给别人以可乘之机。粟裕指挥的豫东战役,尤其是迅速围歼区寿年兵团,就充分体现出速决战的重要性。

当时,蒋介石正调集重兵,试图与华东野战军寻求决战,华东野战军这边曾一度考虑是否渡江作战。但是,忽然之间,粟裕率兵向开封发起进攻,而且还是速战速决。当时,国民党在开封的守军虽有三万余人,但缺乏统一指挥,正给了我军全歼对手的机会。从 1948 年 6 月 17 日发起攻击,到 6 月 22 日攻克开封,前后只用了几天时间而已。虽然蒋介石一度坐飞机到开封上空督战,但最终还是没能挽回败局。这是解放军首次攻克国民党军把守的省会城市,极大地提振了士气。

看到开封失守，蒋介石气急败坏。不甘心失败的他，调集多路援军逼近开封。这种反扑气势，也证明速战速决显得多么重要。一旦陷入久拖不决的局面，华东野战军就很有可能陷入敌军的包围。面对局势的变化，粟裕果断决定弃城打援。此时，距离开封较近的国民党援军是邱清泉兵团和区寿年兵团。邱清泉立功心切，试图抢先占领开封。区寿年一度徘徊不前，便和邱清泉兵团拉开了四十公里的距离。见此情形，粟裕果断决定歼灭区寿年兵团。

四十公里的距离，说长不长，但想打掉区寿年兵团绝非易事，不仅需要稳准狠，还需要快准狠，必须要速战速决才行。在得到中央军委同意之后，粟裕立即进行部署，因为战机稍纵即逝。6月27日晚，华东野战军突击集团立即对区寿年兵团进行合围。由于邱清泉的救援部队遭到阻击，无法实现救援任务，至7月2日凌晨，华东野战军已经将兵团司令区寿年活捉。包括国民革命军整编第七十五师少将师长沈澄年等，也都成了俘虏。

豫东战役在南京国民党高层引起激烈反应，国民党军的疯狂反扑随之而来。但是，达成目标的解放军则及时撤出阵地，摆脱了敌军的纠缠。在豫东战役中，攻占开封，歼灭区寿年兵团，不仅证明了粟裕有高超的指挥能力，也证明快速决战是一种重要的战法选择。快刀斩乱麻，往往是上策。拖泥带水，经常是下策，而且会带来难以想象的恶果。

孙武指出，一旦战争久拖不决，就一定会带来更大的麻烦，也就是"诸侯乘其弊而起"。即会有其他诸侯趁机发兵，对我方发起进攻。到了这时，就是再有智慧和才能的人站出来，也已经于事无补，无法挽回败局。这其实也是"螳螂捕蝉，黄雀在后"的道理。春秋末期吴国灭亡的例子，恰好证明了孙武此论的高明。

当时，吴国在孙武和伍子胥的辅佐下，打败了强大的楚国，震慑了各路诸侯。后来，夫差即位，吴国的势头依然强劲。夫差有点自大，想进一步向中原发展，与此同时，他也对伍子胥等人的劝阻置若罔闻。夫差只爱听奉承的话，不爱听批评的话。一旦到了这一步，他离昏君就不远了。

夫差听说齐景公去世后，齐国内部大臣争夺权力，新君年幼，于是准备发兵攻打。伍子胥听到了，急忙劝阻，提醒他注意越王勾践从背后发起偷袭。越国才是吴国的心腹大患，必须要严加防备。结果夫差不听，坚决北伐齐国。不仅如此，他还忙着讨伐鲁国。当时，吴国的军队确实很有战斗力，但在与齐国的较量中互有胜负。既然攻打齐国没有必胜的把握，那就攻打鲁国、卫国这些小国。而鲁国和卫国，也被迫与吴国签订盟约。

夫差自我感觉很好，没想到的是，公元前482年，就在夫差与诸侯在黄池盟会时，勾践突然对吴国发起袭击。这其实就是"乘其弊而起"。吴国国内空虚，夫差领兵在外很长时间，士卒非常疲惫，最后只能与越国讲和。勾践表面上同意，暗中却继续进行战争准备。找到机会之后，勾践再次猛力攻打吴国，夫差此时已经招架不住。面对国破家亡的惨景，夫差后悔不听伍子胥的忠告，却只能拔剑自刎，吴国就此灭亡。

吴王夫差从志得意满到穷途末路，再到被逼自杀，原因很多，但其好大喜功、穷兵黩武应该是主因。他为了追逐"图虚名而处实祸"的霸权，派出举国之师，长途北上，与其他大国一较高下，这就是"钝兵挫锐，屈力殚货"，最终被世仇越国趁机偷袭。"乘其弊而起"，越国成功复仇，吴国久拖于战争泥潭之中，惨遭败绩。这一情形就叫"虽有智者，不能善其后也"。这很好地证明了孙武"速决战"理论的正确。

所以，"速决战"在特定的历史时期，或在特定的场合之下，有一定的合理成分。大概在孙武本人眼中，"速决战"也是一个非常有价值的发现，他不仅在《孙子兵法·作战篇》加以强调，还在其他地方有所提及。《孙子兵法·九地篇》说"兵之情主速"，也是这个道理。孙武反复叮嘱，也是为了引起人们的重视。这一战法，在深入敌境作战时，尤其值得推崇。

在战争中，即便是兵力和武器装备处于绝对优势，也应该尽量避免和敌人打旷日持久的消耗战。同敌人拼消耗、拼意志、拼耐力，固然也有机会取胜，但并不值得提倡。这种消耗战在孙武看来，最不足取。因此，孙武会说："兵闻拙速，未睹巧之久也。夫兵久而国利者，未之有也。"在他眼中，只有懂得"速决战"的将领，才能称得上是"知兵之将"。而且，只有这样的将领才配得上是"生民之司命，国家安危之主"。从种种论述中不难看出孙武对于"速决战"一以贯之的坚持和强调。

孙武的这种战法，能不能给我们的实际生活和工作带来启迪呢？答案是肯定的。如果用来指导婚恋，也有启示意义。恋爱双方如果久拖不决，婚事迟迟不办，忽然就可能因为所谓的"七年之痒"而分道扬镳。当然，也有朋友是马拉松爱好者，喜欢这种爱情长跑，那就要另当别论。

"速决战"的思想，对于我们买房买车的决策，有时也有指导意义。有朋友在买房过程中始终下不了决心，犹犹豫豫，把理应快速决策的事情一拖再拖，结果眼看着房价步步攀升，最后只能"望房兴叹"。慎重决断不是坏事，但这不能成为犹豫不决的借口。该出手时就出手，要果断而坚决。

我们还要看到，孙武的"速决战"思想，主要是从战争带来的种种危害这个角度考虑的，那它是不是在所有场合都适用呢？

在军事家们眼中，有些问题可能比我们想的更加复杂。比如，同样是讲速决，有的军事家认为，战略上可采用速决，也可采用持久。也有军事家说，可以在战略上持久，但在战术上一定要采用速决的办法。

革命领袖毛泽东就对其中的辩证关系有一段精彩的阐释："在战术和战役上的速决，是战略上持久的必要条件。"①对于孙武的速决战，毛泽东也看到其中存在的历史局限性。孙武强调"速决战"，其中有着特定的历史背景，而且也是把复杂的战争问题做了简单化处理，尤其忽视了战争与政治、经济等重要因素之间的复杂关系，因此并非放诸四海而皆准。"速决战"固然是一种见效较快、消耗较小的战法，但在有些时候也会行不通。

在现代社会，国际政治是制约战争之法的一个重要因素，甚至是最主要的因素。战争与国际政治的关系，已经非常复杂地勾连在一起。在这个时候，我们如果再简单地套用孙武的速决战法，就会觉得他说得太绝对。二十世纪九十年代，伊拉克运用速决战的战法，很快就吞并了科威特，但这一行为受到了国际社会的普遍谴责。以美国为首的北约，很快出动联军攻打伊拉克，逼迫伊拉克从科威特撤军，科威特由此而复国，而伊拉克则遭到持续打击，萨达姆政权由此而垮台。从这个例子可以看出，在今天这个社会，速决战并不能作为金科玉律。

毛泽东不仅不拘泥于孙武的"速决战"，而且在抗战中力主"持久

---

① 《毛泽东选集》（第四卷），人民出版社1991年版，第1198页。

战"，与孙武的主张完全相反。他指出："因为中国是大国，日本不能完全吞并中国，同时中国又是弱国，须要持久战争才能取得胜利。"①《论持久战》已成为不朽的军事名篇。中国军民通过持久作战，最终打败了日本侵略者。以当时中国的军事实力，根本无法达成对日本的速决战，但是，中国是个大国，一旦渡过了难关，就会有反败为胜的机会。这就必然需要通过持久战耐心地寻找机会。

因此，孙武的"速决战"理论无法包办一切，不能作为真理来使用，而是要针对具体情况，灵活运用。

八、全力以赴争主动

《孙子兵法》重视"速决战"，认为一旦条件允许，就需要积极运用战争谋略，果断出击，快速打败对手。而且，一定不能陷入久拖不决的局面之中。即便是在实力不如对手之时，也要注意积极施展谋略，争取尽早击败对手。孙武非常担心久拖不决会丧失战争主动权。

为什么说夺取战争主动权如此重要，孙武是如何进行论述的，能给我们什么思想启迪呢？

孙武始终强调夺取战争主动权，即便实力不如对手，也要努力夺取战争主动权。只有夺取了主动权，才能有机会打败对手。在实力不如对方时，更应该注意夺取这种主动权。对于如何夺取战争主动权，孙武只用了一句话就表达清楚了，就是"致人而不致于人"。意思就是，要充分地调动对手，而不是被对手调动。必须保证主动权在我方手中，而不是在对方手中。这一层道理，孙武集中写在《孙子兵法·虚实篇》中，是《孙子兵法·虚实篇》的重要主题之一。

我们有必要先讲一段和唐太宗有关的故事。因为他与《孙子兵法》有关系。据说唐太宗表扬了孙武，表扬《孙子兵法》的高妙。而且，这些对话记录在《唐太宗李卫公问对》这本兵书中。这也是一本很有名气的兵书，在宋代被选为《武经七书》之一。当时的人们认为天下最好的兵书，

---

① 《毛泽东年谱》（中卷），中央文献出版社 1993 年版，第 68 页。

都在这《武经七书》之中。

我们先说《唐太宗李卫公问对》，顾名思义，这本兵书是唐太宗和李卫公的问对。唐太宗李世民很会带兵打仗，治理国家也很有一套，开创了贞观之治。李卫公就是李靖，据说哪吒是他的儿子。儿子封神了，李靖也跟着沾光，成了神话人物。其实，他是唐太宗手下的得力干将，确实很有军事才能，很会带兵打仗。这本书，就是模拟他们二人的对话，在一问一答之间，阐述了他们对军事问题的看法。按照这本兵书的记载，唐太宗不但表扬了孙武，而且对《孙子兵法》赞赏有加。在书中有这么一段对话：

唐太宗："朕观诸兵书，无出孙武；孙武十三篇，无出虚实。"

李卫公："千章万句，不出乎'致人而不致于人'而已。"

从这段对话可以看出，君臣二人对《孙子兵法》非常推崇，对《孙子兵法·虚实篇》则推崇备至。《孙子兵法·虚实篇》被他们认为是十三篇兵法中最好的一篇。在这最好的一篇中，他们又找到了最好的一句，这就是"致人而不致于人"。

这是什么意思？就是说市面上很多兵法秘籍都可以不用学，只要学《孙子兵法》就行了。《孙子兵法》有六千多字，如果嫌多看不进去，那就只要记住"致人而不致于人"这一句话就可以了。其他的，可以不用学不用记了。

这样说当然有点玄乎。这些到底是不是唐太宗和李卫公的真实对话，这本兵书到底是不是他们合作推出的，都要打一个大大的问号。不少人都认为这本兵书最多只能算是托名之作。也就是说是无名氏写的，但挂在唐太宗和李卫公的名下。这样的人，非常无私！也许那个时候的人真的不需要职称、文凭这些，他要的就是把自己的著作流传下去。《唐太宗李卫公问对》究竟是谁编写的，到现在还是一笔糊涂账。

刨去这些不说，"致人而不致于人"是不是真的那么管用，需要进一步讨论。书中所说，其实也不算太过夸张。用兵的关键，就在于"致人而不致于人"。《孙子兵法》对古代的战略战术有很多精彩论述，这句话尤其值得关注。

孙武认为"致人而不致于人"很重要，因为这关系到战争或战场的主动权问题。战场上，谁占据主动权，谁就更容易取得胜利。这一点，孙武在《孙子兵法·虚实篇》的开篇就提出来了："凡先处战地而待敌者佚，后处战地而趋战者劳。故善战者，致人而不致于人。"那些能够抢先到达会战地点的人，可以以逸待劳，然后静等敌人赶来作战，会因为安逸而占得主动权；与之相反，如果到达会战地点的时间比别人晚，只能仓促应战，肯定就会因为兵马劳顿而处于被动局面。既然如此，就可以知道夺取战场主动权是多么重要了。孙武认为，那些善于指挥作战的将领，总是能够运用一切手段，合理地调动敌人，而不是被敌人调动，更不会瞎折腾，让自己陷入被动境地。

孙武所云，其实是非常浅显易懂的道理，但都直指内核。为了争取主动权，孙武强调"抢先"，这和下围棋时的"先手"差不多。在孙武之前，也许有军事家意识到这些问题，但没有他讲得这么简单直白，没有这么通俗易懂。在今天，有些内容看来都已成常识，能在实际战争乃至我们的学习和工作中进行合理运用。在工作中主动抢先，在学习时做到笨鸟先飞，抢先一步，就是孙武所说的主动原则。下围棋的朋友，大概都知道追求先手的重要性。抢到先手，就能及时转身，抢夺全局制高点，抢占先手之利。而且，一招领先，处处领先。反之，如果不慎丧失先机之利，就很有可能彻底丧失掌控全局的主动权，这就是我们经常听说的"一着不慎，满盘皆输"。

就军事斗争而言，更是如此。如果能够在战争中抢占先机，同样会处处主动，占据优势，进而获得胜利。不少人大概看过红军"飞夺泸定桥"的电影，这一战是中国工农红军在长征过程中的一场关键之战，发生在1935年5月。当时，红四团官兵为了抢夺泸定桥，冒着大雨，在崎岖山路上展开急行军。一昼夜之间，竟然奔袭一百多公里，两条腿跑赢了敌军的四个轮子，最终抢先在凌晨到达泸定桥西岸。此时，因为敌军大队援军没到，从而给了红四团夺占桥头的机会。在红四团占领泸定桥后，战斗形势就发生了变化。红四团冒雨强行军，就是孙武所说的争夺战场主动权，抢夺先手之利。

一次战斗是这样，一场战役也是这样。包括战略上的比拼，同样需要强调这一理念。谁占领先机，谁就会有主动权。

孙武不只是在《孙子兵法·虚实篇》强调这个"先手之利"，在《孙子兵法·军争篇》等其他地方，也多次予以强调。孙武说的"致人而不致于人"，本质上是追求先手之利，目的就是"先处战地"，抢在敌人的前面到达作战地点，从而实现以逸待劳，获得战争主动权。

"先发"不一定能占据"先机之利"，甚至还有"先发"而"后至"的情况。孙武始终强调的是占得先手之利，而不是"先发"。在《孙子兵法·虚实篇》中，他强调"先处战地"，给人感觉似乎是为了求得"先发"。但是，联系孙武在《孙子兵法·军争篇》中大谈"以迂为直"，就会明白他强调的是抢占"先机"，并非"先发"。为了抢占"先机"，有时还需要选取那些看似迂远的进军路线，为的是迷惑敌人。即使是在敌人之后出发，但也要先期到达作战要地，这就是"以迂为直"的原则。孙武强调"后人发，先人至"，正是这个道理。

总之，夺取战争主动权非常重要，"致人而不致于人"非常重要，究竟应该如何达成呢？

就如何调动敌人，孙武也提出了自己的办法，可以总结为两招：以利诱之，以害驱之。这两招可以单独用，也可以合并用，不可拘泥。在《孙子兵法·虚实篇》中，孙武说："能使敌人自至者，利之也；能使敌人不得至者，害之也。"在《孙子兵法·军争篇》中，孙武认为要想达成"以迂为直"，也要"诱之以利"才行。就这一点而言，前后两篇兵法保持着连续性。

除了"以利诱之"的手法之外，还可以用"以害驱之"的手法。这一招，大人吓唬孩子时经常会用。比如，想哄孩子睡觉，告诉他"大灰狼来了"，孩子吓得往被窝里钻，很快就睡觉了。

我们也可以举一个战例进行说明。战国时期的孙膑，使用过"围魏救赵"的手法，成功地调动了庞涓的部队，然后把他击败。这其实就是"攻其所必救"，成功地运用了"以害驱之"的手法，迫使对手改变行军方向。庞涓攻打赵国眼看得手，忽然得知都城受到攻击，只能被迫撤军。结果在撤退的路上遭到伏击，招致惨败。这是战国时期的一场著名战争，孙膑成功运用了他的祖先孙武所说的战法，一举打败了庞涓。

上面所说的"以利诱之"和"以害驱之"，在我看来，都应该是使用了情报欺骗，或者说是欺骗战术。对于这些手法，还有一种称呼，就是

"形人之术"。除了强调"形人"之外，孙武还强调了"我无形"，加在一起就是"形人而我无形"。这句式与"致人而不致于人"非常相似。这句话的重要性，也很值得一说。

"形人而我无形"这句话包括两方面意思：一方面是"形人"，即通过多种手法来探知敌人的虚实；另一方面是"无形"，即巧妙地隐藏己方的战略意图，让对手摸不清虚实。打仗，要做好保密工作，军事实力、作战意图等，都必须要藏好。这也叫反情报。两者加在一起，才显得完整。这才是"形人而我无形"。

孙武认为，作为出色的指挥员，一定要善于"示形"和"藏形"，努力掌握战场主动权，这是"形人而我无形"，也是"致人而不致于人"的基础。"形人之术"是积极主动的情报工作，既要刺探到对手的情报，还要能调动对手。在《孙子兵法·虚实篇》，孙武还总结了四条"动敌之法"，这是更为积极的"形人之术"。包括四点："策之而知得失之计，作之而知动静之理，形之而知死生之地，角之而知有余不足。"所谓"策之"，是立足于庙堂之上的分析和计算。从这里开始，再到逐步展开的侦察行动，使用"示形"和"战术欺骗"等，打探敌人的虚实，这就是"作之"和"形之"。如果这些招法都无法奏效，就需派出部队与敌军近距离接触，展开角力，探知敌军的虚实。这就是"角之"。赤壁之战中，东吴这边，包括孙权在内，都没有与曹操决战的底气。周瑜随即派出甘宁率领一小队水军与曹操交战，结果得胜归来，这样不仅激发了士气，也探知了曹操水军的战斗力。这就是"角之"。

总之，"形人之术"非常重要，"我无形"也很重要。确保己方的"无形"，至少可以保护自己免遭打击，也可以确保下一步行动计划的展开。

大家知道有种鱼叫石斑鱼。叫这个名字，就是因为它的花纹和石头非常接近。因为长了这种花纹，它就可以藏在石头缝里，把自己保护起来。自然界其实还有很多动物，都会通过保护色把自己掩藏起来，为的就是躲避天敌。有的动物甚至还会变色，就像变色龙那样，目的就是努力做到"无形"，保证己方的安全。

动物尚且如此，何况是人类，何况是战争。战争发起前后，如果努力做到"形人而我无形"，再力争达成"致人而不致于人"，夺取战场主动权，对于战争走向和战争结局，经常有着决定性影响。这样的战例，历史上比比皆是。明代的"靖难之役"更具代表性。

朱元璋死后，皇太孙朱允炆继承皇位，史称建文帝。没想到随后不久，建文帝的叔叔朱棣与他展开一场夺位大战，建文帝输了。建文帝之所以会输，是因为他遇到的朱棣是个狠人，出手可谓稳准狠。在"靖难之役"中，朱棣很好地遵循了孙武"形人而我无形"的原则，又努力达成了"致人而不致于人"，所以才能笑到最后。

针对建文帝的侦察措施，朱棣在僧人道衍的建议下，秘密备战，巧妙避开了间谍的侦察。打造兵器时会有声响，这就会被人知道。为了做好保密工作，他们将兵工厂建在地下，地面上养着大量的牲畜，铸造兵器的声音被淹没了，确保"我无形"。与此同时，朱棣大量派出间谍，密切侦察敌情，还在京师大量收买拉拢要员，发展成为内应。依靠他们，朱棣可以及时获得有价值的情报。虽说朱棣精心安插的这些内线，有的被抓，有的被杀，但功夫并没有白费。就在战局处于胶着之时，一位宦官提供了一条重要情报："京师空虚可取。"①朱棣立即破釜沉舟，孤注一掷，集中兵力攻打京师。守城将士忽然看到朱棣大军杀到，只得打开城门投降，朱棣如愿坐上皇位。

因为出色的情报工作和反情报工作，朱棣始终能够掌握对手的动向，很好地隐藏己方意图，从而占据主动权。建文帝不仅没能做好敌情侦察工作，连基本的保密工作都没做好，丢掉大位，可谓是咎由自取。

"致人而不致于人"和"形人而我无形"，这两句话出现在《孙子兵法》的同一篇内容中，彼此之间互相关联，都非常重要。

九、避实击虚，追求效率

孙武夺取战争主动权的主张，概括起来就是一句话："致人而不致于人。"与这一主张相呼应的，还有一句名言叫"形人而我无形"。这两句名

---

① 《明史·成祖本纪》。

言，已经可以证明《孙子兵法·虚实篇》的价值。不止如此，《孙子兵法·虚实篇》还论述了决策思想的一条重要原则，就是"避实而击虚"。这也可以说是"我专而敌分""以众击寡"。这一主张，也是《孙子兵法·虚实篇》重要的主题，孙武也花费了很多的笔墨。孙武围绕这一主张有哪些精彩论述，能给我们的工作和决策带来什么样的思想启迪呢？

孙武强调的是"我专而敌分"，而且"形人而我无形"的目标就是为了"我专而敌分"。孙武说："我专为一，敌分为十，是以十攻其一也，则我众敌寡。能以众击寡，则吾之所与战者约矣。"一旦能让敌人暴露，而我军不露痕迹，就可以集中兵力，更好地实现机动。因为搞不清我军的路数，所以敌人这边就不得不分散兵力。如果我方的兵力能集中一处，而对方却是分散的，那我们就能用十倍于敌的兵力去进攻敌人。这就能达成"我众而敌寡"的有利态势。能做到集中优势兵力攻击处于劣势的敌人，同我军正面交战的敌人也就变得有限。这自然使我军处于主动的局面，也就可以夺取战场主动权。

这一道理，其实很好理解。假如敌人有十个纵队，我方也有十个纵队，交战时，应该要努力用我方的十个纵队去吃对方的一个纵队，而不是去吃对方的十个纵队。如果是硬碰硬，十对十，那一定是毫无计谋的莽汉想出的法子，没有什么胜算。更糟糕的局面是我方被敌人调动开，十个纵队各自为战，那就更无成算，只能坐等失败。因此，在战场上要巧妙运用力量，力争实现"我专而敌分"，甚至是"以十攻一"。

道理固然好懂，实现起来却不是那么容易的。如果没有实现的路径，孙武所说的岂不是废话。谁都懂得以众击寡的道理，打架的时候，都会握住拳头，而不是张开手指。这其实正是"我专而敌分"的道理。

有什么方法实现"我专而敌分"，达成"避实而击虚"呢？孙武主张使用欺骗术和情报术，通过欺骗的手段调动对手，恰当地使用"形人之术"。把对方的十个纵队分散开来，然后再一口一口地吃掉，这就能达成"以十攻一"，这才是有胜算的打法。对此，孙武还提出了具体办法，就是"以利诱之，以害驱之"等。

"以十攻一"就是"以实击虚"，就是谋求作战时在战场上的绝对优势。这一层意思，孙武在《孙子兵法·谋攻篇》就已经提出，可以说是他一贯的主张。

在《孙子兵法·谋攻篇》中，孙武指出，当我方兵力是敌方的十倍时，就可以对敌方实施包围之术，可以歼灭敌方，也可以迫使敌方投降。当我方兵力大约是敌方的五倍时，也可以发起攻击。这就是"十围五攻"之法："用兵之法，十则围之，五则攻之。"如果实力不如敌方，那就想办法调动敌方，努力让敌方分兵，实在不行，就卷铺盖走人。因此，就用兵之法而言，孙武设置了多种预案："十则围之，五则攻之，倍则分之，敌则能战之，少则能逃之，不若则能避之。"每一种情况，孙武都给出了参考答案。

这其中的"十"和"五"等，只能视为约数，我们重点应关注其中体现的"实力原则"。孙武总在集中兵力和机动用兵之间寻找逻辑联系，力求避实击虚，以众击寡。

"避实击虚"，其实是一条具有普遍指导意义的用兵原则，是被众多战争证明的合理战法，但是，对这一原理给予最精彩揭示的，还要数孙武。对敌人虚弱之处发起猛烈攻击，在今天看来已成为战争常识，但在古代，这是很难想象的事情。孙武不仅总结各种诡道之法，还对虚实的运用提出了独到见解。更为精彩的是，孙武将其与情报工作紧密联系在一起，体现的也是一种科学理性。通过情报工作，找出敌人的虚弱之处，再准确地实施攻击。孙武高度重视情报工作，而且经常与战法紧密联系在一起，这里也是一个非常明显的例证。

孙武"避实击虚"的用兵原则得到了后世军事家的普遍认可，也被广泛继承。这不仅可从银雀山的出土文献中看出，也能从其他传世文献中找到大量明证。银雀山出土的简文《积疏》，是集中讨论"虚实"问题的兵学论文。先秦典籍《管子》《六韬》等也都有论述，但归根到底，不过是在孙武理论的基础上进行翻新而已。《唐太宗李卫公问对》高度赞扬《孙子兵法·虚实篇》并不奇怪。历代都有兵家接着孙武的论题继续进行探讨，固然对"虚实"的阐释更为精细和深入，但始终无法逃出孙武的主张。就这一点而言，我们从《草庐经略》《投笔肤谈》等兵书中，也可以看出个大概。

"十围五攻"和"避实击虚"的战法也得到革命领袖毛泽东的肯定。

毛泽东同样强调集中兵力，更重视以优势兵力打击敌人。他说："应集中绝对优势兵力，即集中六倍、五倍、四倍于敌，至少也是三倍于敌的兵力，并集中全部或大部的炮兵，从敌军诸阵地中，选择较弱的一点（不是两点），猛烈地攻击之，务期必克。"①很显然，与孙武相比，毛泽东并不拘泥于"十"或"五"等数字的约束，认为最低只要达成三倍的优势，便可以寻找打击敌人的机会。根据我军长期处于弱势的现状，毛泽东还从战略和战术的不同层面，灵活看待强弱问题，也就此提出了比孙武更为丰富和深刻的战略战术思想。他指出："我们的战略是'以一当十'，我们的战术是'以十当一'。这是我们制胜敌人的根本法则之一。"②因为有这种辩证态度，有这种高远的战略思想，毛泽东才能很好地处理力量的强弱转换，带领中国革命取得一个又一个的胜利。

不管有没有读过《孙子兵法》，努尔哈赤所指挥的萨尔浒之战，也与孙武"避实击虚"的战法暗合。萨尔浒之战的胜利，也能充分证明孙武的战争原理确有指导价值，理应受到更多重视。

明朝末年，我国东北地区的女真族强势崛起。这一崛起和一个人密不可分，他就是努尔哈赤。这个努尔哈赤很会打仗，算得上天才型的军事家。他似乎是把孙武的作战原理都学会了，谙熟于心，而且运用得很好。

当时，明军聚集了十多万人马，想用多路合围的战术，把后金一举拿下，结果反而被努尔哈赤轻松打败。明军手中握着一大把好牌，努尔哈赤则处于绝对的劣势，只有几万兵马。面对大兵压境，努尔哈赤毫不畏惧，因为他已经知道明军多路进攻战术的失策。努尔哈赤的情报工作做得很好，先期得到明军的作战计划。然后他隐藏自己的战术，更加高明。他的战术就是"凭尔几路来，我只一路去"。不管你如何多路合围，我只要找到你的要害部位，然后发起猛烈攻击即可。

这个战术，就是孙武说的"我专而敌分"，就是"以十攻一"和"避实击虚"。我们虽然不知道努尔哈赤有没有读过《孙子兵法》，甚至还不知道《孙子兵法》有没有流传到他手上，但我们知道他在萨尔浒之战中采用

---

① 《毛泽东选集》（第四卷），人民出版社1991年版，第1198页。
② 《毛泽东选集》（第一卷），人民出版社1991年版，第225页。

的战术，其中所体现的思想灵魂，都与《孙子兵法》基本吻合。明军这边战术不当，不该把军队分散开来。因为不合理的分兵，明军最终被各个击破。努尔哈赤很有针对性地进行了布置，与明军形成了鲜明对比。

明军将领显然是彻底忘记了孙武的教诲，被打得丢盔弃甲，可谓咎由自取。努尔哈赤只是付出了很小的代价，就取得一场大胜。这既展示了努尔哈赤杰出的军事才华，也印证了"避实击虚"这一作战原则的高明。这一原则，谁胆敢违背，谁就会吃亏；谁认真遵守，谁就会获利。

"避实击虚"是就攻击而提出的，很有价值。就防守问题，孙武也有精彩论述，同样集中在《孙子兵法·虚实篇》。他在讨论"以众击寡"之后，接着就讨论了防守问题。不少人称之为"备人之术"。具体集中于这一段："故备前则后寡，备后则前寡，备左则右寡，备右则左寡，无所不备，则无所不寡。"

这些"备人之术"，可以帮助我们对防守有更为深刻的理解。就防守作战来说，如果不能根据对手的情况，进行一些有针对性的布防；如果不分主次，处处分兵，就必然会造成防守上的漏洞，带来灾难性后果。"备人之术"不仅与虚实紧密相关，也与战场主动权密切相连。在孙武看来，是否掌握战争主动权，关键是看能否达成"使人备己"。如果是被动地防守，就会出现兵力薄弱的情况，会带来失败。反之，如果通过努力，使得敌方处于被动防守的局面，就会相对容易形成兵力上的优势，进而占据主动权。

第二次世界大战期间，苏联和德国曾有很多场激战，德国最终成为战败国。但在初期，苏联没少吃苦头。当时，苏联一度通过签订互不侵犯条约，试图对德国形成某种约束，为自己争取时间。不仅如此，斯大林还企图通过向德国展示苏联强大的实力，来威慑德国，从而打消希特勒发动侵苏战争的念头。为了达到这个目的，斯大林努力向德国武官介绍西伯利亚的军事工业实力，甚至还让他们参观苏联所制造的新式坦克和飞机，就连兵工厂也对他们开放，为的就是展示苏联的军工实力。意思是说，德国如果胆敢与苏联发生战争，就必然酿成一出悲剧。

为了争取更多的战争准备时间，苏联尽可能做出各种威慑之举。但是，这一切都因为一架飞机而败露。1941 年 5 月，一架德国飞机竟然成功地穿越苏联领空，降落在莫斯科的中央机场。这次的成功降落，令德国立即掌握了苏联防线的真实信息，至少知道他们在防空这方面极度松懈，是被动防守。①这一意外事件，就此暴露了苏联的虚实，斯大林当然极为震怒，他先是将空军指挥官撤职，不久之后便将其枪毙。事实上，德国一直在努力打探苏联虚实，试图找到苏联防守的虚弱之处。因为掌握了苏联的虚实，德国能够成功地实施"避实击虚"。苏联在战争前期，被德国打得七零八落，过了很久才缓过劲儿来。

德国的暂时成功，证明孙武"避实击虚"这一战争原理的高明。因为苏联处于被动防守局面，很容易在战争中陷入被动。

与进攻一样，"避实击虚"也与情报工作密不可分，需要有情报欺骗作为支撑，需要有出色的情报工作作为保证。没有可靠的情报工作，一切都无从谈起，既没有办法保证防守，也无法找到合适的主攻方向。孙武的"备人之术"和"避实击虚"，在道理上是相通的。

孙武的"备人之术"在战争中富有指导价值，在现实生活中也不乏启示意义。尤其是"无所不备，则无所不寡"更成为至理名言，被很多人所知晓。其中所蕴含的哲理，非常深刻。而且，它的影响力也早已超越兵学领域，对我们的工作和学习等，都很有警示意义。至少启示我们，无论是工作还是学习，都必须要抓住重点，切不可"眉毛胡子一把抓"，不能面面俱到。如果想追求面面俱到，就很可能意味着面面俱失。比如，如果想在现实生活中一味求全，既要当好父亲，又要当好员工，同时也要做好丈夫和好儿子，可能是非常困难的，结果往往适得其反，弄得里外不是人。古人说"忠孝不能两全"，他们很早就意识到这个问题。即便是"忠"和"孝"，已经很难两全，更何况别的。

就我自己来说，有一段不堪回首的"血泪史"。我出生在一个教师家庭，父亲兴趣广泛，喜欢读书，爱好书法和写作等。这些"基因"深深地影响着我，被我继承下来。我的兴趣更加广泛，还爱好各类体育运动。乒乓球、羽毛球、足球、篮球、排球等，我都非常喜欢，爱凑上去玩儿下。

---

① ［俄］帕维尔·苏多普拉托夫：《情报机关与克里姆林宫》，魏小明、陆柏春译，东方出版社2000年版，第130页。

加上班里大多是爱好学习的人，像我这样稍微爱好运动的人，就很可能成为"班级一级运动健将"。在学校的比赛中，如果以班级为单位，总免不了把我视为"主力"或"主力替补"。可是，再高一级的比赛在选拔队员时，我就会被完全边缘化，连大名单都进不去。那时候我迫于学习压力，人生阅历也很有限，不会做这些深入思考。直到读了《孙子兵法》，我才慢慢地明白过来，这是精力分散的原因。我因此而不幸成为"样样通，样样拙"的典型。如果能集中精力，只学习其中一种，也许我就能去奥运会冲金夺银了。当然，这只是句玩笑话。其中的教训和所蕴含的道理，都是孙武教给我的。

对于一个求学的学生来说，这句话也很有警示意义。对文科、理科都很擅长，各科都出色的学生，只能是少数。大部分学生往往会出现偏科现象：文科出色的，理科往往不行；理科出色的，文科经常偏弱。不管怎么样，这是在很多孩子身上发生的，是常见现象。从这个角度来看，之前高中阶段进行这种文理分科，也倒是证明了孙武"无所不备，则无所不寡"这一思想的正确性。

从这个角度出发，我们是不是也要对自己的教学工作做一番反思？身为老师，我们也许不必对那些偏科的孩子过于苛刻，反倒应该给予其更多关注。偏科的学生，综合考试往往吃亏，总体竞争力不如别人。但往往是这些剑走偏锋的学生，能搞出大动作，能够学有所成。他们在某一个科目钻研很深，一旦有机会进入更为专业的学习阶段，这些学生往往能取得更大的成绩。比如比尔·盖茨，他只对电脑感兴趣，学科门类齐全的大学却要求他"无所不备，则无所不寡"，各个学科都要学习才行。但是，这些门类的知识，在比尔·盖茨身上多半是无用之学，白白浪费时间，所以他忍无可忍，选择退学。然而，正是这样的比尔·盖茨，才能够取得巨大成功。

说出这些道理，当然不是鼓励学习不好的学生都去退学，而是建议学生可以合理地分配精力，更有针对性地学习。万一有偏科现象出现，也不要太过着急。在成长过程中，难免会摔跤，会有各种各样的失败，但这些都只是暂时现象。只要肯努力，肯坚持，总有一天，你能找到自己擅长的领域，在最适合自己的位置上有所作为。需要懂得《孙子兵法·虚实篇》

教给我们的这些道理，真正合理地使用力量，掌握主动权，打败人生道路上的"拦路虎"。

十、破常规，以奇胜

孙武强调"实力至上"，重视实力与谋略的结合，努力使得己方的军事力量最大化。为此，孙武想了很多办法，"奇正"就是其中很重要的一种。

和"虚实"一样，"奇正"是孙武兵学体系中一对非常重要的范畴。"奇"这个字，出土文献里面经常写成"畸"，应该读"jī"。从这个字可以知道，所谓"奇"法，就是和正常的玩法不一样，是出人意料的招数。

这个道理，估计很多人都会明白。今天的商品宣传，除了一些同质特性之外，许多商家都会花费力气宣传自家产品与众不同之处。只有这样才能吸引人，从而达到出奇制胜的目的。

打仗的道理是一样的。对手都会的套路，我们就一定不要再用了。必须使出对手不知道的招数，出乎对手的意料，才能打败对手。

孙武作为军事家，也非常重视这一问题，格外强调"奇正"。孙武说："三军之众，可使必受敌而无败者，奇正是也。"①意思是说，军队即便整体遭到敌军攻击，也不会败北，靠的就是巧妙运用"奇正"之法。相对于"正"，孙武似乎更看重"奇"，认为"奇"如一把"万能钥匙"，经得起战争的检验。在孙武看来，战争是有规律可循的，但获胜依靠的是"奇"："凡战者，以正合，以奇胜。"以正合，就是用正兵迎面接战；以奇胜，就是指以奇兵制胜。

孙武认为，战术单元的组合和变化，无外乎就是"奇正"的变化。用孙武的话说，就是"战势不过奇正"。就战法而言，"正"是指常规战法，也即"常法"；"奇"是非常规战法，即"变法"。就兵力的运用而言，则可分为"正兵"和"奇兵"：用于正面防守和相持的为"正兵"；用于机动和突袭的则为"奇兵"。就作战方法来看，其中也可见"奇正"。如果是

---

① 《孙子兵法·势篇》。

按照常规的战法，循规蹈矩地展开战斗，就是"正"；如果打破常规，出其不意地对敌人实施打击，就是"奇"。

第一次世界大战期间，英军和德军在一次交战中，就曾很好地使用了"奇正"战法。当时，海军上将莱茵哈德·舍尔出任德国公海舰队司令。他主张通过零打碎敌的方法，不断地消灭英国皇家海军的小规模舰队，从而实现积小胜为大胜的目标，最终彻底击败对手。因此，他一直计划引诱皇家海军舰队出战，让他们进入己方伏击圈，再伺机歼灭。

没想到这一精心设计的作战部署，都被英国人悉数监听。得知舍尔的真正目的之后，英国海军设计引诱舍尔前来攻击，让那些看起来较弱的部队接战，在短暂的炮击之后便立即退后，这时，潜伏在地平线之外的英军主力舰队抓住时机对德军舰队实施猛烈打击。这其实是充分利用了德军的作战计划，对正兵和奇兵进行了合理的配置。小股部队被当成正兵，真正的主力舰队成为奇兵。

德国海军并不知道自己的作战计划已经泄露，主力舰队径直冲了上去。英国海军依靠无线电测向技术，准确地找到了对方舰队的方位，仿佛一切都在掌握之中。随后的海战中，英国海军虽然也有较大损失，但德军非但没能实现歼灭皇家海军、取得制海权的目的，反而被严密的炮火压制着，只能龟缩于港口之内。英国海军在实力上处于劣势，却因为合理地使用"奇正"战术，有效地抵挡住了德军的进攻。后来，舍尔在总结报告中沉痛地说，德国海军舰队虽能给敌人造成重创，却不能迫使英国和解，也不能依靠舰队来获得补偿。①

因此，高明的指挥员都擅长运用奇兵。古今中外的道理，也都是相通的。

对于"奇正"之术，唐高祖李渊也非常擅长。当突厥侵犯边塞时，他与马邑太守王仁恭奉命迎敌。看到己方兵力较少，不足以抵抗敌军，李渊精心挑选了两千精锐骑兵担任正兵，宿营和饮食都和突厥兵一样，始终傍水而居，在水草丰茂之地驻扎，时而射箭，时而捕猎，纵马驰骋，从容不

---

① ［英］杰克·雷恩：《第一次世界大战的重大战役》，上海译文出版社1980年版。

迫，给突厥以悠闲有余的感觉。甚至有时候还摆出一副傲慢的模样，让对手更摸不清虚实。突厥兵心生狐疑，不敢继续前进。暗地里，李渊又选出擅长射术的士兵，组成一支奇兵，悄悄地选择有利地形埋伏下来。这支奇兵，就是制胜之兵。趁着突厥兵迟疑不决之时，李渊指挥奇兵发起猛烈攻击，突厥兵大败。考察李渊此次的用兵布阵，虽说己方兵力处于下风，但他仍然做到了"以正合，以奇胜"，将"正兵"和"奇兵"很好地结合在一起。虽说正兵人数不多，但也能牵制敌军，可以找到机会发起致命一击，将对手掀翻在地。

俗话说，将门无犬子。李渊出色的军事才能，也被李世民所继承。唐太宗李世民，既是深刻影响历史的政治家，同时也是一位出色的军事家。也许正是因为李世民有着出色的军事才能，才会有《唐太宗李卫公问对》这样的兵书托名其下。

虽是托名之作，但我们也需要对这本兵书，尤其是对其中的"奇正"理论给予关注。在这本书中，作者花费了大量笔墨探讨"奇正"，可以看作是对孙武的"奇正"理论进行了注解和发扬。关于"奇正"，作者花费的笔墨，几乎占了全书的五分之一。借唐太宗和李卫公一问一答的形式，作者大量引用《孙子兵法》中关于"奇正"的论述，对"正兵"和"奇兵"的运用等，都有深入的探讨。

书中指出，"奇正"的奥秘，不仅在于分合的变术，还在于反向思维或换位思考。有时候必须要把敌我双方的位置变换一下："吾之正，使敌视以为奇；吾之奇，使敌视以为正。"只有学会了这种换位思考，才不会上当受骗，不会在战争中吃亏。善于用兵的将领，一定也要学会打破"正兵"和"奇兵"之间的界限，最终做到"无不正，无不奇"。"正兵"和"奇兵"之间，可以随时变化，并不拘泥。这样一来，敌军便摸不着头脑，甚至会稀里糊涂地让出战争主动权。最终，我们所要达成的效果就是："正亦胜，奇亦胜。"[1]三军将士，因为身处在"奇正"角色的变化之中，"莫知其所以胜"。善于学习的人，一定要懂得融会贯通。

孙武曾讨论过"奇"和"正"之间的转换，也曾讨论"奇正"之术

---

[1] 《唐太宗李卫公问对》卷上。

的无穷之变。

"奇"就是一种"变","奇"与"变"始终无法分离。因此孙武认为，"奇正"的具体实施之法，必须要基于变术而展开："故善出奇者，无穷如天地，不竭如江河。"不仅如此，孙武还使用了一系列比喻，用来形容这种"变"。孙武说："声不过五，五声之变，不可胜听也。色不过五，五色之变，不可胜观也。味不过五，五味之变，不可胜尝也。战势不过奇正，奇正之变，不可胜穷也。奇正相生，如循环之无端，孰能穷之哉！"从这段话不难看出，孙武对于"奇正"，关注的重点是"变"。要想掌握"奇正"的法则，就必须要学会种种变化之术。声、色、味这些，都是用来设喻的，说"五声""五色""五味"等，只是大致总结和归类，其实声、色、味的变化，本就是无穷无尽的。孙武认为，"奇正"的变化一定无法穷尽。

不仅如此，只知道常规的变术，也不够用。战争始终是敌我双方不断进行角力的过程。我方求变，敌方同样也会想方设法地求变，谁都想使用出其不意的战法击败对手。既然如此，要想击败对手，就必须要识破对手的变术，而且需要破解对手的变术，这就是孙武强调"无穷之变"的原因。既然是"变"，便需要学会"无穷之变"。只有这样，才能打败对手。如果像程咬金那样，只会使用"三板斧"，最多也只能吓唬对手一两次。时间一长，就会失灵。猪八戒只会三十六变，所以打不过孙悟空。当然，孙悟空也只会七十二变，所以和二郎神斗法时就比较吃力。因此，"变招"还是要多多益善，让敌人摸不着头脑才好。"无穷之变"虽说只是一种境界追求，也许无法触及，但也应该努力达成。

如果学会"因敌变化"，能够随机应变，就达到了用兵的神妙之境。所以，用兵的最高境界正是在于变化，这就是孙武所述的"能因敌变化而取胜者，谓之神"[1]。大概在孙武眼中，要想真正掌握"奇正"之法，就必须学会"变"，学会无穷之变。

赵括失败的根源就在于拘泥于兵书，不懂得权变。兵书上写的内容，大家都知道。死记硬背兵书上的那些内容，其实只是知道了一些用兵的常

---

① 《孙子兵法·虚实篇》。

法而已。当面对白起这样的战神不停地使用"奇"法时，就会不知所措，败下阵来。

历史上还有一位纸上谈兵、不懂得权变的名人，他的名字叫马谡。这位仁兄和赵括一样，也读过不少兵书，平时也非常喜欢谈论兵法，就连诸葛亮也被他忽悠了，认为他很有本事，对他非常器重。刘备临死之前曾对诸葛亮说："马谡言过其实，不可大用。"诸葛亮对这句话并没有太在意，他任命马谡为参军，经常和他讨论兵法，而且动辄就是长谈，越谈越觉得马谡是个人才。

有一次，诸葛亮出兵祁山，放着久经战场的老将魏延等人不用，却偏偏提拔重用马谡，让他统领大军充当先锋。结果马谡拘泥于兵书上所说的那一套，不知道在实战中灵活变化，被魏国大将张郃团团围困。两军在街亭交战，马谡被魏军打败。诸葛亮精心准备的作战计划，也由此而统统作废，只得指挥大军后撤。耽误了军机大事，马谡随即被捕下狱，之后被处以死刑。处决他时，诸葛亮忍不住流泪，内心还是有点不舍的。

马谡败就败在了不懂得变术，迷信用兵的常法，只知道"正"，不懂得"奇"。在驻扎军队时，他将主力军队驻扎在街亭周围的土山上。这么布置，就是遵循孙武说的那些驻扎军队的原则。孙武说，占据了高山之险地，就不要去仰攻，这是战争的常法。马谡这位仁兄记住了，并且照着做，结果被张郃围困，水源还被切断，三军随即乱了方寸。马谡不但没能"以高击下"，反而招致一场惨败。

所以，孙武始终强调的是学会权变，要懂得"正"，更要懂得"奇"。虽然孙武对很多用兵的常规方法都进行了认真总结，写在了兵书上，但他更重视的，显然是变术，是"奇"法。仅仅记住那些兵法的条文是远远不够的。

也许是担心自己所写的东西被别人当成教条，孙武格外强调战争的"变法"，重视"以奇胜"。"变"，是《孙子兵法》不变的主题。

孙武注重灵活机动的兵法，不仅是出于保全自己的需要，同时也是战胜强敌的要求。求变是军事活动所要遵循的一条根本原则，有了变化，才能夺取战场主动权。重视"奇"，才能杀敌制胜，实现"安国全军"。

"以奇用兵"并非孙武的独创。先秦时期的另外一位哲人老子，也曾说过。他在谈到治国与用兵的区别时说："以正治国，以奇用兵。"①意思就是，应该用合乎正道的办法来治理国家，用非常规之道来指导用兵作战。

相比之下，孙武的讨论比老子更为深入。除了强调"以奇用兵"之外，孙武还阐发了"兵以诈立"和"兵者诡道"等论题，设计了一套以诡道为核心的战术。

除了战争可以运用"奇"和"变"之外，其他地方也可以运用。就商战中的产品研发而言，很多内容都要做到秘而不宣才行，这其中既有保守商业机密的考虑，同时也是为了在商战中做到突然袭击，让竞争对手徒叹奈何，无法追赶。竞技体育也是如此，就拿拳击来说，可以用左勾拳做"正兵"，用右勾拳做"奇兵"，然后在节奏和力量上多一些变化，这样才能击败对手。如果老是重复一个套路，不仅对手很容易发现规律，就连拳头也会感觉到乏味。使用太单调的战术，肯定打不赢对手。

孙武如此执着于"奇"和"变"，其目的当然是为了确保能在战争中获胜。有一个问题需要澄清，孙武求变的思想方法，我们可以用在工作上，但也需要注意适用范围。比如用在与朋友相处这方面，可能就不太合适。老是想着打破各种道德和法律的束缚，做那种无法无天之人，就会出事。

《孙子兵法》毕竟是为军事斗争设计的，战争是敌我双方的生死较量，这一特殊活动，与人类社会的其他活动存在着本质区别。因此，我们不能将孙武的这一套兵法完全运用。也许有的内容可以借鉴，有的就不太适合。

就为人处世而言，对于一些基本的道德原则应始终坚守，不能以"求变"为由，随意撕毁合同，翻脸不认人。诡诈和变术等，都是用来对付敌人的，而不是用来对付身边的朋友或合作伙伴的。即便是商业活动，也需要遵守各种市场规则，不能忘记法律法规。在商业活动中，追求利益是天经地义的，但如果为了利益而变得不择手段，迟早也会出事，进而自食其果。

---

① 《老子》第五十七章。

商业活动、体育比赛等，其实都可以追求"双赢"或"多赢"，但是战争行为，往往只能追求"独赢"。为了保家卫国、保全种族，使用诡道，不停地求变，也是迫不得已的选择。所以，在借鉴《孙子兵法》的基本原理时，一定要注意适用范围。否则就会成为不守规则的"小人"。

总之，孙武提出的"奇"和"变"，目的就在于追求变化，为的是出乎敌人的意料，从而给其致命一击，达成"以奇胜"。除此之外，孙武在路线选择上，也强调不走寻常路，必要之时还要"以迂为直"。这能给我们带来什么样的思想启迪呢？

十一、以迂为直

说起"以迂为直"，就要提及一位英国人——李德·哈特。他是著名的战略学家，和《孙子兵法》有深度联系，对"以迂为直"更是颇有心得。李德·哈特本来是一名英国陆军军官，参加了第一次世界大战，并在索姆河战役中受伤。这次战役因为有各种新式武器投入使用，双方的伤亡都极为惨重。李德·哈特也在这次战役中受伤，侥幸捡回了一条性命。但是，毫无人性的屠杀让他开始彻底地反思战争、研究战争，并且就此成为著名的战略学家。他写了一本书，在中国也有很多读者，叫作《战略论·间接路线》。这本书大量引用了孙武的名言。从中我们不难得知，李德·哈特系统研究过《孙子兵法》，对孙武也很推崇。在他看来，《孙子兵法》对他最大的启迪，就是"奇正相生"和"以迂为直"。

"间接路线"和"以迂为直"非常接近。就进攻方式或路线的选择而言，孙武格外重视"迂直之计"，并主张"以迂为直"①。孙武所说的"迂"，本意为"迂回"或"曲折"，和"直"构成了一对反义词。如果做简单化处理，可以把"迂"和"直"都视为距离的远和近。在孙武看来，有时明明多走了弯路，却可以找到意想不到的进攻路线，从而收到奇效。

孙武用词非常精练，但都是直指要害。就"以迂为直"而言，也确实是道出了战略设计的精髓。因此，它受到中国古代兵家的长期追捧，并不

---

① 《孙子兵法·军争篇》。

奇怪；受到西方战略学家的赞赏，也不奇怪。有的学者认为，《孙子兵法》从前三篇或前六篇之后，就已经不是在讲战略问题了，而是进行战术或技术层面的讨论。这个结论值得讨论。"以迂为直"就写在《孙子兵法·军争篇》，已经不属于前三篇或前六篇，但它并非与战略无关，其中的思想精髓也被西方战略学家李德·哈特所认同和接受。

"以迂为直"既可以视为战术层面的观点，也可以视为战略层面的观点。卧薪尝胆的勾践，通过"十年生聚，十年教训"，最终打败了吴国。这其实是国家战略层面上的"以迂为直"。

孙武高度重视对战场主动权的争夺，因此主张"致人而不致于人"。为了夺取和掌握战争主动权，又主张"以迂为直，以患为利"，力争通晓各种利弊，充分调动敌人，夺取战争主动权。"后人发，先人至"也是要求先于敌军占据有利的作战时机。孙武指出，懂得这些道理才算是"知迂直之计"。而且，孙武所说的"迂直之计"，其内涵既有时间上的，也有空间上的。

如果针对某一特定的作战地点，为了夺占该处要塞，"迂"指的是路线的远近。如果采用的是"迂"的办法，就要把行军路线变远。如果采用的是"直"的办法，就要把行军路线拉近。通常情况下，在普通人眼里，"迂"总是会绕一些道，会多花一些力气；而"直"则会抄近路，少花力气。但是在孙武眼里，事情并不是这么简单。孙武认为，如果一味地抄近路、省力气，反倒会给战局带来一些负面效应。有的时候，部队跑得慢，花了更大的力气和代价走了远路，却可以找到一个敌人意想不到的进攻点，给敌人以出其不意的打击，从而收到奇效。

当然，孙武也承认，这在战场上是相对较难实现的。所以，他也指出这是军争之难，难就难在"以迂为直，以患为利"。但是，战争毕竟是人命关天的大事，即便再难，军事家们也还是要进行深入研究和深度思考。

孙武本人指挥的伐楚之战，就是体现"以迂为直"作战原则的典范。当时，吴国利用蔡、唐两国背叛楚国的机会，实施大规模的迂回作战。虽说进军路线变得更远，却可以避开楚国的精锐之师，直捣楚国腹地，从而打乱楚国的部署。楚国在极其被动的局面之下仓促应战，加上囊瓦指挥不当，最终拱手将郢都丢掉。吴国用"以迂为直"的战法取得成功。

在历史上，还有一些著名的军事家成功地借用"以迂为直"的战法，也取得了成功。三国时期的名将邓艾就是其中一位。

景元三年（公元262年）秋天，魏主下令强攻西蜀，大将军司马昭为总指挥，邓艾也奉命出征。蜀国名将姜维率重兵守住剑阁，钟会指挥魏军猛力进攻，但始终没有攻下来。这时候邓艾上书提了一条建议："应该从阴平沿小路出发，再经汉德阳亭奔赴涪县，然后派出最精锐的部队攻击敌方的心脏地带。姜维死守剑阁，一旦得知涪县受攻，他就可能会出兵来援助，钟会就可以趁虚而入。如果姜维仍然死守剑阁，涪县兵力很少，我们也可以轻松击败守军。这就是'攻其无备，出其不意'的道理。我们一定要进攻他们的空虚之地才行。"邓艾这一建议当然非常高明，绕开了剑阁，避开了蜀军重点防守的地带，这是一条让对方意想不到的进兵路线，所以很快得到批准。

这条进军路线并不好走。这年十月，邓艾自阴平出发行走百余里，全都是无人之地，山高谷深，非常艰险。但邓艾没有退缩，他命令手下凿山开路，架设栈道，一直往前行。因为路不好走，运粮也很困难，大军面临断粮的绝境。这种困境之下，邓艾亲自上阵，他用毛毡裹住身体，顺着山坡滚下，继续向前行军。见此情形，众将士也只能跟上，艰难地前进。

魏军突然杀到江由县，守将马邈只能立即投降，魏军很快又拿下涪县和绵竹，蜀军大将诸葛瞻战死。刘禅派出使者拿着皇帝的玉玺与书信，来到邓艾大营乞降。

邓艾找到的这条行军路线，正是"以迂为直"，不仅绕道，而且崎岖难行，但取得了非常好的作战效果。这一战，对孙武的"以迂为直"做出了最为生动的诠释。

邓艾平时注意学习《孙子兵法》，在《三国志》有关邓艾的传记中，可以看到他引用《孙子兵法》的证据。比如，有一处为"攻其无备，出其不意"，《三国志》中记载这是邓艾引用《军志》所述，《军志》是一部已经失传的古代兵书，其中有没有这句话，已经无从考证。但我们今天可以从《孙子兵法·计篇》中找到这句话的出处，是孙武在总结"诡道十二法"时提出的。还有一处是关于邓艾口诵兵法的记录，就是"进不求名，退不避罪"，出自《孙子兵法·地形篇》。此时的邓艾，面临的是别人的诬陷，他用这句话表明自己的志向：不会计较个人得失，只会一心为国家和朝廷着想。总之，邓艾肯定学习过《孙子兵法》，还运用"以迂为直"和"避实击虚"的战法，成功攻占了西蜀要地。

在现代化战争中，"以迂为直"还有适用性吗？有。否则李德·哈特就不会对这些理论进行研究，并且赞赏有加了。

随着科学技术的发展，作战条件和作战环境等都发生了翻天覆地的变化，同时也会带来兵力投送和行军速度上的巨大变化。古代没有高铁和飞机，行军只能靠骑马或是步行。现代条件下，兵力投送速度更快。"以迂为直"的施行，更需要注意方法。但是，敌我对抗的这一基本态势没有发生改变，战争双方在决策和兵力投送等方面还存在着快慢之别，孙武兵学理论仍然有运用的空间。因此，现代条件下的战争，仍然需要考虑"迂"和"直"。无论是在战略层面，还是战术层面，孙武的理论都有借鉴价值。

孙武的高明之处，就在于他能对战争问题始终以辩证的眼光看待。两军相争，很多人当作是"争夺先机"，这固然不假，但有不少人把行军速度和争夺先机简单等同起来。孙武关注行军速度，但并非单纯地"看谁跑得快"，否则他就不会强调"以迂为直"。主张"以迂为直"，正说明孙武其实是"看谁更会跑"。

"会跑"和"快跑"完全是两个概念。龟兔赛跑的寓言故事，想必没有人不知道。兔子跑得很快，但它中途偷懒，睡觉了，所以它就输了。乌龟不紧不慢地跑，一直坚持不懈，所以它笑到最后。

长跑爱好者都知道，如果一味地追求速度，对五公里或十公里的距离就很难坚持下来，因为这样很快就会把力气耗尽，无法继续坚持。但是会跑的人知道如何在这个过程中合理分配体力，他们在起步阶段可能会放慢节奏，不和别人拼速度，等到身体适应之后，再慢慢把速度加上去，这样就可以在长跑运动中取得更好的成绩。这也是"会跑"和"快跑"的区别，二者之间差别很大。

战争谋划和战争决策的道理，也是这样。在魏灭蜀的战争中，邓艾选择远路行军，固然花了很多时间和力气，却给了蜀军以致命一击。钟会这边抄近道行军，却因为姜维他们早有准备，仍然无法越过蜀军的防线。很显然，在这次进攻中，邓艾要比钟会更会跑。

　　总之，孙武是反对一味追求速度的。孙武总共讲到了三种行军方案，吴如嵩先生总结为"强行军、急行军、常行军"。这样的总结，非常通俗易懂。"强行军"的结果是"十一而至"，十个战士，只能保证其中一个到达指定位置。这是个非常擅长跑步的人，就像电影《阿甘正传》里面的主人公阿甘一样，只知道一直往前跑，结果只能是"擒三将军"。从这里我们也能看出，孙武并不是强调"看谁跑得快"，而是强调"看谁更会跑"。

　　古往今来的战争，往往需要强行军。比如飞夺泸定桥之役，就是依靠强行军。强行军，在今天并不是什么贬义词，但是孙武所说的"百里争利"带有贬义，因为其结果是"擒三将军"。

　　另外，需要注意的是，孙武在这里只是用三种不同的行军速度来论证如何"以迂为直，以患为利"，论证军争之难和军争之法。所谓"迂直之计"，孙武是借用行军之法来进行论述的。但我们必须看到，这个"迂直之计"并不全是指行军之法。前面提到过，在战略谋划乃至战争进程中，随时都会出现"迂"和"直"，需要学会"迂直之计"，辩证地对待"以迂为直"。

　　孙武提出的"以迂为直"，已被证明对战争很有指导价值，那么这对我们的生活和学习有没有启示呢？

　　"以迂为直"的决策思想启示我们，在学习中不妨多下一点笨功夫。学习是急不得的，没有捷径可走。很多时候，必须要笨鸟先飞，要把自己当成笨鸟，多下一点"迂"的功夫。把这些做足了，没准能实现"弯道超车"。我们表扬别人的成功，有时候爱用"大器晚成"这个词。这个词，其实也蕴含了"迂"和"直"的道理。有的人之所以能够大器晚成，是因为他不计较一时的得失，默默地下着笨功夫，也就是"迂"的功夫。不少朋友都知道《射雕英雄传》中的郭靖，他其实也是个大器晚成的人物。有不少人都会嫌他笨，但他一直在下着笨功夫。忽然之间，他就悟道了，成为一代大侠，武功震慑天下。

　　在生活中，"以迂为直"也可以带给我们方法和启迪。比如，我们今天都知道借钱难，因为钱借出去之后，就很难讨要回来。如果急于索要，人家往往会批评你忘记了彼此的友谊。这个时候，也可以试试孙武的"以迂为直"。你不妨和对方叙叙友谊，先说张三娶了媳妇，又说李四生了二胎，再说王五也拿到了百万年薪，这时候，你再说起自己最近的窘迫，对方可能就不好意思不还钱了。索要欠款时，这种"以迂为直"的方式，肯定会含蓄一些，比那种直接张口要钱的方法，效果肯定也会好一点。生活和工作中，需要懂得这种含蓄，多一点含蓄，多一点技巧，没准可以更好地解决问题。

十二、权衡利害，辨别得失

孙武在强调"以迂为直"的时候，也强调"以患为利"，而且，这两者是紧紧联系在一起的。孙武指出："军争之难者，以迂为直，以患为利。"①想打败对手，并不是容易的事情，难在"以迂为直"和"以患为利"。孙武认为，必须学会辩证地思考问题，学会"杂于利害"。要综合地权衡战争中的利与害，辩证地看待得与失。

"以患为利"和"以迂为直"，在思想方法上其实是一致的。就像"迂"和"直"一样，"患"和"利"既对立，也可以互相转换。孙武看问题，眼光向来都是辩证的。就战争而言，孙武既看到了获利的特点，也看到了危害，因此指出"军争为利，军争为危"。既然是争，当然是看到了好处才去争。对一般人来说，只看到有利的一面。但孙武不这么认为，他看得更全面，因此才有"以患为利"的主张。

"以患为利"的例子，其实我们经常可以看到。大家在看《智取华山》这部电影时就知道，解放军拿下华山，靠的也是"以迂为直，以患为利"。解放战争期间，我军为了拿下华山，给防守华山的敌军以致命一击，只能绕开他们的正面防线，否则伤亡再大，也始终拿不下华山。面对困境，我军指战员想到的是另外一条道路。这条路很远很险，行军也很费时间。战士们在行军的过程中，付出了巨大的代价，花费了很多体力和时间，但找到了一条合理的进攻路线，一条敌军意想不到的路线，可以达到"攻其无备，出其不意"的效果，从而顺利地打败了对手，夺占了华山。这既是"以迂为直"，也是"以患为利"。因为不走寻常路，必然要加倍付出代价

---

① 《孙子兵法·军争篇》。

和辛苦，但最终也能得到更好的结果。

因此，孙武考虑问题一直是着眼于大局，既看到有利的一面，也看到不利之处，这就叫"杂于利害"，即把利与害做通盘考虑，辩证地看问题。就战争准备而言，项目繁多、耗费巨大，所以不能不看重这个"费"字。巨大的耗费逼迫孙武对于战争需要做"杂于利害"的辩证考虑："不尽知用兵之害者，则不能尽知用兵之利。"在这个基础上，他进一步提出了著名的"速决战"主张。如果久拖不决，危害更大。

战国时期，齐国伐宋的战争就能生动地说明这一点。当时，燕国与齐国是邻居，齐国曾欺负过燕国，让燕国几乎覆灭。后来，燕昭王即位，想找齐国报仇。著名的纵横家苏秦，也在这时来到燕国。两个人就商量了一条祸害齐国的策略。

苏秦其实是燕国的间谍，他极力怂恿齐王攻打宋国。因为只有这样才能消耗齐国的实力，转移他们的视线，好帮助燕国实现报仇的梦想。凭借着三寸不烂之舌，苏秦终于还是说动了齐王。宋国当时已经衰落得厉害，而且是昏君当道，但其地理位置、经济价值等，依然很重要。经过苏秦的怂恿，齐王果真已铁了心要拿下宋国。宋国毕竟也是一个二等大国，想拿下来不是一件容易的事情。齐国只能全力以赴，举全国之力讨伐宋国。经过齐国三次大规模的发力，宋国终于沦陷。

齐国持续攻打宋国，当然引起各个诸侯国的恐慌，大家都一致认为齐国已对自己构成最大威胁。他们悄悄地联盟，将军队也都集合在一起。看到宋国被灭，五国联军出手了。联军由名将乐毅率领，从燕国方向对齐国发起了猛烈进攻。齐国的军队还在宋国那边，根本顾不上北边的防线。于是，齐国保留了两座城池，其他的全被人家占领了，直到后来田单出马，才有了复国的机会，但齐国已经元气大伤。

齐国一度是战国时期一等一的大国，之所以会跌得这么惨，原因不在于别人，而在于自己。苏秦间谍活动的影响固然很大，但齐王和齐国的谋士，并不懂得分析战争的利与害。或者说，他们只看到了"利"的一面，没看到"危"的一面。所以说，要怪就怪他们不懂得"杂于利害"的道理，只是看到了局部利益和眼前利益，并没有看到背后所隐藏的巨大危机。

先秦时期还有一位哲人老子曾讲过这么一句话："祸兮福所倚，福兮祸所伏。"①祸福相倚的道理，和孙武说的"杂于利害"其实是一样的。利与害互为依存，互相转化。任何事物都是这样，都是矛盾的对立统一。战争现象也是如此，胜利和失败之间，有时候也只是一线之隔，胜利的背后，往往也隐藏着危机。作为战争决策者，一定要保持清醒头脑，正确处理利害与得失，尽最大努力做到趋利避害。

当然，孙武的思考并没有就此止步。他基于"杂于利害"的考虑，还希望战争决策者能做到"以患为利"。"以患为利"固然高明，但要想真正实现，也比较困难。必须要学会正确处理眼前利益与长远利益之间的关系，正确做好局部利益与整体利益的取舍。成熟的决策者必须有科学理性，注意分清主次与本末，绝不能"捡了芝麻，丢了西瓜"，也不能"杀敌一千，自损八百"。"舍得"的意思，就是有舍才能有得，要在战争决策中做好权衡，争取最大限度地获利，最大限度地降低损失。

在《孙子兵法·九变篇》中，孙武突出强调了一个重要的用兵原则，或者叫决策原则，就是"智者之虑，必杂于利害"。在战争之前，决策者必须要统筹考虑，对利与害都要有全盘把握，而且要能辩证地看待战争的得与失。他甚至将这作为"智"与"愚"的区分标准："是故智者之虑，必杂于利害。杂于利而务可信也，杂于害而患可解也。"决策者在有利的情况下，要看到不利的方面；在不利的情况下，要考虑到有利的因素。这样才能趋利避害，防患于未然。这便是"杂于利害"。

事实上，"途有所不由，军有所不击，城有所不攻，地有所不争，君命有所不受"等战争变法，也是基于"杂于利害"的原则而提出的。正是经过了认真的权衡和比较，孙武才会主张采取那些变化的战争之法。即便是有非常平坦的大路，也可以选择不走，因为很可能会掉进坑里。即便是有非常容易击退的军队，也不一定要去攻打它，没准这只是一个诱饵，吃下去就吐不出来，会掉进敌军的埋伏圈。即便是非常容易攻占的城池和土地，也不能冒冒失失地去占领，没准进去之后就会被别人包围起来而一锅端。即便是国君的命令，有的也可以不遵守，因为国君不清楚战场的实际情况，有可能做出了错误决定，那就会带来危害。总之，一切军事行动，

---

① 《老子》第五十八章。

必须要认真遵循军事斗争的基本规律，而不必计较一城一地的得失，必须要舍得放弃局部的小利，用它来换取更大的胜利。做到了这一点，才能算是"以患为利"，明白了"杂于利害"的真谛。

孙武不仅看到了战争的利与害，强调了辩证对待的态度，同时还总结了具体的运用方法，总共有三条："屈诸侯者以害，役诸侯者以业，趋诸侯者以利。"①

所谓"屈诸侯者以害"，就是说用敌国所担心和厌恶的事，去逼迫它屈服。我们可以举出一个郑国商人的例子来说明这一点。

春秋时期，秦国本想劳师远征，攻打郑国。没想到的是，就在大军前进的路上，被郑国的商人弦高看到了。弦高当时拉着很多货物，正要去洛阳贩卖。忽然之间，他得到秦军袭击的消息，吓了一跳，但很快就镇定下来。他一面派人快速赶回郑国，通风报信，一面当机立断，扮作郑国的使臣，打着国君的旗号，主动接触秦军，准备"犒劳"秦军。这么做就是告诉秦军，我们郑国其实早就做好了准备，你们这样偷鸡摸狗地搞袭击，只会惨败。

秦军远道而来，听到这些，当然非常泄气，脸色非常难看。但是也只好撤退，不撤退的话，真打起仗来，也没什么把握。弦高这一招，实际就是"屈诸侯者以害"的办法，秦军不肯付出代价，就只能停下来。

所谓"役诸侯者以业"，就是说用那些危险的事去烦劳敌国，使得它疲于奔命。役，是驱使的意思。

战国时期，韩国眼看秦国大兵压境，为了缓解边防危机，他们想了一招：派出郑国作为间谍，说服秦国修建水渠（即现今的郑国渠）。这其实就是"役诸侯者以业"。因为修渠，会让秦国花费很多人力物力，从而暂时顾不上去攻打韩国。这一招真的奏效了，秦国果然投入了很多精力去修渠，暂时把攻打韩国的计划搁置在一边。当然，让韩国没想到的是，水渠修好之后，对秦国的水利和农业产生了积极影响，秦国的家底变得更厚了，吞并韩国反而变得更加顺利了。

所谓"趋诸侯者以利"，就是说用小利去引诱和调动敌人，使其走向

---

① 《孙子兵法·九变篇》。

错误的道路。也有人说是指用利益去打动敌人，使其能改变主意，从此归附自己，追随自己。用利益去打动敌人，就是花钱买朋友，为了实现暂时的目标，其实也可以这么做。这种说法也可以说得通。

至于前一种说法，也可以成立。为了消耗齐国的实力，苏秦鼓动齐王攻打宋国。齐国的军事行动固然取得了成功，但同时也招来了其他诸侯国的共同抵制，结果被乐毅率领的联军打得落花流水，几乎举国覆灭。苏秦和燕国的做法，其实也可以叫"趋诸侯者以利"。齐王只看到眼前利益，结果吃了大亏。

孙武主张"杂于利害"，不仅提出了具体原则，而且也总结了具体办法。在《孙子兵法》中，"利"经常与"害""患""危"等一起出现，如"不尽知用兵之害者，则不能尽知用兵之利也"[1]"犯之以利，勿告以害"[2]"军争为利，军争为危"[3]等。孙武强调辩证地看待问题，正确处理利害得失，这才是成熟的战略决策，也是高明的指挥员必备的素质。具备了这种反向思维的能力，军事家在战争决策时，才能最大限度地降低损失，最大限度地趋利避害。

就这一点而言，古今中外的军事家都可运用。如果能考虑到"杂于利害"，就可以早做准备，慎重权衡得失，即便是战争非常顺利，也能做到沉着冷静、保持优势，并防止意外发生。即便是在战场上遭遇暂时的挫折，也不会立即丧失信心，而是坚持不懈，寻找机会摆脱被动局面，找到通向胜利的道路。

孙武"杂于利害"的决策原则，不仅仅适用于军事领域，对我们的工作和生活，也都有着深刻的启示意义。

比如，"杂于利害"可以教会我们正确对待"利"，正确对待工作和生活中的得失。中国古代，占主流的文化是儒家文化。儒家"耻于言利"，孔夫子也说"君子喻于义，小人喻于利"[4]。但是长此以往，"君子固穷"成为人生信条。理学家"存天理，灭人欲""饿死事小，失节事大"等口

---

① 《孙子兵法·作战篇》。

② 《孙子兵法·九地篇》。

③ 《孙子兵法·军争篇》。

④ 《论语·里仁篇》。

号，虽然不可行，却也到处张贴。其中有些主张，当然有违背人性的一面。

孙武主张"以利动"，而且注重"杂于利害"，启示我们"义"与"利"未必就是水火不容，而应将二者有机地统一起来，见利思义，见义思利，这正是"杂于利害"的题中之义。这样既坚守了道德底线，避免唯利是图，也正视了基本的人性，防止虚伪和矫饰。这样的人，也许才是相对真实的人。

俗话说"水至清则无鱼，人至察则无徒"。凡人都有缺点，如果基于"杂于利害"的原则，我们的交友等行为可能都会从容一点。既看到"利"，也看到"害"；既看到"得"，也看到"失"；既看到优点，也看到缺点；既看到人性中有追逐功利的一面，也看到人性向善的一面，那么朋友、同事之间，也许就可以避免那些无谓的猜忌，少一些无谓的钩心斗角。人与人的交往，也可以从容一点。我们身边有的朋友在选择人生伴侣时，往往过分纠结于对方的缺点，换句话说，就是集中看到了"害"的一面，这便使得自己陷入尴尬境地。必要的坚守，当然很有必要，但如果能基于"杂于利害"的原则，正确对待别人的缺点，反倒给自己更多的从容和自信，也能做出相对合理的决策。打开窗户可以换来新鲜空气，但也会有各种飞虫进来。如果我们因为害怕飞虫进来，而把窗户关死，这就是因噎废食。敢于打开窗户，其实也是"杂于利害"。

总之，"杂于利害"代表的是一种成熟和理性，不仅战争决策需要这种理性，人生决策同样也需要。如果能够科学地对待"利"与"害"，慎重权衡各种得失，就能够最大限度地降低损失，也可以留给自己更多的从容。

十三、火攻助力

在古代，火攻是极具威力并能带来巨大危害的一种战争之法，更能考验战争决策者的智慧和能力。火攻，顾名思义，就是用火作为攻击敌人的武器。这是《孙子兵法·火攻篇》的主题。《孙子兵法·火攻篇》是十三篇兵法的倒数第二篇，就篇幅来说，这是除《孙子兵法·九变篇》之外，最短的一篇。

《孙子兵法·火攻篇》的主题也相对集中，重点讨论的就是火攻战法，对火攻的种类、方法和时机等都进行了探讨。此外，孙武在这一篇还提出了"慎战"原则。之所以在这里提出，大概是因为火攻之法过于惨烈，要等到迫不得已的时候才能用，因此，火攻的战法与安国全军之道紧密相连。如此安排，也是为了提醒人们对火攻更加予以重视。

中国古人很早就发明了取火的办法。据《韩非子·五蠹》等典籍记载，发明钻木取火之术的是燧人氏。他不仅教给人们取火的办法，同时也教给人们烧熟食物的本领。古人自此告别了茹毛饮血的时代。虽说这件事的真实性有待考证，但取火之术的发明终究是一件非常重要的事情。渐渐地，人类用火来驱赶野兽，再后来，人类就用火来自相残杀，火成为一种凶猛的进攻武器。火推动了人类的进步，也给人类带来不少悲伤的故事。

历史上很多著名战争都采用了火攻之术。战国时期，齐国的田单使用"火牛阵"打败了围城军队，把燕国军队赶了回去，避免了齐国的覆灭。到了三国时期，曹操打败袁绍的关键之战，就是火烧乌巢之役，这为官渡之战取得胜利奠定了坚实的基础。当然，后来曹操自己也被火害得很惨，在赤壁之战中，他被孙刘联军用火攻打败了。刘备是火攻的得益者，但也是火攻的受害者。夷陵之战中，刘备率领的蜀国精锐部队几乎被全部烧死，损失惨重。

虽说火攻的战例很多，但是，人们最熟悉，而且最具有典范意义的一战，应该是赤壁之战。在被搬上银幕之后，这场战役就更为人们所熟知。

这是曹操和孙刘联军之间的一次决定性大战。曹操麾下，谋士成群，猛将如云，声势浩大，无人匹敌，在顺利统一北方之后，他便很自然地将东吴作为下一个目标。这孙权和刘备，都不是等闲之辈，而且手下也有一帮能人。他们经过共同努力，愣是用一把火烧退了曹操的百万大军。

其实，决战之前，曹操的优势非常明显，既有百万大军，又能"挟天子以令诸侯"，荆州水军也被临时收入囊中，加上一路得胜，士气高昂。孙刘联军加在一起，也没办法与之相比。双方差距悬殊。

虽说曹操在兵力等方面占据着绝对优势，但是他的失败，也有些兆头先期就显露了出来。比如曹军上上下下都很松懈，包括曹操在内，都太轻敌。北方士兵不习惯水战，军中忽然出现了流行病，造成大面积的非战斗减员。这些问题，都让曹操非常头疼。等周瑜他们决定实施火攻，展开奇袭时，曹操大军已经走向了万劫不复的深渊。

孙刘联军这边的准备工作做得非常细致，几乎毫无破绽。黄盖诈降实则是送去了一堆引火的干草，而且做好了伪装。黄盖乘船出发那天，正刮着东南风，船速飞快，迅速向曹操战船靠近。等靠近曹军阵地，黄盖下令各船同时放火，火船如离弦之箭迅速向曹军冲去，大江之上顿时成了一片火海。曹军上下惊慌失措，乱作一团，烧死溺死者不计其数。孙刘联军趁机前进，扩大战果。曹军这边，早已是杯弓蛇影，人马自相践踏，剩下不多的人马，一路向北逃跑。赤壁之战以孙刘联军的大获全胜而宣告结束。

赤壁之战不仅仅是以弱胜强的经典战例，同时也是火攻取胜的经典战例，其中充分体现了孙武有关"火攻"理论的精髓。这场战争还启示我们，处于弱势的一方，如果能合理运用火攻，就有机会战胜强敌，改变敌强我弱的态势。孙权、刘备的联军虽然力量弱小，但是他们依靠合理的战法，成功挫败了不可一世的曹操大军，可见孙武提倡"以火佐攻"的作战之法，确实有着强大的威力。

火攻始终这么厉害吗？答案是肯定的。尤其是在冷兵器时代，火攻就是"王炸"。

在冷兵器时代，战争多半是靠士卒拿着刀剑在战场上拼杀。谁的力气大，谁的胳膊粗，谁的刀剑长出一寸，谁就会在战场上占据绝对优势。但是，这种作战方式使得士卒的性命变得非常低贱，"杀敌一千，自损八百"成为一种常态。至于火攻的出现，则使得士卒的性命变得更加低贱。因为战争不再需要借助蛮力了，杀人有了技巧，只会死更多的人。

在战场上，谁都想追求更高的战争效益，谁都不愿意死。火攻就是古代社会提高战争效益的一种非常重要的方式。火攻的出现，使得"低投入、高产出"这一追求成为可能，因为杀死成群结队的人已经成为可能。人类似乎并不满足于这些，继续追求更高效率的杀人术，于是有了火药和枪炮的发明，有了坦克和大炮的发明，乃至有了导弹和核武器的发明。这些杀人技术的进步，是人类科技的进步，也是人类的悲哀。越是先进的武器，越让士兵的生命贱如蝼蚁。

　　孙武也非常追求高效益。在《孙子兵法·谋攻篇》中就表达了这一意图。"不战而屈人之兵"就是为了追求高效益，讲究谋略和诡道之法。《孙子兵法·火攻篇》的出现，同样是追求高效益的结果。孙武把火攻作为专门的战法进行研究，如果没有进一步的考古文献出现，这就是历史上第一次对这种战法的系统讨论。这当然是具有划时代意义的。战国时期出现的托名于吕牙的兵学著作《六韬》，也专门设有《火战篇》讨论火攻问题，这应该是受到了孙武的启示。对比这两本兵书中关于火攻的论述不难发现，《六韬》尚未达到《孙子兵法》的水平。

　　火攻既然厉害，对手一定也想实施。但是，火攻不是想玩就能玩的战争游戏。火攻的实施也有条件，孙武对此进行了总结，他说："行火必有因，烟火必素具。"意思就是说，实施火攻必须具备一定的条件，平时就需要做好准备工作。

　　除此之外，还需要掌握好时机，也就是"发火有时，起火有日"。这里的"时"，指的是"时机"。"日"指的是"日期"。发起火攻，要等天气干燥的时候。此外，还需要考察月亮的位置，等月亮经过箕、壁、翼、轸这四个星宿时，就可以发起火攻。古人认为，月亮出现在这些方位时，就会起风。这是古人的占星术，其中固然含有一定的自然科学知识，但也有不少封建迷信的内容。不管如何，孙武要求火攻要非常注意讲究时机，注意气象条件。

　　有个成语叫"煽风点火"。实施火攻战法，不仅需要点火，同时也需要煽风。当然，关于煽风的事，人类的力量有限，如果交给大自然，就会变得容易。等到风向有利的时候，就要开始点火。

　　既然条件具备了，就需要注意组织方法。对于火攻的组织方法，孙武也有讨论和总结。

　　最开始的时候，要选准对象。这一点其实非常重要。在《孙子兵法·火攻篇》，孙武首先就告诉人们，要找准攻击对象。他把火攻分为五种类型："凡火攻有五：一曰火人，二曰火积，三曰火辎，四曰火库，五曰火队。"所谓"火攻有五"，就是说火攻的方法一共有五种。

　　第一是放火焚烧敌军士卒。这是指直接消灭对方的有生力量，针对的是对方的战斗人员。这是火攻最主要的类型。古代的营寨基本都是竹木结构，如果趁对方不注意点上一把火，就会产生致命危险。如果风势再给力一些，那就更要命了。所以，安营扎寨要选择傍水而居，不能靠近灌木丛林地带。三国时期，蜀国讨伐吴国，于是有了夷陵之战。战争中，刘备没注意这个问题，他命令部队依傍山林驻扎，结果被陆逊一把大火烧得很惨。

第二是放火焚烧敌军的粮草。"积"，是指储存起来的粮食和草料。发起火攻时，不一定要把矛头直接对准对方的士兵。烧对方的粮草，没准能取得意想不到的效果。在三国时期的官渡之战中，曹操就烧掉了袁绍的粮草。他派一哨人马，悄悄地赶到乌巢，把袁绍这边储备的粮草给烧了。军队补给跟不上，袁绍军队大乱，曹操因此就有了打败对手的机会。

第三是放火焚烧敌军的辎重。辎，指的是辎车；重，指的是重车。对方的军队如果朝前开进，必须要携带基本的物资，所以，辎重又可指携行物资。这是军队每天的基本保障，一旦被烧，军队自然也就乱了。

第四是放火焚烧敌军的仓库。仓库里面，可以储备武器，也可储备粮草，但这里应该是指武器装备，这样才不会和第二项重复了。

第五是放火焚烧险阻通道。"队"，以前有人解释为"队伍"，但这就和第一项重复了。古代，"队"与"隧"通。《礼记·曲礼》中说："出入不当门隧。"对于这一句，郑玄注解说："隧，道也。"孙武这里提及的"队"，也应该作"隧"解释。宋代注家贾林也是这么解释的："隧，道也。"放火烧掉对方的重要交通要道，就可以有效阻止敌军前进，因此也成为火攻的重要目标之一。

孙武对火攻对象进行区分，并不是说执行的时候，就完全拘泥于此。事实上，孙武的兵法，始终都强调灵活性。比如，烧对方的辎重时，就不烧人员吗？很可能也是顺便一烧了之。烧对方的车队，同时也是烧对方的士卒。火攻战法一定要注意时机，灵活掌握。

明代的朱元璋也善于灵活使用火攻。元朝末年的乱世之中，以朱元璋、陈友谅和张士诚等几股势力最为强劲。朱元璋成功兼并了其他各路豪强，成就了帝王之业。尤其是击灭陈友谅之战，更是关键中的关键，其中就用到了火攻。

朱元璋巧妙布置口袋阵，先是把陈友谅引诱到小龙湾，然后给予其沉重打击，这就是应天之战。但是这一战，并没有让陈友谅集团彻底瓦解。双方真正的生死决战，是在鄱阳湖发生的。鄱阳湖是我国最大的淡水湖，湖面南端非常宽阔，因此，此次决战需要比拼的是水师。陈友谅的水师阵势庞大，朱元璋这边明显处于劣势，他只能不停地激励手下将士，避免他们心生胆怯之情。在仔细观察对手舰队的虚实之后，朱元璋看出其中缺陷："巨舟首尾连接，不利进退。"①这意味着可以使用火攻。

很快，朱元璋就将水军的大小战船编为多个小分队，并依次配置火器、弓弩，命令他们努力靠近敌军战船，使用火器打击对手，再看准时机使用弓弩和短兵器杀敌。

各支小分队都很好地贯彻了朱元璋的作战意图。当双方战船交战后，陈友谅的水军战舰，先后遭到猛烈火攻，数百艘战舰被焚毁，士卒伤亡过半，陈友谅的弟弟陈友仁、陈友贵等都先后被烧死。陈友谅见势不妙，不敢再与对手接战，就此转入防御，做好退守大孤山的准备。朱元璋利用火攻，初战获胜。火攻战，很好地挫伤了对方的锐气。

在暂时相持之后，朱元璋又命令常遇春、廖永忠率领水师主力在湖面对陈友谅进行阻击，与此同时，他还下令在岸边大量插上木栅栏，同时在江中布置木筏，上面再装满硫黄，随时就可以点燃。之后，他利用火攻再次对敌军造成杀伤。陈友谅的退路被切断，一番激战之后，损失惨重，他本人也中箭身亡，鄱阳湖水战以朱元璋的大获全胜而告终。

虽说是鄱阳湖水战，但是朱元璋出色地依靠火攻重挫对手，让火攻战与阻击战配合得很密切。至于他选择的火攻对象，也有所变化。不只是对方士兵，同时也包括对方战船，运用手法非常灵活。因此，仗一场比一场打得漂亮，令陈友谅无计可施，最终覆灭。可以说，朱元璋学到了孙武火攻战法的精髓。

选准火攻的对象，这只是完成了第一步。接下来还有几条注意事项。孙武说"凡火攻，必因五火之变而应之"，对火攻提出了一条具体的总原则。何为"五火之变"？其实就是五种变化的情况，或者说是五条注意事项。

---

① 《明史纪事本末》卷三。

第一条，"火发于内，则早应之于外。"这是讲里应外合。火发于内，就是说要在敌人内部安插间谍，在我方发起总攻之前的关键时候放火。我方看到里边烧起火来了，就马上发兵接应，这就可以起到里应外合的作用。需要注意的是这个"早"字，这里的"早"，似乎可作"及时、及早"解。这种"早"很有讲究，应该是说要把准备工作及早做好，而不要轻易发出动静，否则不仅攻击不成，还会害了前期所安插的间谍。至于何时发兵，怕是也要等到对方看到火起之后，手忙脚乱之时才行。早早出兵，对方可能会察觉，然后会马上放弃救火行动，专心布防。总之，对于这种里应外合的配合，时机把握是一门大学问。现代社会，我们发个短信就能解决问题，但在通信不够发达的古代，做好这种呼应，怕是要费不少力气的。

第二条，"火发兵静者，待而勿攻。极其火力，可从而从之，不可从而止。"间谍点火之后，对方大营异常安静，说明另有情况，一定要等待时机，不能轻举妄动。正确的做法是等火烧得差不多了，再做决定。"可从而从之，不可从而止"也是针对发兵时机而言，意思是不要鲁莽进攻，而是要根据实际情况灵活处置。

第三条，"火可发于外，无待于内，以时发之。"意思是说，火攻也可以不必等待内应就发起，只要把握好点火的时机，同样可以达到目的。官渡之战中，曹操使用许攸的计策，发兵烧毁袁绍的粮草辎重，就是主动出击。虽然没有里应外合，但同样打了一场非常漂亮的火攻战。

第四条，"火发上风，无攻下风。"发起火攻的时候，一定要选择上风头，而不是选择下风头，否则不但烧不到敌人，反而会烧到自己。这一条似乎是个非常简单的常识，但是孙武仍然觉得有提醒的必要。大家不要以为这是多余的废话，其实在战争中，在纷乱的局面之下，如果没有意识到上风和下风的问题，也是会出大事的。所以孙武的提醒，并非完全多余。

第五条，"昼风久，夜风止。"这一句话有点费解。梅尧臣注语说："凡昼风必夜止，夜风必昼止，数当然也。"其实，我们可以简单化理解，认为这是关注风势能够维持多久。风势持续的时间长，发起火攻就较为有利。有学者认为，这里的"久"很可能是"从"。即白天起风时就可以点火，晚上起风时就应该停止火攻。之所以如此，大概也是考虑到视线问题。水火无情，而且不长眼睛。不能因为看不清楚，就误伤了自己。

十四、安国全军，慎重求战

火攻是冷兵器时代的"王炸"，威力很强，破坏力也很强。孙武由此引出了"慎战"态度，总结了"安国全军之道"。孙武的战争观，简单说就是"慎战"。这不仅包括慎重研究战争，更包括慎重发起战争。

在我看来，孙武强调"慎战"，大概有三层原因。首先，因为他对战争的危害性有着清醒的认识。战争有什么危害？费钱。孙武在《孙子兵法·用间篇》总结道："日费千金。"不仅是国家有损失，老百姓也有损失。用今天的话说，就是"大炮一响，黄金万两"。此外，还会扰民，孙武总结为"内外骚动"，就是说举国上下都混乱不安。这会直接造成老百姓没办法从事农业活动。

如果战争久拖不决，危害自然会变得更大。对此，孙武在《孙子兵法·作战篇》有过总结："久则钝兵挫锐，攻城则力屈，久暴师则国用不足。"在孙武看来，战争需要大量消耗财力物力，会人为造成物价上涨，国家财政也会就此陷入危机。到了这个时候，政府为了摆脱危机，就会把战争祸害转嫁给老百姓，在老百姓身上极力搜刮钱财。这必然会造成社会进一步动荡，国家也就会因此而显露出各种深层的危机，从而引发各种矛盾。很显然，在当时那种诸侯争霸的局面之下，如果一个国家出现乱局，那么其他国家一定会立刻趁虚而入，这个国家就会因为内外交困而无法自拔，甚至就此灭亡。这也是"螳螂捕蝉，黄雀在后"的道理。

其次，是为了保民。战争是会对生命造成损伤的。保民，也就是保人，即不造成无谓的伤亡。在《孙子兵法·谋攻篇》中，孙武就曾对攻城战争的危害性进行过具体的描述。在他看来，发动攻城战争之前，一定要做大量艰苦的准备工作，准备攻城器械就需要花费三个月的时间，此外，还需要三个月的时间布置攻城器械。在攻城中还会有大量的士兵死去——"杀士卒三分之一"。在付出了牺牲之后，城池还无法攻下来，灾难更会凸显。孙武又对将帅有明确要求："进不求名，退不避罪，唯人是保。"①从这里能看出，他的目标是要保民。这不仅是国君的利益，同时也是百姓的诉求。

最后，就是追求"安国全军"。孙武知道火攻威力巨大，同时也深知火攻的危害，所以借此大谈"安国全军之道"。孙武指出，战争决策一定要慎重，国君和将帅要严肃对待。因为国家一旦灭亡了，就不能重生。人如果死了，也不能重生。所以，明智的国君和贤良的将帅，都应该警惕而且慎重地对待战争，这是安定国家、保全军队的基本原则，是"安国全军之道"。孙武指出，做到慎战，就应强调"主不可以怒而兴师，将不可以愠而致战"②。就是说，做战争决策时必须要慎之又慎，一定不能被一时的情绪所左右，最终导致人员和财物的巨大损失。

孙武强调慎战，对战争决策是有价值的。比如说"主不可以怒而兴师"，这一点就很有价值。这句善意的提醒，可以说是孙武慎战思想的直接体现，如果违背了，就会得到血淋淋的教训。这在历史上，也有不少的鲜活的例证。比如三国时期的刘备，就是被一时的情绪左右，发起了讨伐东吴的战争，最终在夷陵遭到惨败。

当时，刘备一直处于崛起和上升的势头，却败给了年纪轻轻的陆逊，而且是在兵力占据优势的情况下输的，这就只能怪刘备自己。刘备有个义弟叫关羽，非常勇猛，刘备命令他驻守在荆州。不承想，这关羽马虎大意，把荆州给丢了。刘备哪能受得了这气，和吴国就结下了梁子。他不仅要为关羽报仇，还要把荆州夺回来。据《三国志·蜀书·先主传》记载，"先主忿孙权之袭关羽"，一个"忿"字，点出了刘备此次发起战争的动因。看到刘备大军出动了，而且规模空前，孙权害怕了，立即派人求和。刘备仍是非常愤怒，史书记载的是"盛怒不许"③。可以看出，刘备完全就是"怒而兴师"。"怒"，就是"慎"的大敌。在情绪失控的情况下，是不可能做到慎战决策的。

黄武元年（公元 222 年），刘备亲自率领大军杀向吴国。孙权赶紧命

---

① 《孙子兵法·地形篇》。
② 《孙子兵法·火攻篇》。
③ 《三国志·蜀书·先主传》。

令陆逊为大都督，召集五万人马抵御蜀军。刘备这边，兵强马壮，阵势强大，从巫峡到夷陵，营寨有几十座。陆逊处于劣势，但毫不畏惧。他命令将士每人拿着一把干柴，打算用火攻的办法对付蜀军。结果，蜀军的营寨顷刻之间就变成了一片火海，阵脚大乱。趁着熊熊大火，陆逊率军发起进攻，一举击溃了蜀军。刘备趁着黑夜逃走，在逃入白帝城后，他又是羞愧又是愤恨地说道："吾乃为逊所折辱，岂非天邪！"①在这之后，他就一病不起，死在了白帝城。

到了临死之前，刘备还将他自己所受的挫折和侮辱归结于天意，这说明他还没有意识到自己草率发起战争的危害，并没有懂得孙武慎战思想的精髓。这当然是一件令人非常感慨的事情。

不光是刘备，就连他的老对手曹操，也在慎重决策上犯了错误。在顺利夺取荆州之后，曹操明显有点忘乎所以，他拒绝了贾诩等人稳步推进的合理建议，轻敌冒进，想着一口吃成胖子，把孙权和刘备的势力吞并。结果，他反倒是结结实实地吃了一场败仗，在赤壁这里遭遇滑铁卢，遭到孙刘联军的阻击，损失惨重，也就此葬送了统一全国的大好时机。

曹操和刘备，都是一代枭雄。他们所受的挫折，都非常生动地证明了孙武慎战理念的重要性，以及慎重决策的重要性。

可贵的是，孙武强调慎战，还有一些更为具体的提示，总共有三条："非利不动，非得不用，非危不战。"这三条也是写在《孙子兵法·火攻篇》中，是孙武讨论慎战的时候提出来的。意思是说，没有利益就不要去行动，不能取胜就不要用兵，不到危急关头就不要轻易开战。只有那些缺乏政治远见、缺失战略眼光的人，才会轻易发起战争。孙武坚决反对轻率决策，反对轻易发起战争。他特别强调，国君不能因为个人的喜怒哀乐而发动战争，将帅也不能逞一时之快而随便动武。

战略决策应该秉持什么原则呢？很简单，秉持利益原则。无论是战是和，都要以利益大小或利益有无作为依据。概括起来就是："合于利而动，不合于利而止。"这句话，在《孙子兵法》中出现了两次，都是对利益的强调。在孙武看来，秉持这样的原则进行战争决策，就会很自然地慎重起

---

① 《三国志·吴书·陆逊传》。

来。只有这样，才能从战争中获益，这才是真正的"安国全军之道"。孙武将慎重决策与利益原则联系在一起，又将其作为"安国全军"的根本，说明孙武所追求的"利"，是家国之利，不是个人私利。

既然战争决策需要坚持考虑利益原则，要看是否对我方有利，那就必须也要注意不被对方所引诱，进而做出错误决策。"利"字面前，尤其需要慎重。要做到慎重决策，尤其要注意不能被对方的利益所诱惑。这不仅是将帅所应有的基本素质，同时也是克敌制胜的根本保证。

战国时期的齐国，在这方面得到的教训很深刻。齐国因为看到宋国可以欺负，定陶又是富庶的经济中心，所以就想吃掉它。结果乐毅带领着联军从背后发起袭击，给了齐国以致命一击。这就是被局部的小利所诱惑，出现了错误的战争决策，结果酿成大错。

慎战原则要求将帅在做决策时，要遇事冷静、处乱不惊，既不会被对方抛出的小利所诱惑，也不会中了对方激将法的圈套。孙武指出："忿速，可侮也。"[1]如果将帅有急躁和易怒的毛病，就会轻率决策、轻易进攻，就有中敌军轻侮之计的危险。很显然，急躁易怒、轻率决策，都是与慎重决策背道而驰的，都是为将者的大忌。要想成为一个成熟的战略决策者，就一定不能在意对方所设的圈套，包括各种难堪的羞辱等。就这一点而言，三国时期的司马懿就非常高明。

诸葛亮曾一再地发起北伐战争。魏国这边，司马懿负责领兵抵抗。诸葛亮所带粮草不多，希望早点与魏军展开决战，但司马懿一直龟缩不出。诸葛亮不停地派兵叫阵、辱骂，但司马懿仍然是稳坐钓鱼台，坚守不出。挑衅无效，诸葛亮这边只能干着急，但他也没闲着，据《魏氏春秋》记载，诸葛亮派人给司马懿送去一套女人的衣裳以示侮辱。这样一来，魏国的将领都被激怒了，坚决请求出战。司马懿眼见劝说无效，便致书朝廷。魏明帝接到了司马懿的请战书，很清楚司马懿的用意，立即派人拿着诏书来到阵前，宣称皇帝下令，只准坚守，不准出战。

也有一种说法是，司马懿面对诸葛亮的百般羞辱，已经按捺不住了。他上书皇帝，就是要请兵出战。这时候，是魏明帝及时制止了他，再次明

---

① 《孙子兵法·九变篇》。

确了"以逸待劳"的全胜之道。司马懿当然要听皇帝的旨意，于是继续坚守不出。不管如何，魏军这边在战争决策时，并不在意诸葛亮的各种羞辱行为，坚定地执行原有作战方针，这种慎重态度非常难得。孙武的告诫，似乎已经被司马懿所深刻领会。

孙武强调慎战，但也不会避战。孙武非常注意进行备战。"慎战"加上"备战"，让孙武的战争观更加完整。

备战其实也是慎战的基础和保障。孙武认为，身为统帅，必须精心筹划战争，人、财、物、情报等都要做好准备工作。努力提升军事实力，认真做好备战工作，是每个军事家和政治家都无法回避的论题，孙武当然也不会回避。这既是《孙子兵法·作战篇》的主题，也是《孙子兵法》全书的主题，在很多篇都有所涉及。

因为强调慎战，孙武还追求"不战"，更追求"善战"。孙武将"全胜"作为追求目标，希望达成"不战而屈人之兵"。他反对和对手硬拼。"杀敌一千，自损八百"的战法，他并不认同。孙武希望借助于"伐谋"和"伐交"，不用付出巨大牺牲，就可以达成"全胜"。

孙武对攻城之灾的论述很详细，以批评居多。因为他所关心的是"全胜"。当然，以最小的代价换取最大的胜利成果，这不仅需要超凡的谋略，需要慎重的谋划，还需要一定的军事实力和经济实力。这些可以作为基本的威慑力量，为各种战术制定起到保障作用。《孙子兵法》大量探讨的就是如何战胜敌军的方法，为的是做到"善战"。实在无法回避，就力争战而胜之。"诡道之法"和"用间之法"等，都是为这个"善战"服务的。

由此可见，备战和善战，都与慎战紧密联系在一起，共同构成了孙武的战争观，是孙武进行战争决策的重要理念。这一切的起点，是"慎"。孙武强调"慎"字当先。

与先秦诸子进行对比时，孙武主张的慎战，尤其可以看出其中的现实意义，可以看出其在"保民"和"安国全军"方面的价值。孙武这种慎战保民的主张，既不像儒家、墨家、道家那样迂阔，也不像法家那样冷血和残暴。

以孔子、孟子为代表的儒家，基本都主张"非战"。他们强调的是以德服人。在"亚圣"孟子看来，决定战争胜负的最关键因素是道义，取决于实行"仁政"和"德治"等。用孟子的话说，仁义这种武器最厉害，可以击败"秦楚之坚甲利兵"。这当然只是"皇帝的新衣"，用来进行战争决策，不只是会出洋相，还会有亡国灭种的危险。所以，孔子、孟子在当时推销自己的学说时，并不顺利。大家都能看出他们的迂阔。

墨家也积极主张"非攻"，反对战争。《墨子》一书对战争有无情的抨击。他批评战争是灾祸，给民众带来的只是深重的灾难。那些好战的大国，也只能在战争活动中遭受损失，最终得不偿失。这种战争观，虽说也充满人文精神，但同样无法说服别人。

道家对战争也持否定态度。《老子》批评战争是不吉利的事，所以才会说："兵者不祥之器，非君子之器。"①他认为，战争行为完全是无事生非，背"道"离"德"，因此而充满祸害，必须要坚决加以反对。

与上述诸家不同的是，法家执着于功利，因此而沦为好战分子。为贯彻高度集权的国家意志，法家更看重封建君主的意志，而漠视民众的生存权与幸福感。他们打着富国强兵的美妙口号，只想把整个国家变成战争机器。《商君书》指出："国之所以兴者，农战也。"只要达成了国家意志，战争造成的重大伤亡，都可以忽略不计。这种刻薄寡恩和血腥残暴，自然为人们所不齿，并遭到广泛批评。

身为兵家，孙武与上述各家的观点都不同。他既不迂阔，也不冷血，而是充满了科学理性的精神。孙武对简单粗暴的暴力手段给予了坚决否定，积极主张使用战争谋略来降低战争成本。孙武正视战争，而且积极研究战争和战法，强调慎重进行战争决策，都是这种理性精神的具体体现。道理很简单，如果不懂兵道，不会打仗，就会有人来欺负你，酿成"人为刀俎，我为鱼肉"的惨景，更谈不上保家卫国和保全种族。当然，打仗也不是一件好玩的事情，它意味着流血和牺牲，所以必须要慎之又慎。总体来看，孙武既不会像儒家、墨家、道家那样空谈道德，也不会像法家那样充满暴力。

既然如此，关于战争，我们应该秉持哪一种主张，也就一目了然了。我们不能奢望和强盗们谈仁义，也不能杜绝战争，回到真空世界。战争从

---

① 《老子》第三十一章。

未离我们而去，战云始终在上空笼罩。既然如此，我们便只能立足于现实，积极地做好备战工作，并且认真而又细致地研究战争，谨慎地进行战争决策。就备战和战争决策而言，最好还是向孙武寻求良策。在现代条件下，孙武的慎战理论和慎重决策思想等，都值得进行深入研究。我们仍然需要向兵圣孙武学习各种战争智慧和制胜谋略。

后　记

　　这本书是在中央广播电视总台（以下简称"央视"）同名专题节目的讲稿基础上形成的，经历了时断时续的写作，时间跨度比较长。该主题系列节目在央视《法律讲堂（文史版）》栏目播出，三四年间已经录制并播出了《兵圣谋略》《孙武治军之道》《孙武保密之道》等，如今汇集在一起出版，也算是完成了阶段性任务。

　　讲座的录制和讲稿的完成，都要归功于《法律讲堂（文史版）》栏目组，因此，我首先要对制片人苏大为先生、陈德鸿先生一直以来的信任和鼓励，表示郑重的感谢！总编导孙辉刚，编导黄薇、辛锋等同志，也都付出了辛勤劳动，在此我同样向他们表示衷心的感谢！

　　特别感谢总编导孙辉刚先生。无论是提纲设计，还是文本写作，很多细节都有赖于他的巧思和提点。按理说，对于这本书稿，他也应该拥有著作权。在安徽大学历史系求学时，辉刚先生就对中国古代典籍怀有浓厚兴趣。因为和孙武有相同姓氏，他对《孙子兵法》有着更多关注。因此，就这一讲座主题而言，我们在很多问题上都能比较顺利地达成一致认识，合作过程非常愉快。

　　几年前，我和辉刚先生初步约定的讲座主题是古代的间谍案系列，而且已经设计完成了五集讲稿，没想到最终拿出来的却是《孙子兵法》专题，这多少给人以恍然如梦之感。主题的更换，主要是因为自己的偷懒——窃以为自己在《孙子兵法》这一主题上有更多积累和更多自信。对此，《法律讲堂（文史版）》栏目组给予了我足够的宽容和支持，节目主创人员也需重新进行构思和设计，毫无怨言地无端耗费时间和精力，感激之情，无以言表。

郑重感谢国防科技大学国际关系学院的领导和同事们！因为有他们的鼓励和支持，才使得我有足够的时间和精力进行写作和准备，最终得以顺利完成这本书的出版。

也要感谢我的老师和家人！硕士研究生导师储道立先生、博士研究生导师黄朴民先生一直都在无私地给予我关心和帮助，我同样向他们表示衷心的感谢！同时也非常感谢中华书局的傅可先生，感谢他当初的热情推荐。我有多部著作经他编辑后才能面世，感谢他一贯的信任和支持！

同样感谢中国民主法制出版社的领导和编辑老师，尤其是编辑张婷。这本粗陋的讲稿能够付梓出版，他们付出了无比辛勤的劳动。

关于《孙子兵法》，我已经发表不少论著，但大多只是满足于自圆其说。相比之下，这一本书更下心思。在央视团队的督促下，我在阐述自己观点的同时，也尽量考虑到电视观众的接受问题，因此需要对每个细节精心推敲。希望这样的努力，能够对得起读者朋友的信任。

虽说是用心完成，但由于自身水平原因，书中错误难免，希望大家及时地给予批评指正！

熊剑平

2021 年 7 月 12 日记于南京